浙江大学德育与学生发展研究中心资助


浙江省高校重大人文社科攻关计划项目
《"云媒体"主流意识形态传播机制及建构策略研究》
（课题编号：2021QN008）阶段性成果

德育与学生发展研究
系 列 丛 书

ENDOGENETIC CONSTRUCTION
RESEARCH OF THE PROCESS OF
IDEOLOGICAL AND POLITICAL
EDUCATION IN CHINA'S COLLEGES

# 高校思想政治教育过程的
# 内生性建构研究

许占鲁◎著

ZHEJIANG UNIVERSITY PRESS
浙江大学出版社

**图书在版编目(CIP)数据**

高校思想政治教育过程的内生性建构研究 / 许占鲁
著. —杭州:浙江大学出版社,2021.12
ISBN 978-7-308-22257-0

Ⅰ. ①高… Ⅱ. ①许… Ⅲ. ①高等学校—思想政治教
育—研究—中国 Ⅳ. ①G641

中国版本图书馆 CIP 数据核字(2022)第 003953 号

高校思想政治教育过程的内生性建构研究
许占鲁　著

| | | |
|---|---|---|
| 责任编辑 | 陈佩钰 | |
| 文字编辑 | 周　靓 | |
| 责任校对 | 许艺涛 | |
| 封面设计 | 雷建军 | |

**出版发行** 浙江大学出版社
　　　　　(杭州市天目山路 148 号　邮政编码 310007)
　　　　　(网址:http://www.zjupress.com)

| | | |
|---|---|---|
| 排　　版 | 浙江时代出版服务有限公司 | |
| 印　　刷 | 杭州高腾印务有限公司 | |
| 开　　本 | 710mm×1000mm　1/16 | |
| 印　　张 | 17.25 | |
| 字　　数 | 246 千 | |
| 版 印 次 | 2021 年 12 月第 1 版　2021 年 12 月第 1 次印刷 | |
| 书　　号 | ISBN 978-7-308-22257-0 | |
| 定　　价 | 69.00 元 | |

# 总　序
## 从学术共同体到德育共同体

经历千年的风雨，大学从"象牙塔"变成"社会轴心机构"，越来越深入我们的生活。对于大学的认识，无论是古希腊吕克昂学园中的辩论，还是现代大学中的诸多职能，都没有离开过对一个问题的探讨：大学何以使人过上有意义的生活？换言之，对知识的习得，对道德的养成，对意义的追求，一直是大学难以割舍而又矛盾存在的"集合体"。那么，大学到底应该扮演一个怎样的角色？

布鲁贝克在《高等教育哲学》一书中指出："大学确立它的地位主要有两种途径，即存在两种高等教育哲学，一种哲学主要以认识论为基础，另一种哲学则以政治论为基础。"认识论把以"'闲逸的好奇'精神追求知识作为目的"，在知识和现实之间划上明确的界限；政治论把教育作为政治的一个分支，强调教育对国家、社会的深远影响。两种论点的背后，恰恰是对大学使命、目标、定位、功能的"合法性"论证和哲学化思考。高深学问的探讨是大学的源起和初心，是摆脱价值左右的"自由探索"；而国家、社会对大学的深度关切和外部介入，带来的是价值问题，大学已经成为它们所服务的社会的不可分割的一部分。因而，在大学里存在着学术—市场、自治—共治、学术中立—价值选择等冲突，而且这些冲突在不同时代反复被提及，形成了大学的不同价值取向。

我们追溯大学的起源，"知识的探究"一直占据着灵魂地位，"知识的堡垒"也从未被攻破，知识的创造、生产、传播和继承是大学的核心使命。长期以来大学存在的合法性基础在于对知识的索求和真理的探究，而无关现实的生活和政治的价值。在这样的场所里，学生可以"自主地去学习"，教师可以"随心所欲地去研究"，这个团体充满理性和人文精神而且高度自治，是一个"学术共同体"的角色。然而，在全球化日益深入、互联网广泛应用、科技竞争日趋激烈的当代社会，大学教育不再被束之高阁，大学也不是"养在深闺人未识"的大家闺秀，而是更好地贴近市场、产业、生活的时代宠儿。正如联合国教科文组织在《学会生存：教育世界的今天和明天》一书中指出的："社会已经连续不断地巩固改组它们的结构。……现在社会难道不应该把'学习实现自我'，即人的教育，放在最优先的地位吗？"其实关于这个问题，联合国教科文组织在《学会关心：21世纪的教育》的报告中就给出过答案："归根到底，21世纪最成功的劳动者是最全面发展的人，是对新思想和新的机遇开放的人。"

关于人的全面发展，马克思的经典著作中有大量的论述。马克思认为，人的全面而自由的发展是未来社会的价值目标，是实现人的发展的最高理想境界，并提出"教育与生产劳动的结合是培养全面发展的人的唯一途径"。纵观大学的演变历史，特定历史条件下的教育有着特定的价值和意义。柏拉图时代对"哲学王"的培养，中世纪对"僧侣、骑士"的培养，文艺复兴时期对"爱弥儿"的培养，工业社会对"良好的社会公民"的培养，都是特定社会标准下的教育，无不反映了教育对人的影响。面向新时代,经济、政治、文化诸方面的综合发展成为历史潮流,技术的进步让人摆脱自然的束缚和个体的局限,人的需求和能力得到极大的提升,自由、充分、个性的全面发展成为可能。在这样的时代里,培养适应现代生活、改造现存世界的人,让个体理解和选择有意义的生活,应该成为大学的核心活动。

从西方大学反观中国高等教育,近代中国大学发展一直受到两条逻辑路线影响:一条是以科学主义为主的西方高等教育,另一条是以人伦教化为主的传统文化教育。近代中国大学创办于救亡图存的危机年代,无论是中西学堂、南洋公学还是京师大学堂,无不以西学为榜样,设新科、启民智、重实用,在办学体系、课程内容、教学方法上大量模仿西方。中华人民共和国成立以来,高等教育的培养目标、教育理念发生了变化,高等学校得以迅猛发展。然而机械地照搬苏联模式,一度也使大学偏离全面发展的航道。随着改革开放的深入和经济体制的转变,高等教育发展进入新的历史时期。人民群众对高等教育的需求不断高涨,现代教育理念不断创新,大学正焕发新的生命力。在这条路线上更多是现代性的逻辑,隐约展现的是西方大学的身影(或镜像)。我们"洋为中用",积极吸收西方一切先进经验和文明成果,从落后走向发展,逐步建立起与世界高等教育发展同步的理念、目标与方向。与此同时,在另外一条路线上,传统以"仁义"为核心的德育思想长期"统治"着教育领域,深深地影响着高等教育。《大学》开篇提到,"大学之道,在明明德,在亲民,在止于至善",说明了知识及其教育的首要目的是培养社会发展所需之人。《论语》指出,"弟子入则孝,出则悌,谨而信,泛爱众而亲仁,行有余力,则以学文",把道德修养放在知识学习之上,浸透着"修身"

的价值追求。青少年阶段是人生的"拔节孕穗期",最需要精心引导和栽培。因而,在当代中国大学里,"培养什么人,如何培养人以及为谁培养人"是教育的根本问题,"立德树人"是教育的根本任务,德育、智育、体育、美育、劳育的全面发展是教育的根本出发点和落脚点。尤其可贵的是,把"德育"放在首位,突出"德育"在人的全面发展中的核心地位和统领之义。正是这种以德为首、融合全面发展的教育思想传统,创造性地塑造了大学作为"德育共同体"的角色。

但丁说过:"一个知识不全的人可以用道德去弥补,而一个道德不全的人却难以用知识去弥补。"我们认为,从"学术共同体"到"德育共同体",是对大学合法性基础认识的再深化、再发展。大学离不开学术,但是学术不是大学的全部;大学离不开政治,但是政治终究无法替代大学。中国特色的世界一流大学,应该是现代性的大学构架和道德性的文化传统交织在一起的时代产物,应该展现出多维度、多目的、多功能的教育生态,真正成为生活的中心、社会的工具、思想的源泉和发展的动力,最终承担起"生命共同体"的角色。

教育实践本质是一种道德实践。当前,国家全面推进中国特色世界一流大学建设。对标世界一流大学的显性指标,我们充满信心,扎根中国大地的"特色指标"需要我们不断充实自身。我们也深信,在中国特色社会主义伟大实践中,德育一定是高等教育的题中应有之义,也是高校办学"特色指标"之所在,具有重要的现实意义。尤其在现代大学的开放办学中,在重视德育的优良文化传统中,在人的现代化不断丰富的过程中,"德育共同体"的理论研究和实践探索恰逢其时。为此,浙江大学德育与学生发展研究中心组织力量,从"德育共同体"的理论、体系、实践、案例等方面开展研究,形成了

"德育与学生发展研究"系列丛书。丛书包罗德育养成和个体发展的多方面，既着眼于德育新要求，探讨"德育共同体"的生成、发展和趋势，构建德育工作的新理论、新体系；又面向学生发展新需求，研究思想政治教育、心理健康教育、创新创业教育、队伍建设等，探索德育工作的新方法、新路径。在丛书的编写过程中，我们坚持马克思主义理论的指导地位，积极吸收和借鉴现代各种德育思想和理论，从学生全面发展的角度出发，试图在高等教育的内涵发展中审视德育体系的独特功效，摆脱长期以来德育与智育分裂、思政教育与专业教育割裂、道德养成与知识习得断裂的高等教育沉疴，为新时代高校德育工作的改革创新提供理论支撑、解决方案和本土样本，让教育真正回归初心、回到本位，让青年过上快乐、充实和有意义的生活。

是为序。

2018 年 9 月 10 日
于浙江大学德育与学生发展研究中心

# 前　言

　　准确把握高校思想政治教育过程运动的矛盾和特点,对于正确认识高校思想政治教育的功能和价值,合理选择教育内容和方法,增强教育的有效性,具有十分重要的意义。马克思认为人类特有的自我意识是作为主体的人不断调整和超越自我的内在力量,人的发展需要的是推动外在行为的内在动力。人的发展是在内外因共同作用下实现的,而内因是决定因素。过程的核心要素是人,教育过程各要素都围绕教育者和受教育者开展,因此,提升教育过程有效性的关键是人的主体性的发挥。

　　高校思想政治教育过程的内生性建构以人的主体性发挥为内在动力,以人的发展为价值追求,以教育过程各要素围绕主体(包括教育者和受教育者)有效运行为建构路径。本书以高校思想政治教育过程的基本组成要素为理论框架,以教育过程存在的问题为现实基础,以教育者和受教育者的主体性激发为核心和切入点,以教育内容、教育环体、教育介体为支撑点,以教育内容被教育者有效传递和学生有效接受、教育情境促进学生学习的意义建构和知识内化、教育方法和载体促进学生情感认同为实现的具体路径,以期进一步完善高校思想政治教育过程运行机制,应对各要素变化对教育过程的挑战。

　　过程由要素组成,主体要素是教育过程的核心和灵魂。其中,高校教育者在内生性教育过程运行中发挥主要作用。其必须对教育内容和教育工作价值上认同、行动上自觉实践,在互动平等的师生关系中找准自身的不同角色,找准学生内在自觉的动力来源——内在需要,才能搭建学生"外在学习"与"内在建构"的桥梁,才能推动学生有效参与到教育活动中。教育内容有效传递是教育过程内生性建构的基础,内容内化为学生所学并外化为其行为是教育过程内生性建构的目的。为此,在教育环体中,可以通过高校教育者营造的促进学生意义建构的教学情境和促进学生知识内化的实践情境实现;教学方法应注重培养学生主体意识和主体能力,活动载体应注重引起学生情感共鸣。有效的教育过程是教育主体、教育内容、教育环体、教育介体各要素有机协调的结果。

综上所述,本书旨在通过理论与实践研究,探索在构建促进主体德性内在发展的路径及教育过程内在动力体系方面提出更具系统性、可操作性的建议。研究中运用了结构方程模型、相关分析等实证调查方法,在论证过程中加入了教学案例分析,旨在将理论研究与高校思想政治教育的现实相结合,提升研究的实效性。教育的本质是育人,育人的关键在育魂。高校立身之本在于立德树人,高校思想政治工作应坚持把"立德树人"作为中心环节,把思想政治工作贯穿教育教学全过程,实现全程育人、全方位育人。这既是国家对高校新时代育人工作的基本要求,也是思想政治教育工作者的使命担当。

大学的使命在于"立德树人","德"乃人之"魂","立德"是"树人"之基,"德育"与"智育"是高等学校人才培养一体之两翼。"对当代中国而言,大学的属性具有鲜明的意识形态特点,以'立德树人'为根本任务,全员育人、协同育人,事实上构成并不断完善'德育共同体'。"①而这种以"共同的道德信仰和价值认同、共同的历史文化传统、明确的目标和指向"为特征的高等学校"德育共同体"的构建完善,是实现高校立德树人的有效路径。本研究是探索高校立德树人路径的有益尝试,并以"高校德育共同体"的理论框架为指引,提出建构内生性思想政治教育过程体系新发展方向的设想:更注重过程体系的持续发展性,更注重对主体内生动力的探索,更注重教育方法的情感驱动性。建构高校思

---

① 任少波,楼艳.论高校德育共同体的三重意蕴[J].高等教育研究.2018(8):86-90.

想政治教育过程内生动力体系,最终实现学生内在德性发展,教育内容被有效传递和接受是基础,激发教育者和受教育者的自主性、能动性、创造性是关键,教育环体和教育介体的外部性促进和溢出效应是保障。

# 目　录

**第一章　绪　论** /1

第一节　选题背景和意义 / 1

第二节　国内外研究概况 / 5

第三节　高校思想政治教育过程的内生性建构概述 / 24

第四节　研究思路与创新 / 30

**第二章　高校思想政治教育过程的现实反思** /35

第一节　教育过程运行中的主要问题 / 36

第二节　教育过程现状的实证调查 / 50

第三节　教育过程的问题归因 / 68

**第三章　高校思想政治教育过程内生性建构的理论基础** /76

第一节　马克思主义人学理论 / 77

第二节　心理学接受理论 / 93

第三节　建构主义教育理论 / 99

**第四章　涵育高校思想政治教育过程的内生性教育主体** /117

第一节　内生性思想政治教育主体的理念建构 / 118

第二节　教育者主体性的涵育路径 / 122

第三节　受教育者主体性的涵育路径 / 133

## 第五章　创设高校思想政治教育过程的有效环体场域 / 150

第一节　内生性教育过程中的教育情境 / 151

第二节　营建有效促进学生知识学习的教学情境 / 155

第三节　开拓有效促进学生活动融入的实践情境 / 166

## 第六章　优化高校思想政治教育过程的适应性教育介体 / 173

第一节　内生性教育过程中的教育介体 / 175

第二节　革新培养学生主体性的教学方法 / 177

第三节　搭建促进学生情感融入的活动载体 / 190

## 第七章　结论与展望：建构内生性高校思想政治教育过程运行 体系 / 202

第一节　教育过程体系的发展性范式建构 / 204

第二节　教育主体的内生动力范式建构 / 208

第三节　教育方法的情感驱动范式建构 / 214

## 参考文献 / 220

## 附　录 / 248

## 后　记 / 259

# 第一章　绪　论

## 第一节　选题背景和意义

### 一、高校思政工作取得长足发展

人类社会实践及人的发展的需要催生了思想政治教育,它将社会所需要的思想政治品德变成人们现实的行为作为教育目标。改革开放40多年来,高校在党的理论指引下,坚持建设社会主义大学的思想政治工作发展方向,工作内容、方法、途径不断丰富创新,工作队伍力量不断壮大加强;对中国特色社会主义教育事业根本问题、思想政治工作基本规律和理念内涵的认识不断深化。同时,高校思想政治理论课也取得了长足发展,"尤其教学方法方面发生了深刻变化,方式多样,模式和形态更具合理性"[①],高校思政理论课教师队伍壮大,思想素质和文化素质不断提高,并形成教师发展的长效机制,为高校大学生身心健康成长奠定了重要基础,传播了马克思主义最新研究成果,提升了教育成效。

思想政治教育过程是思想政治教育学的核心内容之一,对教育过程的深

---

[①]　余双好.改革开放以来高校思想政治理论课教学方法的创新发展[J].思想理论教育导刊,2018(10):12-14.

入研究"是探讨思想政治教育本质和规律的必要环节,关系到研究领域的全局,是实践活动开展的理论依据"①。在社会转型加快和生活方式多元化的特征下,诸多问题逐渐成为制约高校思想政治教育发展的瓶颈,影响了工作的顺利开展和教育功能的充分发挥。进入新时代,受外部环境、家庭环境及自身经历等因素的影响,大学生思想及价值观念多元化、复杂化。面对全球一体化,经济、科技快速发展,教育改革,互联网普及等挑战,高校思政教育过程还存在诸多不适应,比如,教育者与受教育者间互动不足,教育目标与学生主体地位脱节,教育内容与学生的需求错位,教育方法不能适应大学生的新特点等一系列问题。对此,思政人不断寻求更多可借鉴的途径和突破。

## 二、高校思政工作面临新时代新问题

作为从事辅导员工作近 10 年的一线思政工作者,笔者在对大学生思想政治教育的现状和问题(涉及党建、职业规划与就业、心理健康等内容)进行了一定研究后发现:第一,从现实角度分析,高校思想政治教育实践与教育理念之间存在差距,与高等教育改革不能同步;受新媒体及社会文化多元等综合因素的影响,高校思想政治教育过程不能准确把握新时代大学生的精神追求、生活方式、思想特点等,思想政治教育的有效性受到影响。第二,从理论研究来看,教育过程涉及多个环节、多个层面,部分理论研究与现实脱节,教育过程体系不完整、不连续,教育过程的核心推动力探究不够深入,这样造成有关思想政治教育环节和要素中存在研究繁杂却不概括,整体研究缺乏创新的问题。

综合高校思想政治教育过程理论研究及现实问题,本书认为,应从核心环节和要素入手,找到解决和突破的关键。教育的核心要素是人,教育的目的是学生获得成长与发展,因此,教育主体是教育过程的灵魂和关键要素。其中,教育者主动的教和受教育者自觉的学是教育过程顺利进行的内在主线,其他

---

① 陈万柏,张耀灿.思想政治教育学原理[M].北京:高等教育出版社,2007:324.

要素和环节的安排和设置应以受教育者获得自我成长为根本。这就是本书提出的内生性问题。当前,高校必须深入分析思想政治教育过程中存在的问题,对教育过程进行重新审视、定位、分析和整合,从过程各要素着手,具体分析现实问题,以增强教育的有效性。本书通过理论研究以及实证调查,探寻高校思想政治教育过程中存在的问题以及症结所在,以马克思主义理论为指导,借鉴心理学、教育学等相关理论,就如何提升教育过程内生性运行做出具体探讨。以相关理论研究为基础,本书尝试以激发教育主体特别是受教育者主体的内在动力为中心,在过程要素中寻求内在突破,并提出有可行性的建议和措施。

## 三、聚焦高校思政教育过程内驱力研究

### (一)拓展高校思想政治教育的研究深度

从当前来看,学界对思想政治教育主体性研究较多,但以内生性作为视角审视教育过程的研究较少,同时,高校作为思政教育的独特场域,从教育者到受教育者及其他影响因素来看具有特殊性,而现有相关成体系的研究成果较少。因此,从这个角度来看,本书以马克思主义理论为基本立场,借鉴相关理论,尝试以要素组成的分析模块,探讨促进教育主体内生性发展的教育主体关系、教学方法、教育模式,探究教育过程的新途径,有助于拓展思想政治教育的研究深度,开展有针对性的教育实践活动。

### (二)进一步完善高校思想政治教育过程运行机制

思想政治教育经过长期的发展和实践,其体系正在不断丰实发展。不可否认,它还处在"年轻期",很多理论和研究方法都处于摸索中,尤其关于高校思想政治教育过程,涉及多个要素、环节,有自己的运行规律,其有效运行机制有待进一步探讨。思想政治教育要始终确保其高效性,必然需以马克思主义理论为根本指导,且抓住过程发展中的核心驱动力和核心推动要素是确保其有效发展的根本。本书将过程中的核心推动力作为主要研究对象,积极吸收其他理论的合理内核运用到教育过程中,在完善教育本身运行机制基础上,探

求更多的发展、演化新途径。

### (三)丰富"以人为本"理念的内涵

当今时代各个领域的竞争归根到底是人才的竞争,新时代的重要特征就是呼唤人的主体精神,深挖人的潜能,这是思想政治教育本身的价值追求。激发人的内在自觉性不再是空话,而是要在新时代落实到教育过程中,以激发人的主动性、能动性的理念进一步关照、认识、重建整个过程,以期解决教育过程中"不适当"之处,是对人本观念的响应与反思。本书也是深入践行"以人为本"精神的体现,更是对教育过程中人本理念落地的路径探讨。

## 四、增强教育过程的吸引力和有效性

### (一)进一步激发高校教育主体的主体性势能

思想政治教育参与者众多,它是一个由高校教育者、受教育者、外部社会环境、内部教育环境及各类载体方法等复杂要素构成的有机系统,虽然系统内各要素角色定位不同,但相互联系、相互制约,共同组成了教育过程的有机体系。本书着重关注如何更好地协同各种元素之间作用的发挥,如何更好调动所有参与主体的主观能动性,并借鉴相关学说、教育方法,探究教育过程顺利有效进行的实现途径。

### (二)进一步破解教育过程中的困境并提升教育吸引力

传统的思想政治教育将教育对象对德育知识内容体系的掌握作为提升人的思想道德素质的主要方式。而思想政治教育应更注重个体内在对德性的理解和把握,是以个体在实践的基础上,因个人的社会性和发展的需要而主动学习和自觉内化的过程。对受教育者而言,接受教育内容的过程就是不断形成个人品德的过程,也是教育者将社会主流价值观念传递给受教育者使受教育者内化为个人思想观念并外化为个人行为的过程。对高校教育者而言,其自身必须对教育内容、教育对象及整个教育过程有充分的认识并能够自觉履行相应职责,只有其发挥自主性、能动性,才能成为真正的思想政治教育合格主体。本书所提出的内生性即关于教育过程、系统的"自我建构"的理论和实践设想。以内生性建构为价值追求,必然能够凸显高校教育者和受教育者的内在自觉性,增强教育过程中人的活力和教育过程的吸引力。

### (三)进一步优化教育过程,提升教育实效

目前高校思想政治教育成效不够突出与受教育者思想道德素质有待提高的矛盾,需要学界重新反思教育过程存在的问题。本书通过深入高校的四个要素过程,以要素模块为切入点,以教育主体能动性和过程系统有效运行为落脚点,从教育内容、主体关系、情境因素、方法与载体因素现实存在的问题出发,以激发主体的能动性为关键,创新现有的理论与实践,使思想政治教育的过程更加"主动""受欢迎",更好地发挥正向合力,使其能够更好地促进教育过程的发展,为增强当前高校的思想政治教育有效性提供参考。

## 第二节　国内外研究概况

### 一、内生性相关理论研究概况

### (一)内生性理论的提出与基本释义

"内生性"一般与"外生性"相对而谈,从发生学的视角看,研究某类事物的发展规律,要从研究其对象最开始的状态开始,并对该研究对象进行阶段动态分析,解释研究对象在某一阶段或时期中最主要、最本质的原因。在事物发展过程中,其演变往往是在内生性动力与外源性动力共同作用下完成的。"'内生性'动力源自事物自身的固有肌理,是事物遵循自身发展逻辑的一种必然结

果,此外的其他条件都是外生性因素"①,由此产生了内生性历史发生学,"指的是在研究思想史的过程中,可以直接就其内在的本质发展逻辑进行研究,研究方式可以采用实证主义基础上的文本分析法"②。在系统论视角下,内生系统和外生系统同时存在,共同作用于系统发展过程,而且内生系统与外生系统间可能随时转换,是相对应而存在的,当外生系统对系统运行影响较大时,就称此时的系统为外生性系统,相反情况下称为内生系统③。

在发生学理论及方法影响下,人们提出了内生性发展的现代发展理论,它是伴随着现代化理论、世界体系理论等诞生的,严格意义上说它产生在20世纪70年代的经济学领域。瑞典戴格—哈马斯库德财团最早提出了"内生性发展"的原则。经过对现代经济发展运行过程进行系统分析和经验总结,认为"如果发展意味着解放和自我形成,无论是作为个人还是社会性的存在,达到这样的发展目标,必须从社会内部去发现和寻找动力"④。20世纪70—80年代,日本很多学者从世界历史发展的进程中总结发展的意义,"各国,尤其发展中国家的发展,应尽量减少对他国的依附,注重本国资本积累,发展本国工业,用自力促进本国经济发展"⑤。"自助"、自立性、自主管理等成为内生性发展理念的新要素。"内生性增长"理论(Endogenous Growth)概念:经济增长主要是内生力而非外力的结果。内在的发展要素主要是专业化的知识和人力资本的积累,这些内在要素可以产生递增的收益并使其他投入要素的收益递增。内生性发展理论提出后,很多学者开展了具体的研究,例如,"对某国某地区生产

① 李晶.贫困地区文化"内生性重构"研究[J].图书馆论坛,2016(6):27-33.
② 王华英.历史发生学视域下的马克思技术思想[J].自然辩证法研究,2008(2):59-65.
③ 上官剑,李海萍."外生性"与"内生性":中西方大学起源之比较研究[J].高等教育研究,2007(6):87-91.
④ 鹤见和子,胡天民."内发型发展"的理论和实践[J].江苏社科通联,1989(3):9-15.
⑤ 鹤见和子,川田侃.内发性发展理论[M].东京:东京大学出版社,1989:9-15.

力驱动情况进行研究"①、"对城市可持续发展动力的研究"②、"对贫困问题的策略研究"③、"对地方自发性发展的研究"④等。

内生增长理论最初由经济学领域提出,强调经济增长是经济体系内部力量,是对传统经济社会发展理论的一种反思,体现出现代社会"可持续发展"的理念,更为重要的是看到了任何国家、社会的发展关键点在于该国自身的内在性和自主性,是对传统发展观的进一步深化。当然,内生性发展观是一种理论框架和思考方式,本身是否具有应用理论的特征是不确定的。而且内生性发展的模型以及模式也是多样的,其与外生性发展如何结合以及各国如何进一步评判还存在一定的疑问。内生性发展观或者发展理念正在被不断地拓展和探讨,给人留下了探索余地。

## (二)内生性理论的发展应用

在现代汉语词典里,没有"内生""内生性""内生性发展"的词条解释。近些年,关于内生性发展理论的研究逐渐从经济学延伸到其他学科和研究领域,受到更多关注。刘占虎提出:"中国近些年的发展是蕴含着内生逻辑的内涵式发展,这样的发展坚持社会主义原则,是以我国的社会现实为基础,因而,我们应该制度自信、理论自信。"⑤何叶等认为,对幼儿教师的培养"应在价值导向上强调教师的自主性、主体性,在专业发展中上强调教师的内在动力,在发展过

---

① Mohammad H S,Behzad M,Roger S. Regional Endogenous Development Based on Conceptualizing a Regional Productivity Model for Application in Iran[J]. Applied Spatial Analysis and Policy,2017,10(1):43-75.

② Mahsume H R,Razieh I R,Fatemeh H. Analyzing the Revitalization Strategies of Historical Fabric with the Approach of Endogenous Development Case Study[J]. Open Journal of Geology,2016(6):363-371.

③ Millar. D. Endogenous Development:Some Issues of Concern[J]. Development in Practice. 2014(5-6):637-647.

④ Susan H. Holcomb Donors and Exogenous Versus Endogenous Development[J]. Development in Practice,2014(5-6):750-763.

⑤ 刘占虎.中国特色社会主义的内生性与新传统[J].科学社会主义,2017(1):49-54.

程中强调追求与周边重要他人的合作共赢和多元共生的内生性发展培训模式"。① 彭玉旺等认为,农业内生性发展机制培育"应注重培育农民专业合作社,有序推进土地承包经营权流转,大力发展农村教育,逐渐形成一个资源效能可以得到发挥的内生性发展机制"②。王佩等认为走出贫困治理的关键是"强化贫困家庭个人嵌入式发展动机和贫困地区社会系统内生性发展动力,形成自身的内在能力"③。国内关于内生性发展的研究已经从经济学领域延伸到教育学、社会学等领域,学者们以内生性为核心切入点,拓宽现有研究视野,力求寻找该领域提升效率和长期发展的方式。褚宏启受内生增长理论启发,"建构了'教育内生发展模型',将教育知识及技术、教育主体(教师和学生)两个要素作为教育持续发展的内生要素,认为这两类因素是教育行为持续改善的关键"④。

## (三)内生性理论研究评述

从国内外学者对内生性理论的研究中可以发现,该理论源于经济领域对外生性发展的反思。因此,产生了对于哪些是外部影响因素以及外部影响因素如何通过影响主体发挥作用的新认识。从内生性理论的国内外研究可以看出,其内涵必然含以下核心要点:

1.内生性发展的首要条件是挖掘主体或者对象的自主性、能动性

区域或者国家经济发展最终还是要靠当地及国家本身发挥自身主体性;在其他领域也是一样,这种"原生力"是主体本身追求自我改变的意识和能力。

---

① 何叶,刘先强,李敏.幼儿教师内生性发展培训模式的理念构建与路径探索[J].教育与教学研究,2017(7):100-106.

② 彭玉旺,衡文睿,陈禹洁.廊坊市农业内生性发展机制培育研究[J].北华航天工业学院学报,2013(4):39-44.

③ 王佩,刘晓.嵌入式发展、参与式合作与贫困治理研究[J].西北大学学报(哲学社会科学版),2017(6):87-93.

④ 褚宏启.中国教育发展方式的转变:路径选择与内生发展[J].华东师范大学学报(教育科学版),2018(1):10-11.

主体能动性和主动性的发挥是实现内生性发展的必要前提。

2.内生性发展的根本是主体或者对象的内驱力、内动力

即主体或者对象的需要不断被发现、被"点燃",实现内生性发展必须找到这个驱动力、内源力,它是核心推动力。

3.内生性发展离不开外生力量的支持

内生性发展是思考如何在外生发展的基础上深入探索发展的长远性以及发展的深度,并不是对外生性发展的否定,相反,内生性发展必须以外生发展为基础,借助外生发展的条件和要素,通过主体内在力量的积聚和外在资源的连接而实现。

4.内生性发展的目的是提升发展的质量、实现可持续发展

近代以来,发达国家的发展轨迹让人们开始反思人类社会发展过程中发展的真正目的以及如何评价社会发展等问题,有效发展和可持续发展是人们普遍认可的理念。这样的发展需要综合考虑发展的各项要素及对未来的影响。而内生性发展即进一步探索发现主体或者对象的能力及其周围的可用资源,再通过互相联系的关系网络,综合内生性和外生性条件等来改变人们原有的观念和行为,实现人与自然、人与社会良性互动。

内生性理论不断被应用到其他学科领域表明,无论是学科本身的发展还是对某些问题的分析都应从内部着手,内因才是事物变化发展的根本原因,也显示出人们对现象背后折射出的内在动力问题进行着更深层次的反思,对本研究有重要的参考意义。

## 二、高校思想政治教育过程研究概况

### (一)思想政治教育过程研究概况

20 世纪 80 年代,学界对思想政治教育理论的研究日益深入,学者们对思想政治教育过程展开了理论和实践层面的研究。研究主要涉及思想政治教育过程的内涵、规律和矛盾、实践环节等。尤其在思想政治教育过程理论研究方

面,成果丰硕,为进一步研究教育过程奠定了良好基础。

1. 思想政治教育过程的定义

恩格斯曾说"世界不是既成事物的集合体,世界是过程的集合体"[①],所有的事物都处于不断变化中,他揭示了世界的过程性特征。无论人的行为活动还是思想活动,都是一个运动变化的过程。国内较早对思想政治教育过程内涵进行定义的是上海市高教局编著的教材[②]。其内涵是:以高校的教育任务为基础,依据大学生思想政治品德形成规律,按照培养目标对学生施加教育影响,使他们逐渐形成社会所要求的思想政治品德的过程。其对思想政治教育过程的定义基本为以后的过程研究所继承。后来,陆庆壬初步构建起了思想政治教育过程理论体系[③],邱伟光和张耀灿论述了教育过程的本质,补充了过程组成的要素[④]。虽然不同学者对思想政治教育过程的概念表述存在差异,但都表达了此过程是教育者与教育对象即受教育者共同参与的,有目的、有组织、有计划的教育实践过程。从主体上看,该过程是通过高校教育者和受教育者共同努力实现的;从目的看,教育过程是要把社会所要求的主流价值观念转变为受教育者个体认可的观念,其效果具体表现为受教育者将教育内容内化,在思想观念转变的同时外化为个人的行为。

2. 思想品德的结构及运行历程

思想政治教育过程有效运行必须深入分析人的思想品德结构。对此内容的研究从最初的德育心理过程,逐渐扩展至德育思想观念、德育行为能力的三维结构。学者们又进一步研究了受教育者思想品德形成发展机制,"认为社会实践是人思想认识形成的基础,思想品德的形成一般经历内化和外化两个阶段,在思想品德形成的过程中既受客观外部条件的影响,又必须通过主观内部

①　王进."斗争哲学"再辨[J].探索,2011(2):179-182.
②　上海市高教局.高等学校学生思想政治教育[M].北京:教育科技出版,1984:93.
③　陆庆壬.思想政治教育学原理[M].上海:复旦大学出版社,1986:110-120.
④　邱伟光,张耀灿.思想政治教育学原理[M].北京:高等教育出版社,1999:107-114.

因素才能起作用,两者相互影响、相互协调,形成思想矛盾运动转化的整个过程"①。目前学术界对思想政治教育过程运作历程的研究主要是从两个角度进行:第一,从工作过程角度,"主要的运作过程包括教育方案的制定、实施、评估等环节"②;第二,从思想品德内在运行构成来看:"整个过程从教育者的意识活动、实践活动开始,然后教育对象即受教育者的意识活动、实践活动过程。"③

3.思想政治教育过程运行的矛盾

在借鉴教育学关于教学中矛盾分析的理论基础上,学者们分析了思想政治教育过程中的基本矛盾和具体矛盾。基本矛盾表现为:"教育者或者社会对于受教育者思想政治品德、心理素质发展的要求和受教育者现有思想政治品德水平之间的矛盾。"④学者们对思想政治教育过程基本规律的看法存在核心观点的基本一致性。近些年,以思想政治教育过程基本矛盾为基础,学者们对思想政治教育的具体矛盾和规律进行了深入研究。有学者从新环境变化的视角认为教育过程应符合"主导性与多样性统一规律、社会化规律、主体间多向互动规律"⑤;有学者从教育过程的环节或者要素出发,认为具体规律包括"统摄发展规律、选择控制规律、创新思维与实践统一规律等"⑥。

4.思想政治教育过程要素研究

对于教育过程由哪些要素组成,学界存在一定的争议。主要的看法有:第一,"三要素"说。陆庆壬将教育过程中的教育者和受教育者及其内容社会要求的思想政治品德规范作为过程要素⑦。王礼湛将三要素具体为:"教育工作

---

① 刘烨.现代思想政治教育过程研究[D].武汉:武汉大学博士学位论文,2004.
② 张耀灿,郑永廷,吴潜涛,等.现代思想政治教育学[M].北京:人民出版社,2007:338-347.
③ 沈壮海.思想政治教育有效性研究[M].武汉:武汉大学出版社,2012:103.
④ 陈万柏,张耀灿.思想政治教育学原理[M].北京:高等教育出版社,2007:94.
⑤ 张耀灿.思想政治教育的特点和规律探析[J].思想理论教育,2006(2):4-10.
⑥ 张毅翔.思想政治教育方法内在规律探析[J].思想教育研究,2010(10):3.
⑦ 陆庆壬.思想政治教育学原理[M].上海:复旦大学出版社,1986:110-133,116.

者——教育活动，教育对象——接受、内化、外化教育信息的活动，教育手段——教育内容、教育途径、教育方法。"①第二，"四要素"说。张耀灿和徐志远将教育过程的组成要素概括为四个部分："主体、客体、环体、介体，分别代表：教育者、受教育者、教育环境及教育支撑条件、教育内容和方法。"②仓道来认为思想政治教育过程由"教育者、被教育者、思想政治教育内容、社会经济关系四要素组成"。③ 陈秉公提出"三体一要素"说，他将"教育者、教育环境、受教育者作为三个独立的实体，将教育目的、内容、手段及活动作为媒介要素"。④ 第三，其他要素说。孟志中提出"五要素"说：教育者、受教育者，教育的内容、方法、目标。⑤ 沈壮海提出"六要素"说：在前面五要素的基础上将教育情境作为第六个要素。⑥ 叶雷提出"八要素"说："教育者、教育对象、教育信息、教育载体（第一载体、第二载体）、教育噪音、教育情境、教育成效、教育反馈。"⑦田曼琦等提出"十要素"说：从系统工程学角度认为教育过程有："主体、客体、内容、方法、环境、思想、原则、信息、决策、评价共 10 个系统。"⑧

5.思想政治教育过程研究评述

虽然学者们对教育过程要素分析存在不同看法，但对教育过程必备要素的看法基本一致，即教育过程应该至少包括四要素。思想政治教育过程基本的构成要素应包括：作为教育过程发起者的教育者，作为教育者教育对象的受教育者，教育本身所要传达的教育内容，教育过程不能离开的教育环境以及必须借助的教育介体。当然，如果从微观角度和过程的完整性来说，整个教育过

① 王礼湛.思想政治教育学[M].杭州:浙江大学出版社,1989:171-203.

② 张耀灿,徐志远.现代思想政治教育学科论[M].武汉:湖北人民出版社,2003:130.

③ 仓道来.思想政治教育学[M].北京:北京大学出版社,2004:10,75.

④ 陈秉公.21 世纪思想政治教育工作创新理论体系[M].长春:吉林教育出版社,2000:11,317.

⑤ 孟志中.思想政治教育要素论[J].中国青年政治学院学报,2003(3):15-19.

⑥ 沈壮海.思想政治教育有效性研究[M].武汉:武汉大学出版社,2008:13,61.

⑦ 叶雷.思想政治教育要素新论[J].前沿,2004(6):156-158.

⑧ 田曼琦,白凯.思想教育系统工程学[M].北京:人民出版社,1989:62-67.

程还包括教育理念、目的、任务、原则、反馈、评估等。前人对思想政治教育过程构成要素的深入研究，为本研究进一步进行过程内在动力探寻构建了基本的理论框架，提供了重要理论基础。但本研究认为，目前学术界对教育过程问题的研究在深度和广度上还有进一步探讨的空间。

首先，任何事物的发展必然有其特殊的成长机理和发展逻辑，探寻内生性教育过程即是为实现教育成效而做出的深层次反思。目前宏观理论层面对教育过程的研究较多，对如何深入教育过程内部，探寻主体及过程的内生动力研究较少，缺少成体系的、更具操作性的具体研究，对思想政治教育过程具体矛盾及内在核心动力的研究不足。很多研究停留在经验性层面上，部分内容缺乏思想政治教育本身的视域，没有从现象背后反映的问题和规律进行深入分析，缺乏哲学层面的追问，缺乏理论研究的深度。对教育过程运行动力因素等考察不够。其次，对受教育者如何接受教育内容的研究较多，对如何激发教育者的主体性研究较少。教育者是教育过程的发起者、组织者，其主动性、积极性的发挥直接关系受教育者能否有效接受教育内容。教育者内在自觉性的激发与受教育者不同，有其特殊性，应从其身份、价值认同等多方面综合考虑。再次，已有研究虽然对受教育者的主体性关注多，但缺乏将主体置身于整个过程体系考察的过程视角。对教育环体、介体的研究多停留于经验层面，而忽视了其在激发教育主体内生性动力中应有的作用和角色定位。教育环体的支撑力、教育介体的传递力、教育内容的影响力等都通过主体发挥作用，对其进行具体研究必须与相对应的主体放在一起考虑。

## （二）高校思想政治教育过程研究概况

随着思想政治教育学科理论日趋完善、思想政治教育实践不断深入，高校思想政治教育范畴在此基础上孕育发展，成为重要的研究领域。高校思想政治教育过程是揭示教育规律和本质的研究，对此的理论和实践研究呈现出多角度、多方面的特点。对教育过程阶段性研究、历史性回顾增多，比如探究新中国成立以来高校思想政治教育的本质、理论支撑、载体、队伍保障等内容①，梳理改革开放以来高校思想政治教育政策发展、思想政治理论课、党团与班集体建设、文化育人、实践育人、网络育人、心理健康教育、资助育人、创新创业教育、辅导员队伍建设、教育管理等方面的历史。② 这些研究为本文提供了重要的理论基础。但学界直接对高校思想政治教育过程进行研究的较少，更多的是以教育过程中的环节、规律及教育主体、教育内容、教育环体、教育介体等要素作为对象分别进行研究，注重对提升教育过程实效性的对策研究。主要的研究热点和难点如下。

### 1. 新时代对教育过程的挑战

早在 21 世纪初，郑永廷教授就指出，由于社会变革而引发的社会现实矛盾改变了原有的社会运行状态及社会关系结构，高校思想政治教育面临新时代的几大课题，如"精神价值取向自发性淡化与精神价值需要自觉性强化的矛盾；人的主体性发展与人的社会化发展的矛盾"③。新时代在社会环境方面主要体现为科学技术飞速发展、互联网运用与普及；在高校内部主要体现为教育产业化发展和后勤逐步社会化；在高校教育改革方面体现为高校教育理念向开放、创新方向发展，教育目标向培养创新能力及综合素质能力发展，教育模式向个性化发展转化，教育方法向多样化发展。受此影响，高校教育者和大学生在"思维方式、思想观念、价值取向、人生态度等方面发生一系列的变化"④。新时代的挑战，对于高校思想政治教育过程的各要素产生了不同的具体的影响。对教育者来说，网络的运用和发展，对课堂教学的权威以及教育实践活动的具体开展产生了"威胁"；受教育者即大学生对知识的获取不只可以通过课

---

① 程浩,崔福海,孙宁.中国高校思想政治教育史论[M].北京:社会科学文献出版社,2016:3-10.

② 冯刚.改革开放以来高校思想政治教育发展史[M].北京:人民出版社,2018:1-5.

③ 郑永廷.高校思想政治教育面临的时代性课题[J].中国高等教育,2003(21):13-14.

④ 吴琦.增强高校思想政治教育实效性的思维视角与路径选择[J].高教探索,2008(3):135.

堂,还可以通过网络方便获取。

随着社会经济发展和网络使用普及,大学生的自我意识增强,个性多样化,更易接触不同思想和价值观念,而大学生自身的辨别意识有限,易受错误的思想观念影响,这增加了教育者的工作难度。新时代对教育内容提出了新要求,培养中国特色社会主义的接班人,需要高校思想政治教育不仅在政治意识、思想观念、价值观念上对大学生进行规范和教育,还需要加强对大学生的法治教育、心理健康教育,因为新时代的大学生在新的经济环境、社会环境及家庭环境综合影响下,出现了强调个人意识、个人利益的倾向,但抗挫折能力弱等问题。再次,新时代对教育的方法和载体等提出了新要求。[①] 以前,高校以思想政治理论课为主渠道,以思想政治工作为基础开展思想政治教育,以灌输教育为主要方式,在一定程度上忽视了学生的个体需求,出现了教育目标与教育效果的偏差。新时代催生出多样化、可适用的多种教育方式和载体,如何有效运用,需综合考虑各方面的因素。

另外,受新时代影响,网络思政成为研究热点。新媒体对大学生的价值取向、思维方式等产生了影响,新媒体时代教育的基本要素发生变化,网络思想政治教育过程的动态运行机理、矛盾与规律呈现新的特点。如何在新媒体环境当中探究青年学生的共同话语问题和舆论引导以及掌握网络教育话语权等问题成为研究重点。[②]

2.高校教育者与受教育者主体关系研究成为研究的难点

关于人的主体性的研究可以追溯到古希腊哲学。近代以来,主体性观念再次将视野转到人的生存,高扬人的价值理性。改革开放带来了国人主体意识的觉醒,高校教育主体及其关系研究成为热点,"这种变化一方面源于社会

---

① 杨宏健.近 10 年高校思想政治教育工作研究进展及述评[J].河南社会科学,2009(4):188-190.

② 亓慧坤,韩洁,方铮炀.新媒体视域下高校思想政治教育的解读与重构[M].北京:中国纺织出版社,2019:1-5.

发展对思想政治教育提出了新要求,另一方面也是教育理论和教育实践现实发展的价值诉求"①。主体关系是思想政治教育学的基础理论问题,也是研究教育过程的核心问题。对教育主体关系的研究主要有"单主体说""双主体说""多主体说""主体际说"等。

每种学说都有其特定的社会背景及哲学理论作为基础,有一定的适用范围。② "单主体说"在一定程度上忽视了受教育者的主动性,"双主体说"在实践中容易陷入自相矛盾,"多主体说"将"起作用"与"起主体的作用"等同起来,以上几个说法模糊了教育主体的具体界限,逐渐淡出了研究视野。③ "主体间性""主体际说"理论以人的交往实践为基础,分析主体间的关系,思想政治教育的主体是人,对象也是人,人具有主观能动性,因此,教育过程中既要发挥教育者的主体性、主导性,又要发挥大学生的能动性、创造性,克服了其他学说的不足,对于深入研究思想政治教育主体关系有更多的思考和启发,成为当今高校主体关系研究的热点。

高校思想政治教育主体间关系问题成为学界的研究前沿和热点问题,有助于进一步推动教育者与受教育者关系在认识上的深化。不可否认,"主体间性"教育主体关系倡导教育者与受教育者间是"民主、平等"的关系,提倡教育者主导地位和受教育者主体地位的辩证统一④,符合现代教育理念,体现了对教育对象的人文关怀。但主体间性思想政治教育所提出的教育者"主导作用"和受教育者"主体作用"哪个更重要,以及这两者之间是什么关系,如何发挥

---

① 郝连儒.高校思想政治教育主体性研究[D].大连:大连理工大学博士学位论文,2014.

② 平章起,郭威.当代思想政治教育主客体关系研究的困境及其超越:从实践的视角[J].理论学刊,2015(1):94-96.

③ 葛续华,余斌.不同研究视角下的思想政治教育主客体关系解读[J].学术探索,2017(8):139.

④ 廖志诚.马克思主义人学视角下传统思政教育的偏差及矫正[J].思想教育研究,2005(5):18-20.

等,还没有明晰的回答和界定。另外,教育过程中,如果随时都充满了教育者与受教育者的"各自主体性",教育关系复杂,教育效果难以评价,不符合教育的基本规律。不同历史条件下,高校教育者认识的立足点不同和水平差异,作为接收者的受教育者对教育的需要不同,高校教育主体间的关系很难具体把握。①

本研究认为,高校思想政治教育的教育者和受教育者间是"主体间性"关系,他们都是教育的主体,都具有主体性,但教育者主体的主体性和教育对象主体的主体性具有不同的涵义和适用范围。教育者的主体性体现在其是教育过程的发起者,负责组织、实施思想政治教育活动,需要教育者具有主动性、创新性、预判性等,在教育过程中起着主导作用。受教育者即高校学生在接受教师的教育过程中,首先是具有受动性的,但在接受教育过程中学生参与教育活动、接受教育内容必须发挥主动性才能获得个人或者群体的成长,教育者的教育活动才能取得成效;另外,学生在思想政治教育过程中还会根据所学、所看以及实践体验进行自我学习、自我管理、自我教育,这个过程中,学生的主体性展露无遗,一定意义上说,此时的学生也可以称之为"教育者"。所以,需要在教育过程和环节中分清教师和学生各自的不同角色,双方应有不同的"任务和定位"。

3.对提升教育过程有效性的方法研究最多

学者们提出的主要措施有:第一,优化教育内容。改革开放 40 多年来,教育内容不断丰富发展,涉及思想政治教育政策、思想政治理论课程、队伍建设、校园文化、实践活动、法治意识、心理健康、创新创业、网络文明、教育管理等内容。② 社会发展的潮流与趋势使得高校在教育内容的侧重点以及教育层次上有所区分。其中,法律思维的培养,网络文明教育,思政教育与心理健康教育、创新创业教育的相互融合等,成为新时代的研究热点。有学者提出了结合新时代和大学生特点,优化现有的教育内容,针对不同群体学生的特点开展有针

---

① 周海燕,孙其昂.大学生思想政治教育"主体间"的统合——以思想政治理论课为例[J].国家教育行政学院学报,2012(6):59.

② 冯刚.改革开放以来高校思想政治教育发展史[M].北京:人民出版社,2018:2.

对性的教育内容,并在实践中关注教育成效。① 第二,多学科、多技术参与改革课堂教学方法。思政理论课教学是高校开展思想政治教育的重要渠道。

针对高校思政理论课的特点和教育内容、受教育者学习空间和学习方式的变革、师生关系的转变、课程形态变化,学者们提出了各种改进教学方式的措施:第一,探索总结能够充分发挥受教育者积极性、主动性,提高课程趣味性、有效性的教学方式,如启发式、探究式、互动式、讨论式、研究式、实践式等行之有效的教学方法,使高校思政课教学成为激发学生活力,促进受教育者主动寻求、主动学习的过程,受教育者的主动学习、自主学习、自我修养的能力逐步提高,从而提高德育教学的质量和效率。② 第二,探索基于新载体的教学方式,比如"移动课堂"教学方式③,是基于新媒体环境,以学生常用的新媒体为载体,活跃课堂氛围,激活学生课堂的主动参与意识。另外,发挥红色资源的政治导向功能与精神育人功能成为理论教学和实践教学的重要途经。④ 第三,创新育人模式。市场经济和经济全球化带来的影响冲击着高校思想政治教育工作,需要教育者转换思维、变革话语、优化内容结构、形成载体合力、注意网络政治参与、做好网络自组织管理等,建构学生、课程、课堂、学校、家庭和社会"六维一体"思想政治教育机制,建立教育生态共同体,形成思想政治教育合力,提高大学生思想政治教育的实效性。⑤ 学者们对高校培养人才的目标与教育理念日趋一致,认识到教育理念向人本范式转换的必然趋势⑥,由此学者们

---

① 单春晓,延诺.高校思想政治教育长效机制路径选择[M].北京:中国社会科学出版社,2018:3.

② 刘韵清,周晓阳.开放性教学论:高校思想政治理论课开放性教学新模式研究[M].成都:巴蜀出版社,2018:3-5.

③ 王有炜.高校思想政治教育新模式移动课堂研究[M].合肥:合肥工业大学出版社,2014:10.

④ 周利生,汤舒俊.红色资源与高校思想政治教育[M].北京:九州出版社,2018:55.

⑤ 李才俊,等.高校"六维一体"思想政治教育机制研究[M].北京:新华出版社,2017:1-5.

⑥ 吴琼.高校思想政治教育范式转换研究[M].北京:北京交通大学出版社,2016:1.

总结探索了多种育人模式:服务学习育人模式,即将高校思想政治教育活动与有组织的服务学习场境相联系,实现发展的学习模式①;基地及实践育人模式②:我国为适应新形势的发展,在全国设立了多个教育基地,承担思想政治教育育人功能,以此作为载体,深入分析基地育人模式的发展与育人成效。③

4.高校思想政治教育过程研究反思与展望

综合来看,学界关于高校思想政治教育过程的研究不乏理论探讨和实践总结,研究的目的均是促进教育目标的实现,即实现大学生思想道德素质的提高,促进学生全面发展。在众多研究的背后,需要进一步深思与厘清。

(1)提升高校思想政治教育过程有效性的核心和关键因素问题。事物的发展是由主要矛盾的主要方面推动的。思想政治教育过程的基本规律是"思想品德形成发展规律"和"服从服务于社会发展规律"④,具体规律表现为:"内化规律、外化规律、反馈检验规律"等⑤,基本矛盾表现为:"一定社会的思想政治品德要求与受教育者现有思想政治品德水平之间的矛盾。"⑥毫无疑问,在高校思想政治教育过程中,教育主体——教育者和受教育者的素质和功能对思想政治教育的有效性有着直接的影响,无论是教育过程的规律还是矛盾,都是围绕教育主体展开的,教育主体是教育过程的灵魂,是开展教育的重心。当然,高校思想政治教育过程是一个有机组成部分,离不开其他要素的参与和协作,但从本质上讲,其他要素必须围绕核心要素开展,并通过核心要素发挥作用。

---

① 王杨.高校思想政治教育服务学习研究[M].北京:人民日报出版社,2018:3-6.

② 王芳,宋来新.高校思想政治教育基地育人模式研究[M].北京:化学工业出版社,2018:1-8.

③ 张育广.实践育人:高校思想政治教育路径探索[M].广州:广东高等教育出版社出版,2017:20-80.

④ 陈万柏,张耀灿.思想政治教育学原理[M].北京:高等教育出版社,2007:141.

⑤ 罗洪铁,张丽华.思想政治教育过程规律的探讨[J].探索,2004(3):89-92.

⑥ 张耀灿,陈万柏.现代思想政治教育学原理[M].北京:高等教育出版社,2007:70-73.

（2）思想政治教育过程中众多具体矛盾背后的核心驱动力问题。思想政治教育如何实现教育主导性与多样化发展,解决师生的自主性和多样化发展需求,促进人的全面发展,解决人的主体性发展与人的社会化发展的矛盾态势与我国社会整体的主导性要求的矛盾,解决社会竞争日趋激烈情况下精神价值取向自发性淡化与精神价值需要自觉性强化的矛盾等,需要从教育过程的核心要素教育主体内在的原动力进行研究,关照时代发展,关注社会需要和社会要求,提高高校思想政治教育价值实现的程度,满足社会对个体思想政治品德水平的需要,实现教育对象内生性发展。

（3）教育对象能否自我建构和主动成长问题。高校思想政治教育的目标是促进大学生思想政治素质的提升,教育过程是教育目标实现的必经阶段,大学生受教育后能否内化为自己的知识以及外化为个人行为,是教育目标实现的重要标准,但如果受教育者能够主动建构所学,那么教育目标的实现问题就迎刃而解。其中的关键,就是教育者如何调动受教育者的主动性,探寻受教者接受的心理及克服阻抗因素,实现教育活动中大学生的有效参与。

针对以上几个反思问题,本研究认为,在坚持高校思想政治教育的方向性、前瞻性、实事求是、与时俱进、创新实效和针对性等原则的基础上,构建教育过程动态化、内生性运行机制,充分调动教育者的主体性、主导性,受教育者的主动性、内驱力,选择适应的教育方法和载体,以提升学生政治信仰、思想素质、道德水平,实现高校思想政治教育过程良性、有机、可持续发展,即为教育过程的内生性运行,是解决高校思想政治教育过程基本矛盾和具体矛盾的有益尝试,也是本研究的目标。

## 三、思想政治教育内生动力研究

### （一）思想政治教育内生动力研究现状

内生性理论产生之初旨在探究经济社会发展的内在动力和内驱因素。在思想政治教育领域,人们也在探究思想政治教育如何从深层次上激发教育本身以及教育者和受教育者的内在动力。在思想政治教育过程中,关于教育者与受教育者的内在动力有不同的认识。从个体接受思想政治教育的原因来看,李合亮认为"人的需要是教育者和受教育者的内生动力来源,这也是思想政治教育本身之所以产生的根本原因"①,宋明进一步提出"长期社会实践中,主体必然有道德需要,它是推动主体接受和践行道德原则和规范的力量"②。李海林提出,"个人的价值观引领个人行为,是规范个人言行的内在动力"③。姚红波则认为:"社会要求的自我和实际的自我之间的矛盾是推动个人接受教育的根本动力。"④就如何提升学生的内生动力层面,沈群认为"主要通过正向的引导来实现学生走向主体自律,激发学生的内生动力。比如确立符合学生主体需求的德育理念,设置符合教育理念的德育目标,设定符合现实要求并与学生实际需要相一致的德育内容,实施重在体现教育成效的德育评价等"⑤。

## (二)思想政治教育内生动力体系研究现状

学者们将思想政治教育作为一个复杂的系统,分层次进行动力体系研究,形成动力机制的说法。有的将思想政治教育动力分为"思想政治教育接受主体、思想政治教育实践主体、思想政治教育本体性主体,它们因需要产生动力,因利益关系组成动力体系"⑥。也有学者将思想政治教育动力机制归纳为:宏观层次的思想政治教育结构系统、中观层次的学校等基本组织形式、微观层次

① 李合亮.思想政治教育探本——关于其起源及本质的研究[M].北京:人民出版社,2007:59.
② 宋明.大学生道德动力建构探析[J].思想教育研究,2005(2):10-12.
③ 李海林.高校学生管理和思想教育工作中的动力探源[J].江苏高教,1994(4):29-32.
④ 姚红波,许悦联.思想政治教育视野下自我教育的动力机制研究[J].求实,2006(1):80-82.
⑤ 沈群.主体性德育教育激发学生内生动力探究[J].宁波教育学院学报,2014(2):1-4.
⑥ 曾昭皓.近三十年来思想政治教育动力研究述评[J].思想政治教育研究,2012(6):38.

的教育者和教育对象。① 关于思想政治过程本身的内在动力问题,学者们主要从三个层面进行研究。第一个层面是根本动力——思想政治教育的矛盾。马克思主义哲学将事物发展的根本动力归结为矛盾,是主要矛盾的主要方面推动事物的发展。思想政治教育的主要矛盾是社会发展对思想政治观点、道德品质的要求与教育对象思想品德现状之间的矛盾②,也有学者认为思想政治教育过程发展的核心推动力是社会发展的现实。正是全球化以及社会改革等现实情况推动了思想政治教育本身的向前发展。③ 第二个层面是思想政治教育的动力系统或者结构。思想政治教育过程本身是多个要素共同作用的结果,因此其内在动力是一个复杂的系统,刘党英、刘居安等将动力类型分为三个层次:第一层次是受教育者接受教育的微观动力;第二层次是存在于社会政治体系内部的政治性的社会组织和群体的中观动力;第三层次是来自代表社会、国家、民族利益的统治集团的宏观动力。④ 刘先进将思政教育动力系统总结为"由主体、客体、介体、环体组成的平行四边形合力。它们分别是方向力、内驱力、传递力、支撑力"⑤。第三个层面是思想政治教育的动力机制,主要指向实践育人的动力来源和作用方式。"从实践视角看,人的发展的需要是受教育者接受教育的原生动力,人的未完成性是受教育者内生动力的逻辑起点,人的生存和发展的现实性使人内在具有朝向实现理想人生的目标。"⑥主要的动力机制有:精神动力机制、利益导向机制、竞争机制、政策导向机制、创新机制、保障

---

① 廖志诚.论思想政治教育发展动力系统的构成[J].马克思主义与现实,2009(6):194-196.

② 王礼湛,余潇枫.思想政治教育学[M].杭州:浙江大学出版社,2001:247-254.

③ 刘卓红,钟明华,等.开放德育[M].北京:人民出版社,2008:81-82.

④ 刘居安.论思想政治教育动力机制[J].马克思主义与现实,2005(4):130-132.

⑤ 刘先进.思想政治教育动力机制探析[J].求实,2006(7):80.

⑥ 陈步云.论高校实践育人动力机制的构建[J].学校党建与思想政治教育,2018(6):15-19.

机制、评估机制以及和谐机制、场域机制①，或者分为德育动力生成的实践机制、德育动力传导的利益机制、德育动力规训的文化机制等。② 贾红霞提出从管理载体、文化载体、大众传播载体、活动载体、网络新媒体载体五个方面激活高职思想政治教育内生动力。③

### (三)思想政治教育内生动力研究评述

虽然众说纷纭，但思想政治教育动力机制研究更加关注教育的时效性和长效性，也是对新时代新要求的理论回应，是本研究重要的理论参考。思想政治教育内生动力问题是学者们基于思想政治教育基础理论，就如何更加有效地开展教育活动并取得教育成效，如何挖掘教育者及受教育者主体性、能动性，促进教育过程各要素环节合力有效运行而做出的深入探讨。以上研究具有一定的代表性，从不同视角、层面对思想政治教育过程及主体内生动力问题进行了探究，有的从马克思主义哲学中的发展动力理论中获取参照，有的从心理学或者系统学理论中进行借鉴，很多观点角度新颖，具有创新性，为本研究提供了重要参考。但同时不难发现，学者们对思想政治教育内生动力问题的看法不尽一致，存在不少分歧，有的视角偏窄，有的层次较浅，有的不够全面。当然，思想政治教育过程本身是一个复杂的系统，其内在动力以及动力机制必然复杂多样，对此的研究还有待深入。现有研究主要集中在理论层面进行阐述，较少对此问题进行系统性、整体性研究。本研究以高校思想政治教育过程作为研究范畴，从主体、内容、介体、环体四个要素更为系统地探讨促进教育过程内生性建构、教育过程有效运行的方法和途经，与现有研究相比，更偏重于一定理论基础上的应用研究。

---

① 张栓兴,武炎旻.单舒平.试论思想政治教育的动力保障机制[J].理论月刊,2006(3):59.
② 赵灯峰.思想政治教育动力论[D].合肥:安徽大学硕士学位论文,2011.
③ 贾红霞.思政载体激活高职思想政治教育内生动力创新论析[J].贵州广播电视大学学报,2018(4):54-55.

# 第三节 高校思想政治教育过程的内生性建构概述

## 一、高校思政教育过程内生性概念界定

学界对思想政治教育过程的内涵有较为一致的认识,以此为基础,学者们对高校思想政治教育过程的定义进行了阐释。例如,邓演平认为,从狭义上来说,"指大学生思想政治教育者根据我国社会对大学生的思想政治要求、大学生思想政治素质形成规律和大学生思想政治教育规律,对大学生进行有组织、有计划、有目的的教育影响,促使学生形成国家和社会所要求的思想政治素质的过程"[①]。也可以概述为:高校教育者将国家主流思想观念、政治观点、道德规范等内容,通过显性和隐性的理论和实践教育活动,促进大学生形成符合社会要求的思想政治素质的过程。

学生在接受社会所要求的主流价值观念过程中,逐渐内化为个人认可的价值观念,并以此为思想指导外化为个人行为,这个过程就是教育的内化过程。本研究的核心价值追求也是使大学生有效地接受教育内容,将社会所需要的思想政治品德转化为个人自觉意识。这个过程中离不开教育者对教育过程的把握和组织,离不开教育环境的影响和教育方式的支撑,离不开这个过程体系的有机运行。本文将高校思想政治教育作为特定研究范畴,高校教育者和受教育者是教育主体,以课堂教学、教育实践活动作为观察教育过程的两个层面,将与之相适应的教育手段和载体作为介体,以有利于教育内容传递和接受的教育情境作为环体,探寻为实现教育过程有效运行、最终实现教育成效的内在驱动力。高校思想政治教育过程内生性发展概念的界定是本研究的基础,对此概念的梳理一方

---

① 邓演平.大学生思想政治教育论[M].长沙:湖南大学出版社,2010:99.

面是建立在内生性相关理论、高校思想政治教育及其过程等概念的基础上,同时也是以现有相关研究为基点,力求实现对已有相关研究的继承和发展。

除了研究综述部分的相关内容外,与思想政治教育过程内在发展以及主体内在自觉能力有关的相关研究还有:高校思想政治教育主体性发展研究、大学生主体性发展研究等。高校思想政治教育主体性发展是学生主体需求、学生经验认知、身心发展水平等内在因素和教育者引导、教育环境、方法等外在因素之间矛盾运动的结果。教育主体的主体性发展是本研究的重要内容,但本书更侧重如何促进主体性发展,侧重有效的具体路径选择的探讨,核心内容是教育主体及过程的动力问题,主要关涉高校教育者和受教育者的主体意识和主体能力、有效参与问题,教育内容的有效接受问题,教育环体和客体的传递力、支撑力问题,教育过程的协调有效性问题。从大学生的主体性发展研究来看,其是本研究的重要部分,但除此之外,教师的主体性以及师生关系、角色也是重要内容,还要研究整个教育过程中的情境、载体和手段等以及教育过程体系等内容。

结合思想政治教育过程要素和规律的有关阐述,以高校思想政治教育过程的定义为基础,借鉴教育过程内生动力相关理论论述,以促进高校教育过程有效运行以及教育成效的实现为目标,本研究将高校思想政治教育过程内生性运行定义为:以激发教育者和受教育者的驱动力、内源力为关键,以发挥教育者和受教育者两者的主动性、能动性、创造性为核心,以积极发挥教育内容、教育环体、教育介体的外部性促进和溢出效应为保障,推动教育过程各要素环节有效、良性运行,使受教育者更有效地内化教育内容并外化为行为,教育过程各要素以主体为中心,为教育成效的获得而集结为一个互动、连接的动力体系。教育过程由教育主体驱动,以主体为切入点和贯穿教育过程始终的牵引力,可以将教育过程各要素有效地连接,不仅使教育过程更加协调、有机地运行,更能凸显教育主体的主体性,发展教育主体的动力势能。在教育过程中,教育者不仅要完成教育任务,而且要从自身做起,引导和示范自身对教育内容、教育过程的理解，在自身获得成长和价值感的过程中，带动学生有效融入教育过程，以科学的方法、有针对性的载体实现教育理论与教育实践的相互转化。教育过程内生性运行具有指导人们更好地开展过程教育的工具性功能以及理论指导意义，指导人们开展教育活动应以内化为学生的理解为标准和原则，而不是只以外部激励的方式开展教育实践，应将教育内容、教育介体、环体纳入适应主体需要和符合主体特定的范畴，以是否能够促进教育过程有效运行为标准。总之，高校思想政治教育内生性运行路径的建构，用一种生成、发展的理念来审视教育过程，以教育过程中人的发展尤其是学生的内在成长和发展为核心，是马克思主义人本思想的体现，更是教育的应然目标。

内生性教育过程还与外生性教育过程有着区别和联系。首先，内生性教育过程侧重激发教育过程中人的主体性、能动性、创造性，通过人主动参与教育过程，促进人的自我发展和过程体系各要素的有效运行；外生性教育过程侧重通过外在刺激、激励手段来实现教育目标。其次，内生性教育过程离不开外生性因素。教育主体的主体性发挥需要激发主体的需要，激发的手段和方式可以是外在的，教育情境和教育方式的选择也是以外生因素为基础开展的。

## 二、教育过程内生性建构的基本特征

本书以实现教育主体尤其是受教育者主体德性以及教育过程体系内在协调发展为目标，力图在现有研究基础上进行具体路径的探索，以激发主体以及过程的内在核心动力为切入点，构建合理并具可操作的、体系化的内生过程结构体系。与已有的相关研究相比，本研究具有以下几个特点。

### (一)以激发教育者和受教育者的驱动力、内源力为关键

思想政治教育的教育者和受教育者是人，作为主体的人具有个体的意识、情感、需要、个性等特征。随着时代发展，人的全面发展成为教育的根本目的，全面发展不仅包括知识学习，还包括创新能力、自我管理、自我发展等。复杂多变的国际国内环境，呼唤主体性思想政治教育，要求教育者除了有专业的学

识外,更要发挥自身的主动性、创造性,自身有坚定的思想政治信念才能培养出具有自觉能动性、创造性的学生。因此,很多研究集中在如何提升教育者和受教育者的主体性,以各种外在激励以及方式、方法、载体的运用为主要措施,而主体性的更高要求是让主体自觉、能动、有效地参与到教育活动中来,通过探究教育主体的现实以及心理需要,发现教育内容传递的有效途经,寻找大学生接受思想政治教育的规律以及阻碍因素,理顺教育过程各环节的有效衔接路径,各教育要素围绕教育目标实现有效互动,促进教育有效性实现。

### (二)注重发挥教育过程中内部和外部要素的合力

"马克思主义关于人的全面发展理论认为,人的全面发展的实质是人的主体性的发展和提升,人本身的体力和智力发展为人的主体性发展提供内部依据和前提,人所处的社会关系状况是人的主体性发展的外在社会条件,制约着人的主体性发展,同时也是人的主体性发展程度的体现。"①高校思想政治教育过程内生性建构不只是关注教育主体间的关系以及教育的主体性特征,而是以马克思主义主体性理论、发展动力理论等为基础,将教育主体内在动力的激发以及教育主体的主动性、能动性创造性等的提高作为教育过程有效性实现的内因,将教育内容、教育环体、教育介体作为外因,内因起决定性作用,外因也是重要的影响因素,两者缺一不可。这些外部动力主要包括:来自外部世界必须遵守不能违反的强制性规定;具有约束性的规范;群体或组织相应的理论"灌输"、行为约束和思想规范等。

### (三)体现过程体系的良性互动和内在统一

教育过程内生性建构的特质是实现人在教育中的主体性自觉,并将教育者的组织、引领,受教育者能动的认识、体验和践行内在地统一于有内在发展动力的过程体系中。无论是马克思主义理论中的人与自然、人与社会和谐相处发展观,还是 20 世纪 80 年代提出的环境领域的可持续发展

---

① 张彦.思想政治教育主体性研究[M].广州:广东人民出版社,2006:40.

理念,都强调系统中各要素相互协调共生及不断提升系统内各要素的再生能力及系统的永久性发展。高校思想政治教育过程主要关涉教育主体、教育内容、教育环体、教育介体四要素,只有实现系统良性循环和可持续发展,才能保障教育的有效性,因此必须克服思想政治教育过程中主体动力不足、主体性作用不明显、主体间沟通障碍、教育内容不能满足需要、教育环体作用与影响力发挥受限、教育介体不能适应教育过程、教育机制病变、教育过程运行不畅等问题。

### (四)以提升思想政治教育的有效性为目标

内在发展不同于外在发展,相对于思想政治教育过程而言,其发展最终要实现的是内在的自我驱动运行,内在各要素的相互协调配合,是在遇到新情况、新问题后教育过程能够"自我维持""自我实施"和"不断生产"。这样的教育过程源于教育主体自身内在的主体性特质,一方面是要追求满足自身发展需求,另一方面主体通过有计划、有目的的活动,基于共同或者一致的意图、目标,主体间交往互动并与其他过程要素形成紧密互动,共同受过程中形成的某些一般性规则的支配,从而实现过程的有效运行和发展,最终让学生获得全面发展,更好地践行以人为本的教育理念,实现教育目标。

## 三、教育过程内生性建构的时代价值

### (一)探讨"有效教育主体",对人的教育主体地位的尊重和深入反思,是新时代思想政治教育目标的必然要求

高校思想政治教育理论研究和实践活动已经取得了长足进步,但传统思想政治教育主体和客体对立局面仍然存在,例如在角色定位上,教育者是组织者、实施者角色,受教育者是教育对象,处于被支配地位;在主体关系方面,教育者和受教育者之间还没有形成互动、对话、协商的主体氛围。教育者和受教育者的主体意识不明确,没有形成"有效主体"。激发教育主体自主性、能动性、创造性,是开展高校思想政治教育的核心。实现高校思想政治教育过程内

生性运行,重在激发教育主体特别是受教育者的内在学习以及接受教育的动力,实现教育过程中教育主体自觉、自主参与教育活动,因为人对物质生活和精神生活追求的过程中"更多的是体现着个人的价值判断,对人主体性的内在激发更体现了人对其自身的内在追求与内在发展"。①本研究有助于撬平教育者与受教育者平等地位、增强教育过程双向流动和充分体恤受教育者个性需求,从而实现受教育者主体自我认同。

### (二)搭载"有效教育环体和介体",促进教育主体势能激发,有效传导过程要素

挖掘现有的教育环体和介体资源,将其纳于教育过程整体考虑,以主体的需要和适应为采用标准,舍弃不契合的部分,充分挖掘与教育内容、教育主体等适应的部分,将其作为内生性教育过程建构的必要环节,深化对思想政治教育整体性、科学性和动态性的认识,促进教育过程要素间的有机联系和整体功能。思想政治教育内容和受教育者的思想行为特点随着时代不断变化,教育情境、教育方式和方法也随之变化,但它们之间的内在联系以及在系统中的动力作用有一定的规律,本研究力求进行进一步的探索,并以当前教育内容和对象为例,展开具体的论述。

### (三)形成"有效教育过程",探索教育过程要素合力发挥的科学化、规范化模式,有助于高校思想政治教育应对新形势新变化

高校思想政治教育过程由多个要素组成,不同要素发挥不同的作用,以过程的有效运行以及主体德性的成长为价值追求,培养学生个体或群体自主独立进行判断和解决问题的能力,教育内容在教育过程中有效传播,并使思想道德素质发展由自发状态转变为自觉,让受教育者自主参与到教育过程中来,使来自外部的教育变为自己自觉的、有意识的内在活动,实现大学生思政教育理念不断革新、内涵渐趋丰富、方式逐渐转变,从而实现新时代背景下大学生思

---

① 颜昌武.形而上学的价值论底蕴[J].中山大学学报(社会科学版),2002(1):35-42.

想政治教育育人价值的极大提升。紧紧围绕教育主体自我完善、自我发展的需要,充分发挥教育要素的合力,构建多样化、合理化的教育过程模式,形成教育过程的基本原则和标准,为新时代应对复杂多变的国内和国际环境提供强有力的思想保障。

# 第四节　研究思路与创新

## 一、研究思路与研究内容

### (一)研究思路

本书以马克思的人学理论为基础,以高校当前思想政治教育过程中存在的问题及现实表现为起点,梳理高校思想政治教育过程中的主客体间、环体以及介体因素中存在的问题,并借鉴心理学、教育学、经济学等学科领域的相关理论以及方法进行原因分析,对高校思想政治教育过程进行从内在要素到外在实践的创新探讨。具体的研究思路见图1-1。

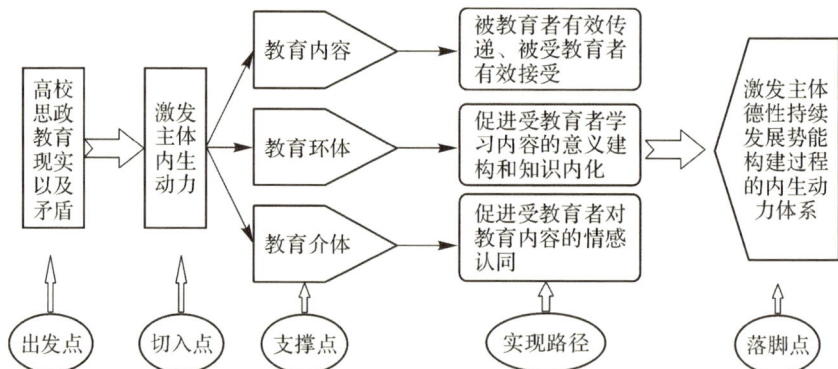

图 1-1　研究思路

第一章,介绍研究的基本情况:选题背景和意义、国内外相关研究文献综述、研究思路与框架、研究方法与创新,并就本研究的核心概念和时代价值进行阐述。第二章,首先对高校思想政治教育过程的现实表现以及存在的问题进行文献研究和实证调研。总结现状和问题背后的核心矛盾,并总结分析存在这些问题的原因,为本研究奠定现实基础。第三章,对本研究的理论基础进行梳理,主要有马克思主体性思想,马克思主义关于人的能动性、人的发展的理论,同时借鉴吸收其他理论知识,比如心理学关于接受的理论、建构主义道德教育理论等,为本书奠定理论基础。第四章,以高校思想政治教育过程中现存的问题为起点,探究阻碍教育主体自我建构的困境,提出发掘教育主体的主体意识与主体能力的关键动因和方式。第五章,就教育环体中的主要问题提出创设有效激发教育主体认知的情境,主要论述了教学和实践情境的建构。第六章,从教育介体入手,就教育介体及其现实问题提出从课程和活动两个方面优化驱动教育主体情感融入的方法和载体。第七章是结论与展望,提出在认识论上,高校思想政治教育主体发展向内生动力范式转换;在价值理念上,高校思想政治教育过程体系向发展性范式演进;在方法论上,高校思想政治教育方法向情感驱动范式发展。

## (二)主要研究内容

本书采用了将高校思想政治教育过程基本要素分为教育主体、教育客体、教育环体、教育介体的四要素说。以马克思主义人学等相关理论、心理学、教育学相关理论为基础,对教育过程出现的问题尤其是动力因素问题进行深入分析,以此为基础,探究激发高校思政教育过程内生动力的有效路径。具体研究内容见图 1-2。

```
┌─────────────────────────┐
│ 高校思想政治教育过程     │
│ 内生性建构研究           │
└─────────────────────────┘
            │
┌─────────────────────────┐
│ 研究现状及理论基础       │
└─────────────────────────┘
       │           │
┌──────────────┐ ┌──────────────────┐
│ 高校思政教育过程现 │ │ 马克思主义人学理论、 │
│ 实问题：主体、内容、│ │ 心理学接受理论、     │
│ 环体、介体层面     │ │ 建构主义德育理论     │
└──────────────┘ └──────────────────┘
            │
┌─────────────────────────┐
│ 内生性教育过程的建构路径 │
└─────────────────────────┘
     │          │          │
┌──────────────┐ ┌──────────────┐ ┌──────────────┐
│ 涵育内生性教育主体 │ │ 创设有效教育环体场域 │ │ 优化适应性教育介体 │
└──────────────┘ └──────────────┘ └──────────────┘
```

| 教育者：价值认同、角色定位、自觉实践 | 受教育者：激发需要、主动建构、有效参与 | 促进意义建构的教学情境 | 促进知识内化的实践情境 | 促进受教育者主体性发展的教学方法 | 促进受教育者情感融入的活动载体 |

```
┌─────────────────────────┐
│ 结论与展望               │
└─────────────────────────┘
     │          │          │
```

| 教育主体的内生动力范式建构—认识论层面 | 教育过程体系发展性范式建构—价值理念层面 | 教育方法的情感驱动范式建构—方法论层面 |

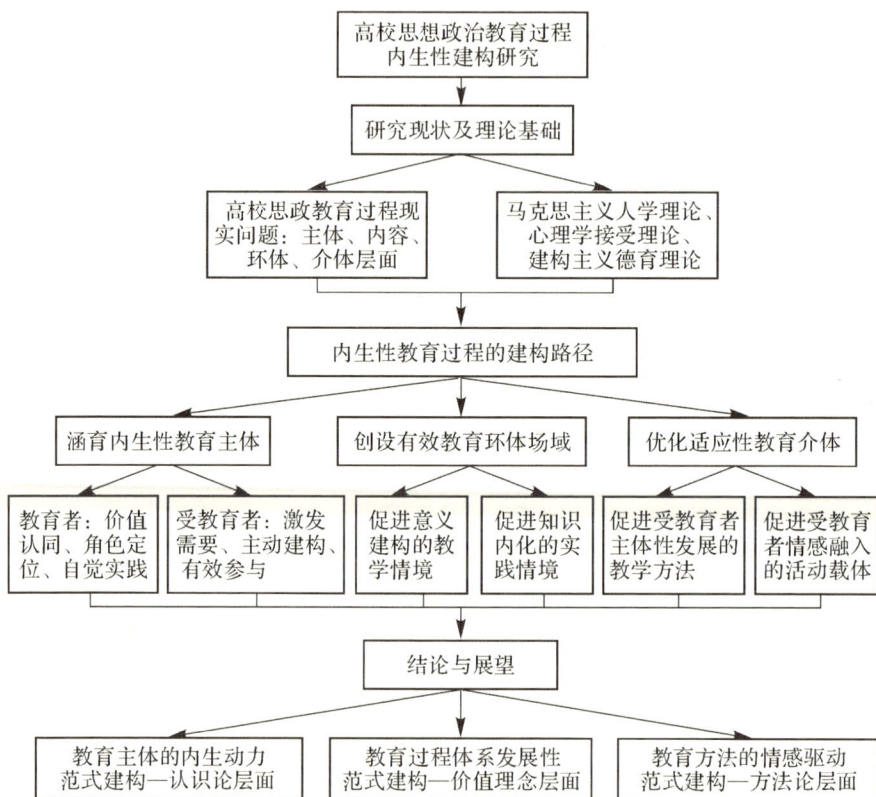

图 1-2　研究内容

## 二、研究方法与创新

### (一)研究方法

1.实证调查法

通过编制调查问卷(提纲)、发放调查问卷(提纲)、问卷(提纲)分析的过程,对高校思想政治教育过程中存在的问题按照界定的过程环节进行分类分析,从中发现问题,并以马克思主义相关理论为指导,综合运用相关的理论和方法,创新高校思想政治教育的过程范式,使思想政治教育过程更加符合教育规律,体现教育的本质,提高教育的实效性。本研究的第三章、第六章分别做了实证调查研究,第三章以浙江省、河北省、广西壮族自治区三地15所高校的2500名大学生和30名思想政治教育工作者为调查对象,以思想政治教育过程的四个要素环节为核心内容,通过问卷、访谈的方式进行实证调查,分析目前高校思想政治教育过程中存在的问题,并按照研究要素进行问题的梳理和原因分析,为整个研究奠定坚实的实践基础。第六章以朋辈榜样的作用为主题进行了9所高校的实证调查,用以证明思想政治教育主体的多样性以及教育载体选择的有效性问题。

2.文献研究法

本书对马克思主体性思想,马克思主义发展观、心理学、教育学相关理论、内生性发展理论、高校思想政治教育过程等进行深入细致的文献研究,并对高校思想政治教育的指导思想、哲学理论等相关内容进行全面了解,对高校思想政治教育过程进行范围和要素的界定。作为本研究的指导思想和理论基础,马克思主义的相关理论和核心内容主要采用文献研究的方法,通过查阅相关学说、论著等,梳理相关学说的发展脉络,并对其理论的当代价值和意义进行深入的研究。高校思想政治教育本身的理论问题以及与其相关的其他学科理论知识的研究,也需要通过文献研究方法进行。

## (二)创新之处

### 1.探索思想政治教育主体德性发展及过程体系运行的内生动力

将高校思想政治教育作为一个动态过程,系统内各个要素保持一种可持续发展的联结关系和态势,思想政治教育各子系统自身的发展,深化了高校思想政治教育过程的研究深度,拓宽了教育过程研究的视野。本研究以马克思主体性思想、马克思主义关于人的发展理论等为基础,综合借鉴心理学、建构主义的德育理论、内生性发展理论等多个理论的有益成果,遵循思想政治教育过程规律,深入研究促进高校思想政治教育过程内在发展的可能性及可行性。力求探究教育主体在教育过程中的内在动力机制,以源动力激发主体的主动性、能动性和创造性。发挥教育过程内在和外在要素的合力,寻找促进教育过程有序、良性发展的机制和模式,是对思想政治教育过程中基本矛盾的有利破解。

2.提出教育过程内生性运行的具体路径设想

当前高校思想政治教育更多地以"强制"单向传输等方式开展工作,造成大学生对思想政治教育者的"反感"、对教育内容的"无感"、对教育方式的"不感"、对教育氛围的"失感"。作为思想政治教育的核心部分,过程教育中存在很多问题,尤其是教育主客体直接的不对等地位、缺乏必要的教育情境、落后的教育媒介等问题,使得整个教育过程缺乏"灵魂",缺失了对教育的本质人的全面发展的把握。而"重视个体、自我建构"的内生性思想可以给予思想政治教育关于教育对象人的发展的更多启发,这也是本书的主要目的。

3.运用了实证调查和案例分析的方法

为进一步了解高校思想政治教育过程的发展现状,为研究奠定现实基础,本书采用了结构方程模型统计方法,并综合运用了对比分析、相关分析、因素分析等分析方法,在理论研究的基础上增强了研究的时效性、现实性、客观性。在第六章运用 SPSS 统计方法,分析了朋辈教育载体在促进主体性发展中的作用,是对理论研究的进一步佐证。在第五章,运用了案例分析方法,就教育情境的综合运用以及具体实施方式进行了具体案例的分析,增强本书的可操作性。

# 第二章　高校思想政治教育过程的现实反思

　　我国思想政治教育学科经过 40 多年的发展，学科体系不断完善，在马克思主义理论指导下，合理融合政治学、教育学、心理学、社会学等学科理论、知识和方法，形成了自身的发展体系，不断向科学化、规范化发展。思想政治教育相关分支学科研究不断充实，在思想政治教育基础理论、思想政治教育应用研究、思想政治教育比较研究、思想政治教育历史研究等方面取得了重要进展，形成了思想政治教育研究变化的、延续的、开放的动态系统。高校思想政治教育作为思想政治教育的一个分支部分，逐渐形成了自己特有的研究对象和研究范畴，成为一个独立的研究体系。"高校思想政治教育学是人们通过高等学校思想政治教育实践逐渐认识和探索高等学校思想政治教育规律并加以总结上升为一整套理论之后所形成的一门科学。"[①]经过不断研究，高校思想政治教育理论体系逐渐形成，包含教育目标、教育功能、教育地位、教育规律、教育内容、教育过程、教育环境、教育载体、教育方法、教育队伍、教育管理、教育评估等。各个研究主题不断深化，并紧密联系社会实际，向纵深方向发展，包括高校思想政治教育基础理论研究、国内外高校思想政治教育比较研究、高校网络思想政治教育研究、高校思想政治教育交叉学科研究、大学生特殊群体思想政治教育研究、高校思想政治教育新方式方法研究等。但高校思想政治教

---

　　① 　吴应发，饶宁华，罗洪铁.高等学校思想政治教育学［M］.重庆：西南师范大学出版社，1989：1.

育过程中各个环节和要素组成还有很多问题亟待解决,本章将分别通过文献梳理和实证调研两个层面进行分析。

# 第一节　教育过程运行中的主要问题

我国思想政治教育学是一门年轻的学科,高校思想政治教育作为其中的一个分支,经过不断发展,已经取得了长足进步。但高校思想政治教育实践过程中还存在很多困难。在社会转型加快和生活方式多元化的背景下,高校思想政治教育实践面临发展性课题,因而需要从现状问题入手,深入思考问题背后的核心矛盾,并做出符合科学性与价值性的解释,力求对新的发展实际进行合规律性与合目的性驾驭,并进一步探索可行性的运行路径。当代马克思主义研究者需要深入思想政治教育过程的实践,探索问题的源头,从实践中来,才能到实践中去。

## 一、教育主体发展势能

如绪论所述,高校思想政治教育过程按照要素组成通常分为教育主体、教育内容、教育环体、教育介体四个组成部分。教育主体包括高校教育者和受教育者。教育者是教育过程的发起者,是教育方向的导向者,其主体性直接关系教育过程开展的有效性。受教育者是教育过程的核心目标,是教育者的对象。教育者和受教育者主体性的发挥影响着教育过程的各要素。教育者和受教育者的独立自主性是其主体性发挥的前提,主要表现为教育者和大学生的自主意识方面、自主能力方面、自主人格方面,是教育者对教育过程及其各要素支配力、控制力的体现,也是受教育者主动性、能动性和创造性的体现。从理论研究和实践调查的现状来看,部分高校思想政治教育者存在着自主性、主动性不足的困境,而受教育者普遍缺乏主体意识和主体能力。

## （一）高校思想政治教育者主体性动能不足

### 1.高校思想政治教育者的独立自主性不足

这种自主性的不足具体表现为教师缺乏自主意识,甚至不想自主,而有些时候自主做法又得不到支持。[①] 我国高校思政教育者以学生工作岗位的教师以及思想政治理论课的教师为主。在学生工作岗位工作的辅导员,身兼辅导员、班主任、支部书记等多职,日常思想政治教育工作事务繁忙,以完成党团组织和上级领导布置的任务为主,这些任务在完成时多数有具体的完成要求或者完成规范,辅导员没有时间或者没有形成主体的角色积极地、创造性地完成对学生的教育任务。思想政治理论课教师也以完成教学任务为主,以大班教课的方式完成教学,在教学中没有足够的时间关注每个学生的需求,自主性的想法得不到支持。

受国内外功利主义等思潮的影响,部分高校在思想政治教育过程中过于追求当前利益,忽视了教师主体性的培养,教师尤其是思政教师的地位和价值得不到重视,社会产生了对思政教育者不认可的现象,学校在工作目标中出现了学生道德培养与追求社会利益间的矛盾,"过分看重社会利益,忽略了教育本身的价值追求,忽略了大学生的精神发展需求以及社会对德育的呼唤,过多使用了说教的方式,忽视了学生的自主性,强调思想道德知识的学习和考核,对学生实际思想政治道德素质提升的评价较少"[②]。高校在看待思想政治教育价值时,主要注重其维护稳定与秩序的价值,忽视内在的育人、育德的价值,强调思政教育的眼前价值,忽视对学生理想信念产生影响的长远价值。部分高校在对待思想政治工作时或者淡化思想政治教育的人格塑造功能;或者照本宣科,简单地进行教育内容传递;或者对学生的不良倾向听之任之,自身应有

---

① 郝连儒.高校思想政治教育主体性研究[D].大连:大连理工大学博士学位论文,2014.

② 吴应发,饶宁华,罗洪铁.高等学校思想政治教育学[M].重庆:西南师范大学出版社,1989:1.

的主体性功能和地位虚位。高校思政教师是对学生进行思想意识、政治观念、道德素养引领的人,这对教师自身综合素养水平提出了更高的要求。部分思政教育者对思政教育的理念不明确,对教育内容不熟悉,对教育理论不精通,不能掌握合适的教育方法,尤其是教育中的情感投入不够,自身缺乏主体性意识。虽然能够完成基本的工作内容,但距离以德树人、教书育人的教育要求还有差距。而高校在思政教师队伍建设上,较少对教师思想观念和教育理论水平的考察,更注重教师教学技能、活动及管理能力,不利于教师独立自主性的发挥。

2.高校思政教育者的思想引领作用不明显

担任学生工作的教师和思政理论课教师的主要任务是让学生在思想道德素质方面不断提高,使学生逐步形成社会要求的思想政治意识和道德素养,但目前的现实是高校部分教师缺乏对自身德育任务的认识,对思想政治教育的本质缺乏深刻认识,只能做理论知识的教学者,做不到帮助学生在精神上的提高和成长,不能将知识学习和大学生的社会责任教育、社会角色担当联系起来,影响了高校思想政治教育目标的实现,偏离了思政教育的方向,更不用说引导学生学会独立思考和判断、自主学习、自我发展了。教育过程中缺乏情感的投入,教育内容和方式缺乏感染力,距离真正的教育者、合格的思政教育者有差距。真正的教育者,所讲的内容只要是思想意识层面的,关涉国家社会和人民的,都应该是充满情感,甚至是达到一定的教育艺术层面的,这样的教育者才能真正打动学生,教育才能直达学生内心、具有感染力,这样的教育过程才能培养具有评判能力和对现实能够保持清醒认识的学生。

3.高校思政教育者的能动性发挥不够

教师对待自身工作职责和使命的主观能动性,主要源于其对教育工作本身的理念和价值观以及自身所获得的成就感。随着全球一体化趋势的不可逆转,各国间的竞争从经济领域逐渐转向文化、精神等方面,国民的思想意识至关重要。新时代,国家更加重视国民思想意识建设工作,思想政治教育的重要性、迫切性再一次凸显,但思想政治教育学科建设时间短,人们对它的社会评价与其社会地位不成正比,这在一定程度上影响了教师对本职工作性质的评判,影响了工作热情。而且高校对学生思想政治教育的成效一般不能直接体现,它隐含于学生的日常表现中,使教育者不能直接得到因付出而获得的成效,造成部分高校思政教师对待本职工作消极、无助,一定程度上挫伤了教师德育工作积极性。

当前我国高校思想政治教育工作者队伍从思想水平到教育能力都存在差异,多数教育者能够认识到自己为国家培养社会主义事业建设者和接班人的责任;但部分高校思想政治教育工作者将思想政治教育工作作为跳板,对自己的工作和价值评价较低,存在职业倦怠,缺乏职业成就感。由于现实生活中多元的价值取向与高校思想政治教育追求的育人价值存在一定的冲突,部分高校思想政治教育工作者不能完全认同思想政治教育的理念和价值,甚至部分教育者存在行政官僚作风,对个人职业利益和发展利益的追求超越了自身对学生应负的责任,使得在其日常思想政治教育中缺乏对学生的关爱、对工作的热情,工作方式单一,工作内容单薄,工作理念落后,得不到学生的认可,甚至影响了学生学习的自主性和能动性。

4.高校思政教育者缺乏创新意识

通过前述三个原因的分析可以看出,无论在工作性质上还是工作理念上,部分高校思政教师还不能做到完全认同,开展实际教育工作肯定会缺乏主动意识和创新意识。创新意识是对教育者更高的要求,也是必然要求。当前,大学生思维活跃,擅长运用网络等资源获取知识,如果教育者不能创造性地开展工作,或者开展的活动方式不合适,便不能引起学生的兴趣。一方面,社会对思想政治教育工作者的工作定位有偏差,对思政教师的社会地位不认可,尤其有些大学生的家长对德育工作者不够尊重,认为高校思政教育者是学生的"保姆",只负责生活事务;另一方面,高校思政教育者担任着大量的组织管理工作,在基本任务完成的基础上能够保持热情和主动性实属不易,而要创造性地开展工作就更难了,思想政治教育者面临被边缘化的困境。

从思想政治理论课的教学层面来看,部分教师不能创造性地开展教学工作。由于部分教师是从其他工作岗位转到思政教学岗,本身的理论教育水平有限,对教育内容不能深层次地理解,因此很难做到创造性地开展教学工作。还有部分思政教师,自身缺乏创新精神,固守原有的知识储备,不能做到与时俱进,教学内容单薄,教学思想保守,教学方式单一,教学理念守旧,很少与学生互动,不了解学生的诉求,个人的教学过程与现实要求脱节,更不能做到从学生的主体地位出发开展有创新性的教育内容和教学活动,导致学生对思政教学内容不感兴趣,教学成效不理想。

### (二)受教育者主体意识弱、能动性发挥不足

#### 1.学生主体性意识较弱

在马克思哲学视野里,主体性意识是人的主观能动性在思想意识的表现,是人在社会实践中形成的自我意识和对象意识,可以具体分为角色认知意识、社会责任意识、独立判断意识、主动参与意识、创新发展意识等。大学生是社会群体中思想意识最为活跃的,对自身的社会责任、自我价值等有一定的了解和内在自觉,自我探索意识较强。但受传统文化、社会价值多元化以及大学生世界观、人生观和价值观还没有完全形成的影响,大学生群体在面临社会问题时不能够做出完全独立的判断,容易受到其他群体或者舆论的影响,部分学生主体意识薄弱,心智不成熟,缺乏社会经验。有的学生过度看重主体意识,表现为以自我为中心,缺乏集体意识。

在传统教育理念和教育方式的影响下,不同教育阶段学生们接受的基本都是规范教育,处于教育对象和被管理者的地位,在教育过程中遵守规范多,自主发挥少,无论是教育内容还是教育方法,都是由教育者选择和决定。在考核标准上,以掌握知识内容为主,较少考虑学生内心的需求和兴趣,学生参与感低。这样的教育过程和教育方式严重挫伤了学生学习的积极性、学生内化知识的内在自觉性,导致学生普遍缺少独立意识和创造能力,面对冲突性的问

题缺乏应对能力,不能自我管理,容易盲从他人。

2.学生被动参与教育过程

教师的教和学生的学组成了教育过程的基本关系。但是无论是教师的教还是学生的学,都必须发挥各自的能动性、主动性,才能有效地实现教育目的。教师只有有意识、有目的的主动地教,才能让学生有效地学。而学生只有主动地、积极地参与教育过程,才能将教育内容内化为自我认知。

当前大量的实证调查研究发现,高校思想政治理论课中学生主动参与的比例少,思想政治教育实践活动中,学生被动参加的多。一方面是因为教育内容本身不能贴合大学生的实际需要,学生缺少学习兴趣;另一方面,是教育者对学生积极性、主动性的发挥不够重视。再有,"教育过程中师生互动少,双方在知识水平、思维方式等方面存在不对等的现象"。教育者往往以权威者自居,以传输教育内容为主,多采用灌输及说教的方法,导致教育过程中学生的主体性经常被忽视,学生被动地参与教育活动,主体性地位得不到认可和发挥。另外,教育方法和教育深度流于肤浅而缺乏征服人心的理论深度,教育者对部分思想政治教育内容仅仅从形式上进行宣讲和灌输,很难获得学生的认同,学生对思想政治教育内容缺乏主动认同和自主践行。

3.学生的能动性未充分发挥

长期以来,高校思想政治教育为了强化学生对教育规范的遵守,片面推进学生的社会化进程,很少考虑学生的需求层次和不同的成长状况,一刀切,一个标准。一方面,方式过于单一,造成学生缺乏主动性、能动性;另一方面,被要求做的多,可以自主选择的少,没有考虑不同学生的承受能力以及接受水平,造成学生缺乏能动意识,能动性被压制。例如,无论是选择专业还是课程设置等与学生个人利益相关的方面,学生能够参与的很少,能动性受到限制。马克思认为,能动性是人所特有的,正是有了人的能动性,才使得社会不断进步,人才能利用自然和规律改造客观世界,能动性缺乏,主体就会失去动力。教育过程是教学互动的过程,学生的反馈尤其是能动的反馈直接影响教育的效果。思想政治教育内容内化为学生自主意识的过程,只靠外部规范和灌输是难以实现的,外部因素是影响因素,最终还是需要学生内在接受、认可教育者的教。

4.学生的创造性不足

创造性在哲学上来说,是人的能动性的体现,是人在对客观世界反映的基础上整合、加工和改造客观世界的过程。在思想政治教育过程中,对学生创造性的培养既是教育本身必然的要求,也是新时代培养高素质人才的要求。学生的创造性主要体现为创新意识和创新能力。不同专业的学生都需要有创新意识和创新思维,但这在高校教育中没有得到重视。这与高等教育单一的评价方式有关,与整个教育体系有关。随着高新技术更新速度加快,社会对创造性人才的需求越来越多,对青年学生的创造能力的要求更高。除具备一定的专业素养外,高校思想政治教育应该承担起对学生创新意识的培养。具备创新意识是学生综合素质的一部分,是人的主体性发展的必然要求,只有具备了创新意识和创新品格,学生的创新能力才能得到体现。这也给当今的思想政治教育者提出了更高的要求,需要在理论层面和实践活动层面不断地思考。总之,高校思想政治教育不仅是对学生思想道德意识的培养,也包括对学生创新思维意识和创新能力的培养,通过思想政治教育,让学生拓展思维,引导学生树立远大理想,给与学生精神支持。

## 二、教育内容供需结构

高校思想政治教育内容规定了思想政治教育所涉及的范围,蕴含着思想政治教育目的,是实现思想政治教育目标和任务的重要保证。思想政治教育的内容是依据一定的社会发展要求以及国家和社会发展的长远利益而确定的,它包括丰富的内容,如思想教育、政治教育、道德教育、法制教育以及心理教育等。高校思想政治教育内容体系逐步形成并不断扩展,但现实中也存在一些不足。

## （一）教育内容针对性不足

马克思认为，人的存在和发展离不开社会现实、社会关系。教育内容随着时代在变化，既反映了国家和社会的思想引领方向，又促进了学生实现个人的全面发展。在教育过程中，教育内容是教育者和教育对象关系的连接部分。高校思想政治教育过程中，在理论教育方面，教育内容多样，涉及公民素质教育的多个层面。但是理论层面的教育内容往往较为宏观，存在理想化倾向，很多内容距离学生比较远，理想教育内容多，目标和价值追求过高，对学生社会责任要求多，对个体的权利关心少；忽视了学生正常的社会需求，教育内容不能符合不同层次学生的需求，用统一的教材、统一的内容教授思想水平和个体需求不同的学生，使思想政治教育固守模式化，做不到有针对性的教育，从而影响教育的成效；弱化了思想政治教育的功能，使思想政治教育丧失了吸引力。

## （二）教育内容缺少对时代的回应

高校思想政治教育的内容一般由国家根据国家意识形态和社会发展要求来设定的，教育内容反映了国家主流意识形态对公民思想政治观念的具体要求，体现了国家和教育者对教育过程的主导性。近些年，高校思想政治教育内容更新快，以思想政治理论课为例，教材平均三年更新一次，具体的教育内容也随之变化。虽然教育内容及时更新是对社会发展现实的回应，也反映了国家对公民精神素质培养的方向，但部分内容与学生的实际需求脱节，教育内容与教育现实间存在较大的差距，学生难以理解，需要进一步分解和落地，理论与现实间的紧密度不够。部分学生不能完全认同教育内容或者其蕴含的价值理念，甚至产生排斥心理，导致其不能主动地融入教育过程。只有消除学生对教育内容的质疑，才能激发其在教育中的主体性、能动性和创造性。这就要求国家和教育部门要不断更新教育理念，教育内容的设置不仅应体现国家和社会的要求，还要更加贴近学生需求，内容的表述更加切实，并随着时代的发展，增加更有针对性的教育内容。比如当代的思想政治教育，可以适当增加关于竞争与合作、生命自由与社会责任等内容。

## (三)教育内容缺乏对未来公民核心素养培育的意识

青年是祖国的未来,当代青年更是肩负实现中华民族伟大复兴的历史使命。从宏观环境来看,当代大学生成长在中国进入中国特色社会主义新时代的新的历史起点,中国特色社会主义道路、理论、制度、文化不断发展,推动着青年学生不断学习进取,全面发展自我,成为未来合格的世界公民。从大学生自身来看,新时代带来了新挑战,终身学习理念提出,技术更新换代快,职业能力要求高,生存和发展的内在需要推动大学生不断完善自我、充实自我,才能不被时代淘汰,才能担当起实现中国梦的重任。这也是受教育者内生性需求的表现,是高校思想政治教育过程必须把握的现实环境。未来社会的合格公民,一方面要有多学科的知识储备,另一方面要有坚定的思想政治意识和较高的道德素质。我国绝大多数高校入校即分专业进行学习,缺少通用人才的培养意识,追求短期效益,学生的职业能力和职业素养不高;过多地进行了专业上的培养,而忽视了生活技能、探究性品质、批判性思维意识、创新思维的培养。马克思主义理论的科学性就体现在其内在的、彻底的批判精神,马克思主义理论指导我们辩证地看问题,并透过现象看本质。这种批判性思维的培养有助于大学生形成自主意识,发展自主能力,是体现主体持续发展的内在动能。同时,教育过程中,对学生实践能力的培养不够,例如,在职业选择方面,学生没有足够的实践体验,很难选择适合自己的职业,因而很难在毕业后较快地适应岗位要求。

## (四)教育内容人文性不足

人文教育是促进人的精神境界提升,实现理想人格,创造社会价值的人文精神的人性教育。人文精神的培育在近代以来就是教育学界一直在呼吁的,因为人缺乏了人文精神,就失去了灵魂,失去了对人生存意义的真正理解。人文精神本质上说就是对人性的认识和解放。反观现有的思想政治教育内容,缺乏对个体内在需求的关注,对人主体性的认识还不够深入,缺乏对人性本身的尊重。另外,教育过程中缺乏对学生人文素养的培育,人文性不够。人文性往往反映一个国家或者地域文化长期发展的内涵,体现出文化本身所内含的精神品质,文化基因的传承对一个民族和国家来说至关重要。人文精神特别是优秀传统文化在青年一代的传扬,是未来人才培养的重要方面,需要引起教育者的重视。

## 三、教育环体育人成效

教育环体是教育过程中的重要组成要素。它是主体参与教育过程、开展教育活动的重要组成部分。人的存在和发展离不开环境,人的实践活动必须在特定的环境中才能开展。作为主观思想道德意识教育的思想政治教育,也必然要在特定的环境进行。高校思想政治教育环境范围很广,既有学校外部宏观环境,又有校内微观环境,是影响教育过程进行的各种重要有形、无形环境的总和。环境本身具有客观性,其存在和发展不能由人的意识决定,但它会直接影响教育手段、教育方式的选择。当前的国际国内环境更加复杂,其对思想政治教育中的主体作用也要辩证地看待,如果利用得当,环境是对思想政治教育育人的有力促进;如果不能合理利用,或者不能正确面对环境带来的影响,环境本身对教育过程来说就会产生不利影响。

### (一)高校对外在环境的应力不足

当前国际环境风云变幻,各种思想意识形态和文化传统交锋,带来了不同的价值观念。国内正进一步深化改革,经济向高质量发展转型,政治上丰富完善中国特色社会主义制度内涵,优秀传统文化日益受到关注。建设世界一流高校成为重点高校发展建设的新目标,世界一流的高校必然要培养全面发展的高素质人才,尤其要增强"四个意识"、坚定"四个自信"、传承中华优秀传统文化等,这是新时代对高校育人提出的新课题。社会宏观环境即社会的政治环境、经济环境和文化环境等对高校思想政治教育主体带来很多挑战。① 我国社会环境每次发生重大变化都给思想政治教育带来深远影响。20 世纪 80 年代的改革开放,让市场经济成为社会资源配置的主要方式,打破了原来计划经济的模式,带来市场前所未有的活跃,极大地促进了生产力的解放,物质生活丰富的同时,人们的思想意识也发生了深刻变化,人们逐渐认可追求个人利益,竞争意识、民主平等观念等越来越被人们接受。个人利益的追求极大地促进了人的自主性、能动性的发展,良性竞争促进了资源的优化配置,法治观念深入人心,有利于维护社会秩序。但辩证法也教会我们辩证地看待问题,在个人利益追求的过程中,很多人丧失了公共道德,轻视集体利益,扰乱了社会公德;市场经济对利益的追逐特性使很多人为追求经济利益不择手段,陷入恶性竞争,牺牲自然资源换得经济效益的暂时增长……这种经济、社会环境对大学生的思想观念产生了负面影响,让部分大学生在日常的生活、学习中片面追求功利,对个人价值和社会价值的评判产生偏差,并直接将这些观念带到现实生活中。

当前,高校对外在环境的应对不够有力,对外在环境的利用不足。高校在应对以上环境带来的影响时,显然没有做好充足的准备。尤其是互联网的出现,打破了地域和时间的限制,网络思想政治教育成为新阵地。大学生直面各种价值观念的碰撞,与我国不同的制度、文化等对他们来说是新鲜的、有吸引力的,但他们不能明辨现象背后的本质,忽视对中国优秀传统文化的继承和发展,很多学生对我国优秀的思想文化不了解,对传统文化的传承不理解。文化是一个民族长远发展的内在基因,反映不同国家、民族特有的气质和品格,影响人们的思维方式和行为方式,关系一个国家的对外话语权。"崇洋媚外"导致部分学生盲目崇拜国外社会制度和文化,给思想政治教育带来了挑战。虽然高校思想政治教育工作的方式方法在不断改进,网络思想政治教育也在如

---

① 张玉.高校思想政治教育环境优化研究[D].开封:河南大学硕士学位论文,2018.

火如茶地开展,但高校缺乏应对环境变化的预防意识和应对机制。学生思想意识的变化是有规律可循的,抓住其中的变化规律才能抓住根本,才能在环境变化时从容应对。

### (二)高校内部环境带来的影响

培养全面发展的社会主义新人,要求高校促进学生的德、智、体、美协调发展。我国社会经济高速发展带来了高等教育的进一步发展,人才培育向大众化方向发展。高校校园建设日新月异,校园是学生在校学习生活的基本场所,是高校教育开展的场域,对大学生的学习生活产生重要影响。校园环境由原来的重视硬件建设向重视文化建设转变。高校的校训、校规、校园内的各项管理制度及其他特色校园文化,成为思想政治教育的隐性环境,各具特色的建筑及其他可触的校园设施包括宣传海报等显性环境,对大学生日常的生活和思想产生无形的影响。

目前很多高校都开展了特色校园文化活动,也进行了各类评比,参加的学生人数多,参与积极性相对知识宣讲类的教育活动更高。但这些活动是否达到了育人的效果,需要辩证分析。笔者从事思想政治教育工作多年,组织参与了多场校园文化活动,从中发现了一些问题。第一,学生参加校园文化活动的动机并不单纯。很多人是因为可以增加实践学分而参加,这样的学生更注重参加的形式;这样的活动对其起到的教育作用很小。第二,校园文化活动中最受学生欢迎的是文体类,这些以娱乐和休闲为主的活动可以让学生身心放松,锻炼身体素质以及交际能力,但其德育功能有限。第三,校园文化活动虽然有很多学生参加,但它的覆盖面有限,很多学生一人参加了多个社团,半数以上的学生没有参加过校园文化活动。对此,高校思政教育者需要深入反思。

高校网络环境是新时代思想政治教育工作中需要重点关注的领域。网络环境不同于现实环境,具有开放性、空间无限性、虚拟性等特点,它开拓了学生视野,方便学生随时学习,可以查阅更多资料和获取各类资源,也让思想政治教育者有了新的教育载体,便于广泛地开展思想政治教育活动。但网络也会带来负面影响,比如"网络上会充斥虚假信息,让学生上当受骗"[①];由于很多网站监管不到位,带有色情、暴力的内容,带给教育者挑战,也对大学生的心理和思想观念带来重大冲击。目前各高校都逐渐建立了各自的主页网站,开通了微信公众号、微博等,便于开展教育活动。但现实中,部分高校只是将校园网络平台看作教学和实践活动单向传导工具,高校的网页或者公众号以发布消息为主,没有给学生直接交流的机会,也不能关注学生的思想动态,学生主体参与意识弱,教育的反馈效果不明显,教育成效大打折扣。而学生网络受骗、心理障碍等问题层出不穷,如何更好地利用网络开展思想政治教育是高校不得不面对的难题。

## 四、教育介体传导能力

我国思想政治教育经过 40 多年发展,承载教育内容的教育介体呈现多样化的态势。教育介体的变化与信息技术进步息息相关。教育方式从课堂讲授、案例分析、视听资料辅助到舞台角色扮演、实践教学等,更加直观地传递教育内容。教育载体从课堂到网络、实践基地、App、小程序,更加简便、快捷地传导教育内容。方式变化给教育者主体带来了便利,对学生来说更易于接受。教育介体往往与主体、对象、内容、环体等共同发挥作用,在现实中也存在一些问题。

### (一)教育载体作用力分散,传导力受限

虽然教育载体有多个,教师也可以同时选择多个载体开展教学以及实践活动。但整个教育过程中,缺乏系统的整合功能,做不到互相配合,载体间缺乏相应的承接能力,常处于离散状态。思想政治理论课教学载体和思想政治教育活动载体很多时候彼此没有呼应。单纯的校园文化活动以形式参与为

---

① 张敬芝.大学生网络信息素养教育问题研究[J].长春师范学院学报(自然科学版),2006(6):111-114.

主,思想性不够;课堂教学理论性强,但又缺乏灵活性和开放性,都会影响教育的成效,影响学生的有效接受。

### (二)教育介体与教育情境配合度低,影响教育效果

课堂教育方式常因缺乏教育情境而使教育效果减弱。教育情境是为教育主体和教育内容服务的,教育情境经常要借助教育介体发挥作用。教师对教育情境缺乏足够的认识,单靠教育介体不能很好的传导教育内容。

### (三)新媒体的使用不合理,导致介体承载力不足

新媒体已经成为教育领域非常重要的教育方式,思想政治教育理论课和教育实践活动都离不开新媒体。新媒体与旧的传播途经和教育方法相比,能及时发布信息,受众面广,还有一定的交流功能,是教育内容有效的传递方式。但近些年来,由于部分教育工作者对于新媒体不熟悉,不能把握它的合理用法,出现了盲目使用和跟风使用的现象;还有部分思想政治教育工作者过分依赖新媒体,将教育的中心转移为如何利用好新媒体,却"忘了初心",忽视了教育对象以及教育内容本身,使得教育效果受到影响。例如,高校思想政治宣传工作存在形式主义与官僚主义的作风,为了宣传而宣传,有的过度拔高宣传内容,有的宣传内容和方式单一,可阅读性差。

### (四)媒介的选择缺乏针对性,对媒介的功能认识不到位

"传统媒体因技术和传播力的关系,逐渐被新媒体替代,影响力越来越小。"①不同媒介适合不同的主体,不同的教育内容需要不同的媒介来传递。在实践中,很多教师选择媒介的标准是自己对媒介的熟悉程度、易操作程度,而不是考虑该媒介是否最适合教育内容,也不考虑这个媒介是否适合学生的特点。另外,新媒介也有一定的负面作用,比如App,可能导致学生过度依赖网络等,缺少与教师的互动,使学生在课堂上缺少参与性,从而其主体性发挥受到影响。

---

① 季海菊.新媒体时代高校思想政治教育研究[D].南京:南京师范大学博士学位论文,2015.

# 第二节　教育过程现状的实证调查

经过以上文献梳理,从高校思想政治教育过程的四个要素层面可以发现,教育主体、教育内容、教育环体、教育介体不同程度的存在着功能上的缺失问题。为进一步了解高校思想政治教育过程中的实际问题,丰富和完善高校思想政治教育过程提出有针对性的建议和对策,本研究对高校思想政治教育过程中的要素发挥情况及其与高校思想政治教育的效果间的关系,在高校大学生中进行了实证调研。

## 一、调查的理论基础

### (一)高校思政教育阶段理论

关于高校思想政治教育的过程,更多的学者认同从发展过程的角度分为内化、外化、反馈调节(检验)三个阶段。内化阶段是大学生自觉接受、吸收高校教育者传授的思想品德规范的过程;外化阶段是大学生将内化形成的思想品德认识转化为实践的过程;反馈检验阶段是高校教育者和大学生对教育成果的及时反馈、检验、调整内容和方法。① 具体来看,第一阶段,高校思政教育者通过施教活动影响受教育者群体,使受教育者个体了解体验教育内容,逐渐接受教育者的教育,同时受教育者在教育者的影响下,发挥主观能动性,将直接及自觉学到的思想、观念、规范转变为自己的意识。内化阶段是大学生感受有关思想政治内容,分析有关内容的价值和内涵,与原有价值观念进行对比、选择、判断的过程。第二阶段,大学生将内化了的思想观点、价值观念、道德规范等自觉转化为思想政治行为表现和行为习惯。外化阶段是一个明确行为动

---

① 张耀灿,陈万柏.思想政治教育学原理[M].北京:高等教育出版社,2001:163.

机、选择途径方式、行为外化的过程。第三阶段,思想认识与行为习惯是否符合社会要求,即教育成效需要实践的检验。如果大学生的个体行为表现较为稳定,这种表现与社会要求的思想政治素质等要求一致,说明教育的效果非常好,反之则效果差。通过以上分析来看,完整的思想政治教育实施过程应包括几个基本环节:明确大学生思想政治教育的总体和具体目标,制订有针对性、预见性、可行性的思想政治教育计划;组织实施教育计划,帮助引导大学生将教育内容内化和外化,注重方式方法;对教育情况进行科学的分析、反馈、评估。

### (二)思政教育过程要素理论

关于思想政治教育过程的要素构成,存在着"三要素"说、"四要素"说、"多要素"说。如第一章所述,多数学者认同将教育者、受教育者、教育内容和教育方法作为思想政治教育过程的构成要素,部分学者认同在此基础上增加教育环境要素,如张耀灿等认为:"严格意义上来说,教育内容、教育介体甚至教育目的都是由教育环境催生的,相对于教育者和受教育者,教育环境是外在因素,但相对于教育过程而言,它是必备要素。教育环境影响教育主体对教育内容和教育介体的选择,影响着教育主体的认识和实践活动,同时教育环境也可以被教育者和受教育者所认识和改造,为教育活动服务。"①也有学者持反对意见,例如罗洪铁教授认为,教育环境是思想政治教育的外部因素,是这个过程系统的外部空间,而且环境是一个庞大系统,不能作为过程的一个要素。②

本书认为,思想政治教育的环境从宏观上看包括对思想政治教育发生影响的所有外部因素,如政治、经济、文化、社会心理环境等;从微观上包括与教育主体相联系的家庭、社会组织学校或者团体等。虽然教育环境具有复杂性、多样性、开放性等特点,是一个庞杂的系统,但是人是社会关系的总和,只有在社会环境中,思想政治教育才能进行。另外,思想政治教育环境虽然是外在因

---

① 张耀灿,刘伟.论教育环境是思想政治教育过程的要素[J].思想政治教育理论研究,2006(5):54.

② 罗洪铁.思想政治教育过程的构成要素再探[J].学校党建与思想教育,2011(3):8.

素,但也是思想政治教育过程必备的一个环节。因此,对思想政治教育过程的要素可以进行如下划分。

第一,思想政治教育过程必备要素:教育者、受教育者、教育内容、教育方法、教育环境。思想政治教育的载体是由内容和方法衍生,因为要进行某项教育内容的传播或者引导,需要使用相适应的方法,那么必须找到合适的传输载体才能顺利进行。思想政治教育的情境是由方法和环境衍生,因为情境是为了实现教育的目标而由教育主体创设的,而创设的基础是在现有环境下。第二,完善思想政治教育过程的要素。在以上必备要素的基础上,增加教育效果、教育评价和调整要素。思想政治教育过程就是将一定社会的思想观念、价值观念、道德规范转化为受教育者个体的思想政治素质,转化过程结束后教育目的是否实现以及实现的程度如何,需要进行评估。当然,思想政治教育的目的是实现正向、积极的引导效果,如果实现情况不好,进一步调整就成为完善思想政治教育过程的一个部分。

## (三)高校思想政治教育过程要素理论

高校思想政治教育过程的构成要素应该包括教育者、教育对象、教育内容、教育方法、教育环境,或者可以表述为教育主体(教育者、受教育者)、教育介体(教育方法)、教育环体(教育环境)、教育内容。教育者指高校包括专业教师、教辅人员在内的所有教师,受教育者为在校大学生,教育介体为实现教育目标所能利用的方式、方法,教育环体为对思想政治教育活动产生影响的校内外环境。"教育内容是由国家和教育部门根据社会发展需要,结合大学生的思想特点和生活实际,对大学生开展的有机会、有目的的理论知识、思想观念和行为规范的教育活动。"[①]本研究主要调查高校思想政治教育过程中哪些具体情况对思想政治教育的成效有重要的影响作用,以及教育过程中学生对相关

---

① 刘宇.大学生对高校思想政治教育内容的认同程度研究[D].扬州:扬州大学硕士学位论文,2016.

教育要素的评价情况。教育内容一般是既定的、较为稳定的,不易作为自变量进行影响因子分析,为保证调查的有效性,根据统计学的要求和规律,本研究在假设现有教育内容既定情况下进行调查,即不将教育内容作为调查对象,而将四要素中的三个要素进行具体划分:首先,教育者和受教育者,主要调查两者之间的关系,学生对教育者的满意情况以及从中获得的个人成长情况;其次,对教育环境进行校内和校外环境的划分;再次,对教育介体进行教育方法和载体的划分;最后,增加教育成效的因变量要素划分,以发现教育过程各要素对教育成效的影响程度,据此提出更有针对性的完善策略。

## 二、调查的研究设计

高校思想政治教育过程存在哪些问题,应以教育效果为参照,所以对调查内容进行了维度划分,其中自变量因素为教育主体关系、教育环体,中介为教育介体,因变量为教育效果。本调查主要为验证性分析,即主要考察教育过程要素在现实中存在的问题及对教育成效的影响程度。问卷设计参照《中国大学生思想政治教育发展报告 2015》、福建省高校学生思想政治状况调查课题组"高校学生思想政治教育状况调查问卷"等问卷模板,根据本文的研究主题自行编制,其中基础信息题 4 题,行为习惯题 5 题和符合度主观感受题 23 题,最后一题为非必答开放式问题,共 33 道题。

### (一)试测与修正

问卷通过问卷星网络发布,共选取 15 所高校,试测时每所高校选取 10—15 人进行作答。

试测时通过控制后台开放时间,分时段由不同学校随机挑选学生进行填写。最终共 126 人参与了调查,试测的因子分析以及信效度分析结果一般,为此做了部分调整:将教育效果更改为一个维度,隐含三个方面,将题目 5、6、8 设置成多选题,并调整了题目的顺序,最终的维度划分见表 2-1,问卷设计及编码见附录。再次试测后,本研究对问卷进行了信度、效度的分析。经过 KMO

和 Bartlett 检验,自变量、中介变量、因变量 KMO 值分别为 0.706、0.722、0.815,均大于 0.7,P 值分别为 0,都小于 0.05。故可以判断:自变量因素、中介变量因素、因变量因素效度结构好,适合做因子分析。各个量表及总体的可靠性值在 0.771—0.835,都大于 0.7,问卷量表信度较好。综合以上试测问卷的信度和效度分析结果可以得知,问卷的信度和效度都通过了检验,可以进行正式测试。

**表 2-1  问卷设计**

| 模型 | 调查维度 | 调查指标 | 自变量指标数 | 涉及题目 |
|---|---|---|---|---|
| 自变量 | 主体关系 | 平等性 | 3 | 10—12 |
| | | 互动性 | 3 | 13—15 |
| | | 角色定位 | 3 | 5—7 |
| | 环体因素 | 社会环境 | 3 | 16—18 |
| | | 教育情境 | 4 | 19—21 |
| 中介 | 介体因素 | 教育方法 | 3 | 22—24 |
| | | 活动载体 | 3 | 25—27 |
| 因变量 | 教育效果 | 思想意识 政治观点 道德规范 | 6 | 9、28 、8、29、30、31 |

## (二)问卷施测

本书的问卷,共发放 2670 份,回收、剔除无效问卷,剩余 2500 份有效问卷,问卷有效率为 93.60%。本次问卷在浙江省、广西壮族自治区、河北省共 3 地 15 所高校进行,其中浙江省选取 6 所高校,广西壮族自治区选取 4 所,河北省选取 5 所,高校组成为:重点高校 3 所、普通高校 9 所及独立学院 3 所。选取我国北部、中东部、南部的不同高校,能在一定程度代表地域的广泛性,选取对象为 3 地 15 所高校的 2013—2016 级大一至大四学生,每个高校参与调查人数超过 100 人。调查对象的具体情况见表 2-2。本文对问卷数据使用 SPSS17.0 软件进行频率分析、描述分析、信度分析、相关分析,使用

AMOS20.2软件做验证性因子分析、结构方程模型。表2-3为可靠性统计量，从表中可以看出：各个量表及总体的可靠性值在0.701—0.830，都大于0.7，说明问卷量表信度较好，维度划分较为合理。

表 2-2　样本特征变量——频率分析

| 人口特征 | | 调查对象 | |
| --- | --- | --- | --- |
| | | 人数（人） | 比例（%） |
| 性别 | 男 | 927 | 37.08 |
| | 女 | 1573 | 62.92 |
| | 合计 | 2500 | 100.00 |
| 所在年级 | 大一 | 925 | 37.00 |
| | 大二 | 586 | 23.44 |
| | 大三 | 642 | 25.68 |
| | 大四 | 347 | 13.88 |
| | 合计 | 2500 | 100.00 |
| 所学专业 | 文史类 | 432 | 17.28 |
| | 理工类 | 907 | 36.28 |
| | 经管类 | 649 | 25.96 |
| | 艺体类 | 281 | 11.24 |
| | 其他类 | 231 | 9.24 |
| | 合计 | 2500 | 100.00 |
| 所在高校 | 浙江大学 | 138 | 5.52 |
| | 广西大学 | 116 | 4.64 |
| | 河北大学 | 123 | 4.92 |
| | 浙江音乐学院 | 106 | 4.24 |
| | 浙江传媒学院 | 261 | 10.44 |
| | 杭州师范大学 | 123 | 4.92 |
| | 浙江财经大学 | 127 | 5.08 |

续　表

| 人口特征 | | 调查对象 | |
|---|---|---|---|
| | | 人数（人） | 比例（%） |
| 所在高校 | 广西师范大学 | 216 | 8.64 |
| | 桂林理工大学 | 337 | 13.48 |
| | 燕山大学 | 151 | 6.04 |
| | 河北工程大学 | 123 | 4.92 |
| | 河北师范大学 | 128 | 5.12 |
| | 杭州师范大学钱江学院 | 219 | 8.76 |
| | 桂林理工大学博文管理学院 | 136 | 5.44 |
| | 燕山大学里仁学院 | 196 | 7.84 |
| | 合计 | 2500 | 100.00 |

　　由于问卷预测使用 SPSS 软件做构建效度分析，效果好，故正式问卷数据采用 AMOS 软件做效度分析。图 2-1 为验证性因子分析模型，表 2-4 验证性因子分析模型结果、表 2-5 收敛效度分析结果显示，模型的拟合度较佳，适配度、收敛效度较好。问卷的信度和效度都通过了检验，可以进一步做定性定量分析。

表 2-3　可靠性统计量

| 特征变量 | | Cronbach's Alpha | 项数 |
|---|---|---|---|
| 自变量 | 平等性 | 0.771 | 3 |
| | 互动性 | 0.821 | 3 |
| | 社会环境 | 0.792 | 3 |
| | 教育情境 | 0.798 | 3 |
| 中介变量 | 教育方法 | 0.776 | 3 |
| | 活动载体 | 0.791 | 3 |
| 因变量 | 教育效果 | 0.835 | 4 |

表 2-4　验证性因子分析模型分析结果

| 指标 | CMIN | DF | CMIN/DF | GFI | AGFI | NFI | IFI | TLI | CFI | RMSEA |
|------|------|-----|---------|-----|------|-----|-----|-----|-----|-------|
| 数值 | 212.049 | 188 | 1.128 | 0.992 | 0.990 | 0.989 | 0.999 | 0.998 | 0.999 | 0.007 |

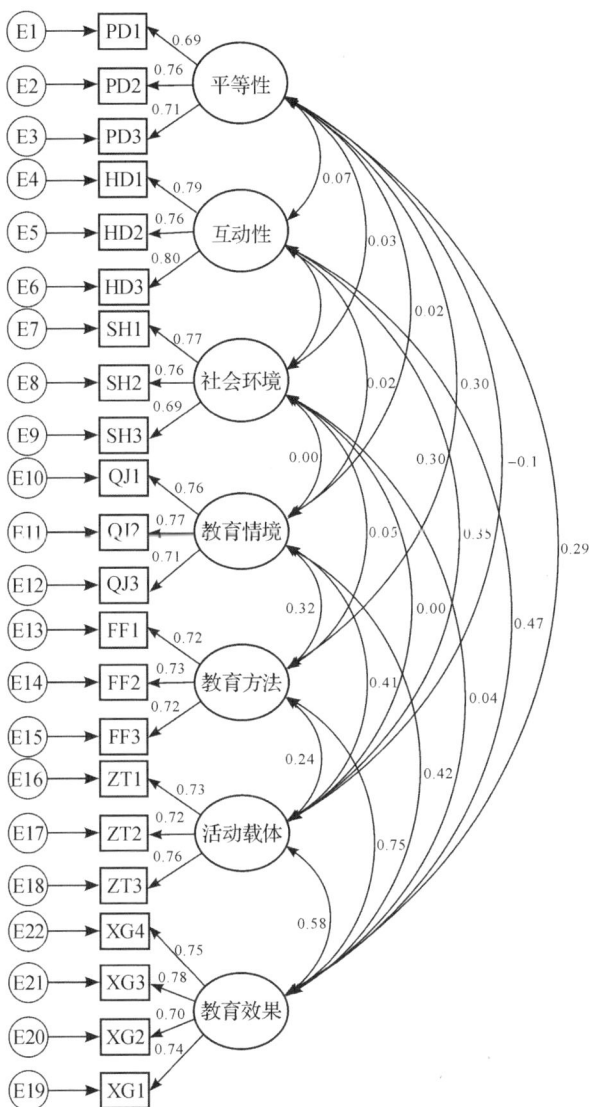

图 2-1　验证性因子分析模型

表 2-5  收敛效度分析

| 载荷路径 | | | 非标准化路径系数 | S. E. | C. R. | P | 标准化路径系数 | AVE | 组合信度（CR） |
|---|---|---|---|---|---|---|---|---|---|
| PD3 | ← | 平等性 | 1.000 | | | | 0.711 | 0.5200 | 0.7645 |
| PD2 | ← | 平等性 | 1.045 | 0.038 | 27.290 | *** | 0.756 | | |
| PD1 | ← | 平等性 | 0.966 | 0.036 | 26.905 | *** | 0.695 | | |
| HD3 | ← | 互动性 | 1.000 | | | | 0.797 | 0.6108 | 0.8247 |
| HD2 | ← | 互动性 | 0.952 | 0.027 | 35.399 | *** | 0.756 | | |
| HD1 | ← | 互动性 | 1.000 | 0.027 | 36.360 | *** | 0.791 | | |
| SH3 | ← | 社会环境 | 1.000 | | | | 0.694 | 0.5523 | 0.7869 |
| SH2 | ← | 社会环境 | 1.075 | 0.037 | 28.781 | *** | 0.760 | | |
| SH1 | ← | 社会环境 | 1.099 | 0.038 | 28.764 | *** | 0.773 | | |
| QJ3 | ← | 教育情境 | 1.000 | | | | 0.714 | 0.5606 | 0.7927 |
| QJ2 | ← | 教育情境 | 1.087 | 0.035 | 30.877 | *** | 0.773 | | |
| QJ1 | ← | 教育情境 | 1.069 | 0.035 | 30.684 | *** | 0.758 | | |
| FF3 | ← | 教育方法 | 1.000 | | | | 0.724 | 0.5281 | 0.7705 |
| FF2 | ← | 教育方法 | 1.015 | 0.033 | 30.982 | *** | 0.735 | | |
| FF1 | ← | 教育方法 | 1.003 | 0.033 | 30.568 | *** | 0.721 | | |
| ZT3 | ← | 活动载体 | 1.000 | | | | 0.765 | 0.5474 | 0.7839 |
| ZT2 | ← | 活动载体 | 0.957 | 0.031 | 31.298 | *** | 0.723 | | |
| ZT1 | ← | 活动载体 | 0.962 | 0.031 | 31.523 | *** | 0.731 | | |
| XG1 | ← | 教育效果 | 1.000 | | | | 0.739 | 0.5518 | 0.831 |
| XG2 | ← | 教育效果 | 0.940 | 0.028 | 33.203 | *** | 0.699 | | |
| XG3 | ← | 教育效果 | 1.039 | 0.028 | 36.995 | *** | 0.780 | | |
| XG4 | ← | 教育效果 | 1.018 | 0.029 | 35.642 | *** | 0.751 | | |

## 三、调查结果分析

### (一)描述性分析

表 2-6 为描述性表格,从表中可以看出,平等性、互动性、社会环境、教育情境、教育方法、活动载体、教育效果的均值都大于 3,说明高校思想政治教育过程中,对教育主体关系、教育情境、教育介体都比较重视,教育效果得到了学生们的认可,但大学生对教育过程中各影响因素的评价不同,从各因素的均值可以看出:受访者对其评价从大到小依次是:4.054＞3.544＞3.541＞3.540＞3.533＞3.024＞3.010,也就是说互动性＞活动载体＞教育效果＞平等性＞教育情境＞社会环境＞教育方法。由此可知,大学生对互动性评价最高,对教育方法评价最低。这说明在平时的思想政治教育过程中,教育主体(教育者与教育对象)间关系较好,但教育方法需要引起注意。

**表 2-6 描述统计量**

| 特征变量 | N | 极小值 | 极大值 | 均值 | 标准差 |
|---|---|---|---|---|---|
| 平等性 | 2500 | 1.00 | 5.00 | 3.5400 | 1.05111 |
| 互动性 | 2500 | 1.33 | 6.00 | 4.0541 | 1.15436 |
| 社会环境 | 2500 | 1.00 | 5.00 | 3.0239 | 1.18545 |
| 教育情境 | 2500 | 1.00 | 5.00 | 3.5333 | 1.08104 |
| 教育方法 | 2500 | 1.00 | 5.00 | 3.0097 | 1.16442 |
| 活动载体 | 2500 | 1.00 | 5.00 | 3.5440 | 1.06978 |
| 教育效果 | 2500 | 1.00 | 5.00 | 3.5407 | 1.03942 |
| 有效的 N(列表状态) | 2500 | | | | |

### (二)结构方程模型分析

图 2-2 为结构模型的初始模型,对自变量和因变量各因素间的关系进行探索。表 2-7 的分析结果显示模型适配度非常好。

表 2-7　初始模型分析结果

| 指标 | CMIN | DF | CMIN/DF | GFI | AGFI | NFI | IFI | TLI | CFI | RMSEA |
|------|------|-----|---------|------|------|------|------|------|------|-------|
| 数值 | 119.877 | 94 | 1.275 | 0.994 | 0.991 | 0.991 | 0.998 | 0.998 | 0.998 | 0.010 |

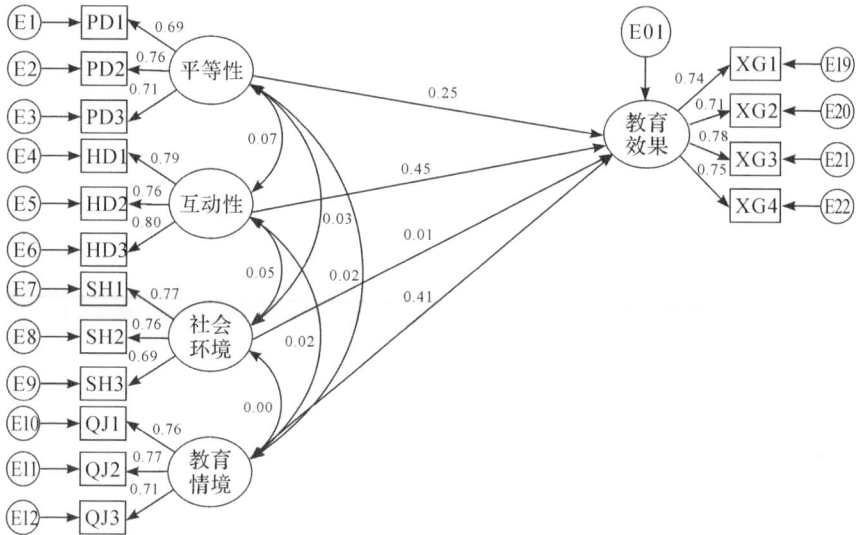

图 2-2　初始模型

从表 2-8 得知,平等性、互动性对教育效果有显著正影响,社会环境对教育效果无显著影响,教育情境对教育效果有显著正影响。

表 2-8　假设验证(初始模型)

| 路径 | | 非标准化系数 | S. E. | C. R. | P | 标准化系数 | 假设验证情况 |
|------|------|------|------|------|------|------|------|
| 教育效果 | ← 平等性 | 0.258 | 0.023 | 11.103 | *** | 0.249 | 支持 |
| 教育效果 | ← 互动性 | 0.400 | 0.021 | 19.401 | *** | 0.451 | 支持 |
| 教育效果 | ← 社会环境 | 0.008 | 0.020 | 0.403 | 0.687 | 0.008 | 不支持 |
| 教育效果 | ← 教育情境 | 0.420 | 0.025 | 17.124 | *** | 0.405 | 支持 |

在初始模型基础上,图 2-3 为完整模型,是在加入中介变量后各变量关系的进一步验证。表 2-9 的完整模型分析结果说明模型的拟合度较佳,适配度较好。

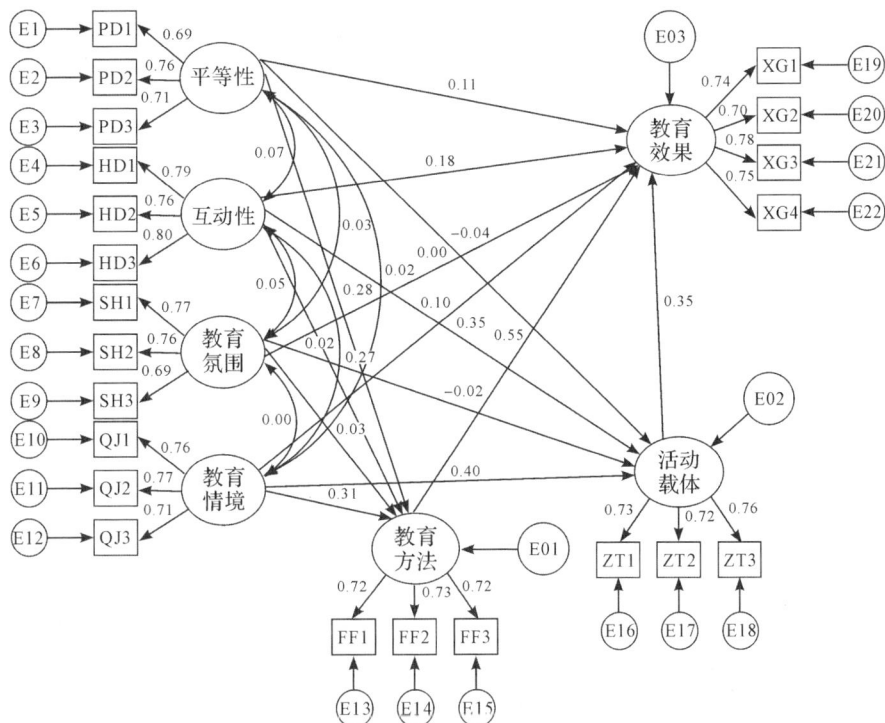

图 2-3　完整模型

**表 2-9　完整模型分析结果**

| 指标 | CMIN | DF | CMIN/DF | GFI | AGFI | NFI | IFI | TLI | CFI | RMSEA |
|------|------|-----|---------|------|------|------|------|------|------|-------|
| 数值 | 212.816 | 189 | 1.126 | 0.992 | 0.990 | 0.989 | 0.999 | 0.999 | 0.999 | 0.007 |

完整模型（见表 2-10）的结果显示，平等性、互动性对教育方法有显著正影响；教育情境对教育方法有显著正影响；互动性、教育情境对活动载体有显著正影响；平等性、互动性、教育情境、教育方法、活动载体对教育效果有显著正影响；平等性对活动载体无显著影响；社会环境对活动载体无显著影响；社会环境对教育效果影响小；社会环境对教育方法影响小。

表 2-10　假设验证（完整模型）

| 路径 | | | 非标准化系数 | S. E. | C. R. | P | 标准化系数 | 假设验证情况 |
|---|---|---|---|---|---|---|---|---|
| 教育方法 | ← | 平等性 | 0.305 | 0.028 | 10.831 | *** | 0.275 | 支持 |
| 教育方法 | ← | 互动性 | 0.259 | 0.023 | 11.266 | *** | 0.272 | 支持 |
| 教育方法 | ← | 社会环境 | 0.029 | 0.024 | 1.215 | 0.224 | 0.029 | 不支持 |
| 教育方法 | ← | 教育情境 | 0.342 | 0.028 | 12.303 | *** | 0.308 | 支持 |
| 活动载体 | ← | 平等性 | −0.040 | 0.025 | −1.600 | 0.110 | −0.038 | 不支持 |
| 活动载体 | ← | 互动性 | 0.319 | 0.022 | 14.469 | *** | 0.349 | 支持 |
| 活动载体 | ← | 社会环境 | −0.016 | 0.023 | −0.700 | 0.484 | −0.016 | 不支持 |
| 活动载体 | ← | 教育情境 | 0.429 | 0.027 | 15.810 | *** | 0.403 | 支持 |
| 教育效果 | ← | 平等性 | 0.114 | 0.020 | 5.813 | *** | 0.110 | 支持 |
| 教育效果 | ← | 互动性 | 0.160 | 0.018 | 8.804 | *** | 0.180 | 支持 |
| 教育效果 | ← | 社会环境 | −0.002 | 0.016 | −0.128 | 0.898 | −0.002 | 不支持 |
| 教育效果 | ← | 教育情境 | 0.099 | 0.022 | 4.483 | *** | 0.096 | 支持 |
| 教育效果 | ← | 教育方法 | 0.515 | 0.025 | 20.989 | *** | 0.552 | 支持 |
| 教育效果 | ← | 活动载体 | 0.340 | 0.023 | 14.961 | *** | 0.349 | 支持 |

　　从初始模型到完整模型的假设验证可以看到：活动载体在互动性、教育情境与教育效果之间起到部分中介作用；教育方法在平等性、互动性、教育情境与教育效果之间起到部分中介作用。表 2-11 为完整模型中的直接效应、间接效应、总效应表，从表中得知：平等性、互动性、教育情境、教育方法、活动载体对教育效果的总效应分别为：0.262、0.452、0.407、0.552、0.349，可以看出教育方法对教育效果影响最大，其次是互动性、教育情境、活动载体，平等性影响最小。

表 2-11　完整模型中的直接效应、间接效应、总效应

| 自变量 | 中介变量 | | 因变量:教育效果 | | |
|---|---|---|---|---|---|
| | 教育方法 | 活动载体 | 直接效应 | 间接效应 | 总效应 |
| 平等性 | 0.275 | | 0.110 | 0.152 | 0.262 |
| 互动性 | 0.272 | 0.349 | 0.180 | 0.272 | 0.452 |
| 社会环境 | | | | | |
| 教育情境 | 0.308 | 0.403 | 0.096 | 0.311 | 0.407 |
| 教育方法 | | | 0.552 | | 0.552 |
| 活动载体 | | | 0.349 | | 0.349 |

# 四、研究结论及探讨

## (一)教育方法的有效性及现实问题

1.教育方法对教育效果的总效应最大,但学生对当前的教育方法满意度最低

表 2-9 显示:教育方法对教育效果的总影响效应最大,即每增加一个单位的教育方法,就会提高一定量的教育效果。通过本次问卷调查的描述性分析可以看出,大学生对目前教育方法的现状评价最低,但通过结构方程模型分析,一方面,教育方法对教育效果的直接影响明显;另一方面,教育方法对教育主体间关系与教育效果、教育情境与教育效果间的中介作用明显,在表2-10的间接效应中可以看出,平等性对教育效果的直接效应是 0.110,通过教育介体对教育效果的间接效应是 0.152;互动性对教育效果的直接效应是 0.180,通过教育介体对教育效果的间接效应是 0.272,教育情境对教育效果的直接效应是 0.096,通过教育介体对教育效果的间接效应是 0.311。说明教育主体对教育效果、教育环体对教育效果的影响,必然需要教育介体的参与,其作用明显。从表2-7至表2-10看出,教育方法在教育主体和教育效果、教育情境与教育效果间起到部分中介作用,活动载体在互动性与教育效果、教育情境与教育效果

间起到部分中介作用,这表明,教育者与教育对象的教育活动,需要必要的教育介体才能起到作用,教育方法的必要性明显,教育主体间的平等性对教育效果的影响中教育中介的作用不明显。因此,需要更多关注思想政治教育过程中的教育方法、活动载体要素。

通过这次的调查分析可以看出教育方法的重要性,也可以看出在思想政治教育实践中,对教育方法的运用还存在一定的问题,没有得到学生的充分认可。思想政治教育方法是"实现思想政治教育目的的手段,是教育者和受教育者互动联接的纽带,是保障思想政治教育效果的保障"①。

2.应重视高校思想政治教育方法的作用,并不断创新思想政治教育新方法

思想政治教育方法是保障思想政治教育方向起始动机与目的效果一致性的重要条件,是取得思想政治教育过程和结果实效的关键。学者沈壮海认为,有效的教育方法对于教育者和教育对象来说,必须具有适应性,必须适应于相应的教育目的。② 而思想政治教育方法创新,需要方法具有新颖性、超前性、现代性、综合性、开放性。③ 现代性的思想政治教育方法应该是"既着眼国内发展又面向世界未来、既解决思想问题又兼顾实际利益、既保留优秀传统又富含现代科技、既发挥单位优势又协调社会资源、既注重显性灌输又重视隐性影响,有效实现当代复杂社会环境下思想政治教育的任务和目标"④。学者们对从古至今的教育方法进行梳理后,得出了可以采用的有效的思想政治教育方法:"认知层:学思结合法、知行并进与反省自律法、道德认知发展法;工具层:纪律工具法、舆论工具法、信仰工具法;流程层:量权揣摩法、权谋决断法、飞箝抵蛾

---

① 张耀灿,郑永廷,吴潜涛,等.现代思想政治教育学[M].北京:人民出版社,2007:362-363.

② 沈壮海.思想政治教育有效性研究[M].武汉:武汉大学出版社,2012:93-95.

③ 王洪飞.大学生思想政治教育方法与艺术[M].沈阳:辽宁教育出版社,2007:6-9.

④ 张毅翔.现代思想政治教育方法的时代特征及发展趋向[J].求实,2013(11):81-84.

法;技能层:因材施教法、习染渗透法、无为而治法。"①

随着社会环境的改变,教育主体及教育内容的变化,与之相适应的教育方法也必须不断地进行调整,才能适应思想政治教育的需要。因此,高校应该在思想政治理论课以及思想政治教育实践活动方面增强对教育方法的认识,并结合学生的特点,利用现代社会科技手段,探索符合学生特点、能够更好地将思想政治教育内容传达的方法。

### (二)教育主体关系问题

**1.师生互动性对教育效果的影响效应大,但学生对当前的教育主体间互动关系评价一般**

以上验证结果表明,教育主体关系、教育情境、教育介体对教育效果有正向显著影响,社会环境对教育效果无显著影响。也就是说教育主体间关系、教育情境、教育方法和活动载体直接影响着教育的效果,每增加一个单位的互动性、平等性、教育情境、教育方法、活动载体,就会增加一定的教育效果,这说明我们在高校思想政治教育过程中,要更加关注教育者和教育对象间的关系,注重对学生自主性的尊重和维护,增强师生间的互动,营造思想政治教育的教育情境和氛围,挖掘科学合理的教育方法,开拓符合大学生特点的活动载体,才能增加教育的效果。但社会环境对主体间的关系、教育介体、教育效果没有明显影响,这是因为社会环境是思想政治教育过程的外在因素,另一方面也表明大学生对国际思潮、国内社会矛盾问题有一定的判断,受此思想观念影响程度不高。以上研究结果显示:教育主体关系中师生间的互动性对教育效果的总效应排在教育方法之后,说明它对教育效果影响大。因此,在高校思想政治教育过程中,必须重视注重师生间的互动。

**2.克服阻碍因素,关注师生互动**

经过以上的实证分析,师生关系中的平等性已经受到了学生们的认可,其

---

① 刘松.思想政治教育方法的实教效性研究[M].武汉:湖北长江出版集团,2008:5.

对思想政治教育效果的影响总效应相对较小,说明传统的教育者对教育对象"强制性""约束性"的教育模式发生很大变化,教育主体间逐渐建立起平等的教学关系,这也为进一步思考教育主体关系问题提供了参考和借鉴。而师生互动性对思想政治教育效果的影响总效应较大,虽然大学生对思想政治教育过程中师生间平等性评价较高,但不可否认,大学生在接受教育的过程中,会产生心理阻抗现象。从心理学的研究发现,"思想政治教育过程中大学生的心理阻抗现象产生的心理机制包括负性移情、潜抑机制、超我阻抗机制、成长中的痛苦等"[①],出现这种情况的心理因素包括大学生已有认知和思维模式、负面情绪情感、意志力薄弱、个体需要、个性心理存在的弱点,在表现形式上主要体现在对思想政治教育内容、方法及形式、教育机制存在心理阻抗。同时,研究认为思想政治教育工作者的缺陷,教育内容及要求的不足,教育机制、方法、策略的落后,教育环境的恶化等,是诱发思想政治教育过程中大学生产生心理阻抗的主要外在原因。这就对高校思想政治教育工作者提出了更高的要求,在思想政治教育过程中,一方面要对大学生的心理、情感等主观情绪要素进行关注,根据大学生的接受心理开展教育活动,制定合理的教育方案,采用适合的教育方法;另一方面,教育者也要提升自身的能力和素质,尤其是关于教育理论、心理健康等方面的知识,才能了解学生的需求情况以及心理变化原因,有针对性地开展思想政治教育活动,使得活动的成效更好。

在国家提出高校要"全员育人、全过程育人、全方位育人"的背景下,高校尤其应该注意师生关系,以平等的身份对待学生,在教育活动中增强与学生的互动,这样才能了解学生的思想情况,引导学生自觉学习教育内容,维护学生在教育中的主体地位,增强学生的主体意识。同时,应该吸取传统思想政治教育中"灌输"方式的经验,让思想政治教育过程在师生互动中增强"教与学"的相长性,增强教育的灵活性,从而增强教育的实效。

---

① 徐勇.高校思想政治教育过程中大学生的心理阻抗及对策研究[D].重庆:西南大学硕士学位论文,2012.

## （三）教育情境的重要性及存在的问题

教育情境对教育效果的影响大，但学生对当前的教育情境的运用情况评价较低。思想政治教育情境为"思想政治教育对象初步印证其所接受的思想意识的正确性等提供具体场合，思想政治教育情境渗透、体现思想政治教育的目的、内容，为思想政治教育者与思想政治教育对象之间的教育—被教育关系的确立及其教育互动的进行提供着精神的或物质的纽带和载体"①。从本次的调查也可以看出，教育情境对教育效果的总影响效应比较大，教育情境对活动载体、教育方法、教育效果有明显正向影响，而教育方法对教育效果总影响效应是最大的，所以，教育方法若要发挥好本身的作用，必须有良好教育情境的创设。大学生对教育情境的评价排在靠后的位置。因此，教育情境因素应当得到高校教育者的重视。国内外关于"情境认知""情境学习""情境行动"的研究很多，人们已经意识到，无论是知识学习还是教育活动，都不能离开一定的情境脉络。有学者对思想政治教育的情境进行了专门的研究，提出不同类型的思想政治教育情境："物质与精神情境、积淀与现实情境、自然与社会情境、现实与虚拟情境、客体与主体情境、确定性与不确定性情境等分类，并提倡在思想政治教育过程中，根据教育实践综合运用各种情境提高教育效果。"②

作为系统的构成部分，各要素间"是相互联系、相互作用着的，正是这种相互作用构成了运动"③。高校思想政治教育过程也是在各要素的相互作用下进行，"教育要素的有效性对预期教育结果的出现所具有的前提意义，同时又将教育要素的有效性与预期教育结果的产生这两者之间的关系客观地规定为或然性的关系"④。过程与要素、过程结果之间的这种关系，要求我们必须首先增强对各要素的认识，提高各要素的有效性，才能增强整个过程的有效性，最终

---

① 沈壮海.思想政治教育有效性研究[M].武汉:武汉大学出版社,2012:95.
② 董杰.思想政治教育情境论[M].武汉:湖北人民出版社,2013:148-170.
③ 马克思,恩格斯.马克思恩格斯全集(第20卷)[M].北京:人民出版社,1960:409.
④ 沈壮海.思想政治教育有效性研究[M].武汉:武汉大学出版社,2012:99.

才能保障结果的有效性。

# 第三节　教育过程的问题归因

高校思想政治教育工作关系人才培养的方向和人才发展的综合素质。立德树人是思想政治教育者的使命和责任,也是教育过程的中心环节,贯穿于教育教学的始终。改革开放以来,在党和国家政府的高度重视下,经过广大思想政治教育工作者的共同努力,高校思想政治教育无论在理论上还是在实践上都取得了突破。思想政治教育学学科不断壮大,思想政治教育理论研究涉及范围广,内容多;思想政治教育方法、方式等实践内容不断充实。长期以来,我国高校不仅有统一的德育大纲,还建立了比较系统的思想政治教育网络,而且也锻造了一支具有相当素质和专业化的队伍。思想政治教育理念更加科学,深入践行"以人为本"的新观念,逐步推行"全员育人、全过程育人、全方位育人"的教育理念。但同时,由于高校思想政治教育长期追求社会价值、工具价值,对个体发展价值重视不够,过多地着力于改变和限制学生的需要;让学生适应思想政治教育的内容和方式;过于强调对学生的规范和约束,使得当代大学生渐渐丧失了对社会的批判意识,丧失了主体的反思愿望,也压制了学生的个性和创造性。[①] 通过本章理论以及实证调查可以看出,高校思想政治教育过程现状问题的背后,是教育主体这一核心和贯穿教育过程始终的因素起着决定性的作用,教育内容的亲和力和有效传达是基础,教育环体的有力承载是保障,教育过程体系的可持续性运行是根本。

## 一、关键动因:主体动能

在整个思想政治教育过程中,人既是过程的发起者,也是过程的落脚者;

---

① 吴琼.高校思想政治教育范式转换研究[M].北京:北京交通大学出版社,2016:3.

既是教育内容的传导者，也是教育内容的接收者；既是教育环体和介体的选择者，也是教育环体和介体的承受者。因此，在思想政治教育过程中，作为主体的人是当之无愧的灵魂，是推动思想政治教育过程的核心动力。通过以上对高校思想政治教育过程现状的梳理不难发现，所有问题的背后需要人的主体性参与，人的主体性发挥直接决定着教育过程是否有序进行。人的主体性的生成是通过把握外部世界的属人的主体性活动而进行的，人之所以能够把握外部世界、生成人的主体性，就在于他不但具有生理上的，而且"也具有智力上的装备"，而智力上的装备又是与生理结构分不开的。确实，"这种可能性则是它的生理结构所提供的"①。

人的主体性的觉醒是伴随着人产生了对象意识和自我意识而开始的。人有了自觉的主体意识后，逐渐获得了利用自然改造客观世界的主动权。在自我发展需要驱动下，人们改造客观世界的动力推动人的主体性进一步激发，人们逐渐从社会实践以及社会关系中更加明确自身的主体地位，人开始以自己的标准看世界，按照自己的需要利用客观规律改造世界，人的主观能动性、创造性得到了发挥。

在高校思想政治教育中，教育者是教育过程和教育活动的发起者，具有导向力。教育过程起始环节启动后，教育过程的运行都离不开教育者的参与，所以教育者的主体性发挥情况直接影响教育进程。从教育活动的方案设计，到过程进行中教育载体的选择，教育情境的运用，学生思想特点、学生接受程度的把握，教育效果的预判等，都需要教育者做出积极的准备，必须发挥主观能动性才能有效地开展这个教育过程。这是教育者的主体性、能动性的具体体现，也是教育者应有的教育义务和责任。而通过本章文献梳理及实证调研发现，由于多种因素影响，高校思想政治教育工作者恰恰在主体性和能动性上势能不足，导致整个教育过程缺乏"灵魂"和动力。因此，教育者在教育过程中的

---

① 维纳.人有人的用处[M].陈步,译.北京:商务印书馆,1978:44.

主体性、能动性至关重要,不仅包括积极主动地组织和规划教育活动过程,还包括想办法调动学生参与的积极性,做好指导和协助学生的角色定位,为更好地获得教育预期效果、实现教育目标,还要创造性地开展教育过程,比如,充分利用现有的教育条件,创造符合教育内容的教育情境,给与受教育者不同层面的指导,满足不同学生的学习需求,将教育过程打造成受教育者愿意参与并能从中获得知识和个人成长的活动,教育者自身也从中获得经验的积累,完成基本教育目标的同时,努力培养受教育者自我教育、自我管理、自我发展的能力,激发受教育者内在学习的动力。

马克思主义哲学认为,万事万物都是普遍联系和变化发展的,其推动力就是事物内部的矛盾,矛盾的主要方面就是内因,是最核心的推动力。凡是来源于内因的动力,最有力量,推动力更持久,事物发生质的变化最终主要靠内因的推动。教师发挥主观能动性和创造性,精心设计教育过程,营造教育氛围,选择合适的教育介体,但如果没有学生的配合,教育过程依然是不顺利的。在教学活动中,学生虽然处于受教育者的地位,但对教育知识的理解和掌握必须通过自身内在吸收才能最终实现,而知识内化的目的是将其转变为学生的外在行为,能否将思想意识转变为自己的外在行为习惯,最终还是要靠大学生自身能动性。如何激发学生主体性动力,这是教育者必须考虑的问题。马克思指出,人必须生活在社会关系中,社会化的需要是人参与社会行为、学习知识、自我发展的动力,因此,让学生对思想政治教育有强烈的学习动机是可行的。人的发展需要过程中必然产生个体不自觉的社会化需求,个体在融入社会关系中,需要将个人的价值观念不断与社会价值观念进行调和,这也是个体产生内在道德学习和道德实践的动力过程。

教师主体性、能动性的教与学生内在自觉的学是在两者互动中最终实现的。如果只是各自参与教育活动,但没有双向互动交流,知识和经验很难进行传递。教师必须通过与学生交流、了解学生的学习需求才能有针对性地开展教育活动,学生只有在学习教育内容后给出反馈,教师才能继续进行新知识的传递。在教育理论中，教与学是相长的关系，不仅学生能够从教师那里学习新知识，还能学习到教师的人格魅力，打开个人的思维，获得教师传达的世界观、人生观、价值观的指引。而学生的反馈以及作为独立个体加工、消化、反馈教育内容的过程中，会产生自己的认识，形成自己的理解，有些思维对教师来说也是有启发意义的，教师也能从中获得进一步的学习。这是在双方主动性、能动性充分发挥的基础上，在教学互动中实现的，所以教学互动过程非常重要。因此，教育过程中，教师和学生相互依存，离开一方谈教育过程将是毫无意义的。教育者的责任就是帮助受教育者追求高尚的人生目的、确立积极进取的人生态度。大学生则要发挥自身的积极性、主动性，根据自身需要获得教师给予的新知识、新能量，使自身不断成长，在实现自我发展的过程中不断前进。

在传统教育思维影响下，教育者掌控和组织整个教育过程，是教育过程的"指导者"，从教育内容的选择到教育资料和信息的使用，再到教育手段的运用，都是教育者把控，这样做自然就会形成"教师说，学生听"的局面。学生积极性、主动性受到压制。单向的知识传输，片面的思想灌输，成为传统教育日益失去活力的重要原因。现代教育过程，从教育内容的选择开始，就让学生参与其中，学生可以根据需要选择学习内容，根据自身习惯选择学习方式，自己搜集整理学习资料，自己组织主题讨论。这样的学生充分享受了教育者对其主体性的尊重，自身也必须认真、积极地投入学习过程，为自己而学，必然要发挥自身的能动性和创造性。其主动性、积极性的发挥是思想政治教育有效性取得的关键动因。

高校思想政治教育是对学生思想意识进行引领的教育，对主流意识形态的把握必须由教育者进行，要求教育者首先站稳立场，理解和认可教育内容，然后充分调动学生的学习积极性，激发他们思想意识学习的内在需要，挖掘他们自身学习的动能，创造性地开展教育活动过程，充分利用教育过程的各要素，达到学生愿意学并且所学知识能内化为个人思想意识和外化为个人行为，培养符合社会需要的社会主义建设者和接班人应具有的思想政治品质和道德素养。①

## 二、基础条件：内容传接

思想政治教育接受客体是指社会所要求的、未经传导者加工过的，本真意义上的马克思主义理论及以马克思主义为代表的社会意识形态的相关理论学说。高校教育系统里，教育的发起者是教师，接收者是大学生，接受的内容是思想政治理论和道德规范、心理及法律知识等。双方主体性发挥的目的是让教育内容由教育者掌握变为由受教育者掌握。因此，教育内容的有效传输是保障教育过程有效运行的基础。教育内容本身具有抽象性，集结着人们的思维智慧和经验体验，是人类不断向前发展，追求更美好生活的必然选择。教育内容一般以一定的文字、符号、语言、图画等形式承载，必须借助一定的媒介和方法进行传输。教师的任务就是将这些体现社会要求的抽象的思想意识内容通过营造教育情境、借助教育介体，有效传达给学生，逐步改变学生原有的认知，内化为学生自己的认识，促进其外化为自己的行为。

在整个接受过程中，教育者整合教育各要素，是连接这个教育过程的桥梁和纽带。他可以决定学生参与教育过程的时间、程序，选择教育的方式方法和教育内容。教师的选择也不是盲目的，一般要根据自身对知识的掌握情况，综合考虑社会需要、自身能力和学生个人的需要，根据学生的接受特点和个人性格特点、思想特点等综合确定。因此，在高校教育内容确定的情况下，信息传导的关键因素有两个，一个是传导者，即教育者；另一个是接受者，即高校大学生。教育者的作用表现在其对教育内容的理解、诠释、传导方式选择等。教育者把握教育内容的程度和水平直接影响着受教育者的接受情况，同时，教育者的职业意识、职业偏见、教育理念偏失、个人私心掺杂、职业能力不足等也会影

---

① 郝连儒.高校思想政治教育主体性研究[D].大连：大连理工大学博士学位论文，2014.

响其对教育内容的传导。"马克思主义意识形态传导者作为主导思想的活动载体,在马克思主义意识形态接受活动发生之前,也是需要对马克思主义意识形态进行理解和领悟的,也存在着对马克思主义意识形态的内化和接受问题,所以我们理应将马克思主义意识形态传导者纳入接受主体的范畴。"[①]所以,教育者主导作用的展现需要以自身能动性的发挥为基础。在教育者对受教育者进行思想理论教育前,教育者对于马克思主义理论及其思想政治教育的其他理论的学习也是接收者,需要发挥自身的能动性、主动性,先内化相关知识,再传递给受教育者。

受教育者也不只是被动地接受教育者的教育内容以及教育过程的安排,受教育者有效的学才是教育的真正指向目标,是接受过程的归宿,所以,思想政治教育接受过程的真正主体是学生,高校思想政治教育内容传导的对象是大学生。按照马克思主义人学理论,人不是独立而生的,是存在于特定的社会现实、社会实践中的。他自身已有的知识体系、思维习惯、主体意识等,对他接受新知识以及参与新活动都有直接的影响,他的现实境遇、社会身份、个人理想等,决定了他对教育内容的心理预期、接受需求,从而产生不同的接受能力和接受效果。因此,学生在接受过程中不是被动的,而是要对接受客体进行主动的选择、理解,根据自身需要和发展动力才能最终内化为个人的思想意识。

## 三、保障因素:环体与介体

高校思想政治教育环境是对高校思想政治教育活动以及教育对象的思想品德的形成和发展产生影响的一切外部因素的总和。[②] 教育环体为思想政治教育主体和客体的思想、行为的形成提供导向,影响思想政治教育主要内容和一般方法,决定施教活动的运行状态和最终结果。思想政治教育环境对思想

① 李颖.基于哲学解释学视角的思想政治教育接受研究[D].上海:华东师范大学博士学位论文,2011.

② 陈万柏,张耀灿.思想政治教育学原理[M].北京:高等教育出版社,2007:96.

政治教育过程具有强化、导向、感染、塑造的功能。教育环境可以分为国际及国内、校内与校外环境等,社会组织环境、朋辈群体环境、舆论环境、网络环境等都属于教育环境。客观存在的社会环境、文化环境等制约着高校思想政治教育过程,制约着主体的认知、教育内容、教育方法的使用等,但同时教育者可以根据现实对环境进行有利于思想政治教育过程发展的改造和利用。而校园文化环境和教育氛围是教育者可以把控以及选择的。学校作为教育活动开展的空间场域,是学生成才的必要环境要素,学校的硬件设施、校园文化等都是重要教育载体,具有不可替代的环境影响优势。由此可以看出,激发主体内在主体性,教育环境发挥着重要的保障作用。

思想政治教育方法是教育主客体为了实现教育目标,在思想政治教育活动中采取的一切思路、手段和程序的总和。[①] 教育方法是教育体系中的重要中介力量,与教育主体和教育内容等密切相关。教育方法随着社会发展和技术进步不断更新,但始终由教育主体进行选择和使用。高校思想政治教育内容涉及政治教育、思想教育、道德教育、心理教育、法制教育等,理论知识的教育可以通过灌输的方法进行,但灌输的教育方法也需要借助一定的载体和媒介,讲求方式方法。教育主体对教育方法的选择也必须与学生的特点相适应,与教育内容、教育主题相适应,即教育者对教育方法和载体的选择必须立足于受教育者的变化和特点,关注大学生的需求点以及可接受的形式,以激发他们的主动性、能动性为目标,做到方法的对象化,开展形式多样的、多层次的、符合不同对象需求的教育方法,如分享交流会、团体辅导、报告会、讨论会等形式。

## 四、运行路径:过程体系

对于宏观的人类整个思想政治教育过程而言,整体过程总是处于子过程的不断更替之中,在更替中向前发展。思想政治教育过程也是由一个个具体

---

① 邹绍清.当代思想政治教育方法论发展研究[M].北京:人民出版社,2013:19.

的过程不断地生成、发展更替而推动向前的,过程中的各要素伴随着过程运动而变化发展,没有一成不变的教育者、受教育者、教育环境、教育介体。思想政治教育过程就是在一个循序渐进的过程中发生着矛盾运动,过程中各要素间结成了紧密的联系,互相制约,互相影响。过程发展不只追求某个要素的发展,而是追求整个过程持续有效运行。教育主体是过程的发动者、牵引者,受教育者是活动能动的接受者,教育内容由教育者发出,以教育环体和教育载体传递和支撑,在开放的过程大系统内,子系统间"各司其职",围绕教育目标运行。只有持续有效的运行,才是思想政治教育过程所追求的,哪个要素或者环节出了问题,遇到障碍,就会影响子系统和整个过程系统的运行。

通过学者们的理论分析以及实证调研,可知当前高校思想政治教育过程运行体系还存在很多问题,比如,子系统运行不畅,要素环节配合不够,部分要素的作用被忽视等。因此,教育过程体系有效运行,首先需要各要素自身发挥各自在系统内的作用,发现不同要素的发展规律,正确看待不同要素对过程的不同作用;其次是各要素间形成合理的运行机制,保持过程向前持续发展的动力。再次是形成过程体系运行的合力。"以创建协同性、开放性、综合性的过程体系为标准,以建立可持续运行的过程作为目标,以实现教育主体尤其是大学生主体能动性、创造性的发挥为根本的价值追求。"[①]实现教育主体内在动力发展以及教育过程的可持续发展,是本研究的核心议题,也是需要借助马克思主义及其他相关理论进一步探讨和研究的命题。

---

① 刘烨.现代思想政治教育过程研究[D].武汉:武汉大学博士学位论文,2004.

# 第三章　高校思想政治教育过程内生性建构的理论基础

　　思想政治教育过程体现着思想政治教育的本质和规律,是思想政治教育理论研究的重要内容,对思想政治教育过程内涵进行界定,剖析其构成要素,是提高教育成效的基础。理论指导需要与实践相结合。随着高等教育改革的进行,高校德育成为理论和实践研究的重点,它关涉"如何培养人""培养什么样的人",关乎世界一流大学的建设问题。高等教育蓬勃发展的今天,有机遇也有挑战,因为时代展现了新特点,社会发生了新变化,这需要当代高校教育者以马克思主义理论为指导进行深入的理论探索和实践研究。马克思主义理论是高校思想政治教育工作的指导思想。2016 年 5 月,习近平总书记在主持召开的哲学社会科学工作座谈会上发表重要讲话时强调:"坚持以马克思主义为指导,是当代中国哲学社会科学区别于其他哲学社会科学的根本标志,必须旗帜鲜明加以坚持。"①深刻阐明了马克思主义在我国哲学社会科学领域的指导地位。思想政治教育是伴随我国改革开放历史进程而发展起来的,运用马克思主义理论与方法,专门研究人们思想品德形成、发展和思想政治教育规律,培养人们正确世界观、人生观、价值观的一门新兴学科,必须毫不动摇地坚持以马克思主义为指导。

---

　　① 习近平.在哲学会科学工作座谈会上的讲话[M].北京:人民出版社,2016:8.

# 第一节　马克思主义人学理论

如绪论所述,高校思想政治教育过程内生性发展以激发教育者和受教育者的驱动力、内源力为关键。人的主体性特质以及主体性发挥是研究思想政治教育过程内生性发展的关键。

## 一、人的主体性理论

### (一)人的主体性理论溯源

主体性问题是近代哲学的重要研究课题,尤其是康德、费希特、黑格尔等古典唯心主义哲学,强调人的思维的主观能动性,认识到主体性的确立需要依赖人的充分自觉,依赖人内在自我精神的充分发展,人的内部精神的充分发展为外部实践活动提供动力和价值准则。① 存在主义哲学提倡尊重个体的自由和个性,认为生存的意义在于人的自我塑造、自我成就,活得精彩。人本主义肯定人的潜能、价值和自我实现、自我完善等,从此,人的主体性原则逐渐成为哲学的基本原则。从不同视角认识人的主体性,丰富和深化了人们对主体性的认识,但这些学说或者看法往往从一个侧面将人的主体性进行夸大,将关注点放在了抽象的主体能动性方面,忽视了人主体性发展的来源,因而没有从完整意义上来认识人的主体性发展,不能对人的主体性做出科学诠释。马克思在批判唯心主义主体论的基础上,"以历史性、生成性的思维方式转换了对主体性问题研究的理论视角"②,将人存在的意义定位为"改变世界",并转向对"主体性如何生成"的追问,发现了主体性的实践本质,让人的主体性问题有了

---

① 张彦.思想政治教育主体性研究[M].广州:广东人民出版社,2006:25.
② 赵海英.论主体性的历史生成[D].长春:吉林大学博士学位论文,2005.

一个合理的解释。

与唯心主义哲学家把"绝对精神"当作绝对的主体存在不同,马克思从唯物主义立场出发,指出物质及其存在是人的主体性确立的前提和基础。自然界是"先于人类历史而存在的",外部自然界是人类赖以生存和发展的基础,"没有自然界,没有感性的外部世界,工人们就什么也不能创造"。① 人本身首先是自然存在体,具有自然生物的特性,"有生命的、自然的、具有并赋有对象性的即物质的本质力量的存在物"②,受自然规律的支配,具有受动性、受制约性。"他的欲望的对象是作为不依赖于他的对象而存在于他之外的,但这些对象是他所需要的对象。"③但人又不同于普通的生物,人通过劳动成为有意识、有能动性的主体,主体是相对于客体的称谓,人在实践活动中不断认识自然、改造自然,人现实的主体性活动是一种与外部世界的"对话",而不是"个人独角戏"。马克思认为,在物质自然界"优先存在"的绝对前提下,人才能成为主体,同时人也是一种"对象性的存在物",人不能存于纯粹的自我意识活动中,只有在"对象性的活动中设定客体",并由此来体现和发挥自己现实的本质力量,使主体性得以现实化。

人的主体性以社会存在为基础,同时人把自己的意图、技能、知识、情感等主体能力作用于社会发展过程中,改造发展对象。人不仅按照自身的内在想法改造客观世界,还能规范客观对象转换的方向、过程、存在形式等。"人则通过他所作出的改变来使自然界为自己的目的服务,来支配自然界。"④随着自然世界被打上人的烙印,人将原来的自然世界转换为人化的世界,人通过自己的实践创造出了真正属人的对象性的世界。它"首先作为人的直接的生活资料,

---

① 马克思,恩格斯.马克思恩格斯全集(第42卷)[M].北京:人民出版社,1982:92.

② 马克思,恩格斯.马克思恩格斯全集(第3卷)[M].北京:人民出版社,2002:324.

③ 马克思,恩格斯.马克思恩格斯全集(第3卷)[M].北京:人民出版社,2002:354.

④ 马克思.资本论(第1卷)[M].北京:人民出版社,2004:208.

其次作为人的生命活动的材料、对象和工具——变成人的无机的身体"①。自然界是人存在的基础,但人不同于其他生命类型的普通存在,是有意识、有能动性的高级生物体,他可以用自己的主观意识去创造属于自己的理想世界,用自己的视角去评判客观世界的价值和意义。从自然到"人化的自然",是人主体性发挥的结果和确证。人的主体性纵然能够能动地改造自然、利用自然,但它仍以自然的存在为基础,物质位于第一性,这是马克思人的主体性理论的基础。人是"自然的人",不将人的主体性绝对化,这与唯心主义关于人的属性进行了区分,把人从"上帝"那里拉回了现实,找到了抽象的意识、思维产生的根源,反对将其神秘化,与不可知论者划清了界限,也承认人的主体性的发挥不能逾越现实,受到客观规律和社会发展现状的制约。而"自然的人"将人的主体显现于主动面对自然,对抗自然的动力和能力,在承认客观世界对人的发展的决定作用的前提下,肯定人的无限的能动性、人对世界认知的能力、对客观世界利用和改造的能力。

### (二)马克思关于人的主体性论述

#### 1. 从人的本质探寻人的主体性

与以抽象的理性思辨为基础的主体性思维不同,马克思认为思维与存在统一于人的实践活动。传统哲学观中,有人是把思维与存在统一的基础认定为抽象的理念、自我意识、绝对精神,有的将其还原为原子、力的经验的具体存在,甚至还要借助上帝的力量,认为人的主体性发挥要依靠上帝的赐予。马克思将主体性作为人的特性,主张从人的本质中寻找人的主体性的根源、实质。人类的类特征、类本质源于人的劳动、实践,它们造就了人的主体性的现实化。唯物史观以人的劳动实践为起点,认为随着人的劳动实践,人才形成了自我意识,从而使人的主体性得以确立和发展。人类对象性的实践活动也不断凸显人的主体性,人将对象性的生存发展环境不断进行改造,社会环境也赋予了人

---

① 马克思,恩格斯.马克思恩格斯全集(第42卷)[M].北京:人民出版社,1982:95.

以丰富性;人不仅能解释人生在世的这个世界,同时还能按照人自己一定的价值取向和理想愿望去改变世界。"哲学家们只是用不同的方式解释世界,而问题在于改变世界"①,"改变世界"是人主体性的本真所在,是人主体性的突出表现。改变世界既体现了人是以自然为基础而进行主观上的创造,又体现了人生存的目的和意义。改变世界源于人的生存与发展的需要,通过人的生活和实践来实现。正是实践将"自我"与"他我"、"主客"与"物我"和谐统一,协调了人存在的理性、非理性等多个维度,人类正是"通过实践创造对象世界,即改造无机界,证明自己是有意识的类存在物。"②

马克思认为,"感性活动"实践是人的主体性现实化的前提。人的主体性一定是通过对象性实践活动来体现,在感性实践活动中,人能够根据自身需要自主选择要改造的客体,自觉运用一定的方式和载体,人的主体性在现实中就体现为某种或某些事物因为按人的方式同人发生联系而成为主体;人的主体性还体现在将实现活动目的的各种必要组成部分相结合,使这些组成要素作为整体的部分按照主体的意图共同发展作用。在这种常规的对象性活动中,人类主体为实现结构系统的正常运行,实现预定目的,必然要发挥自己的能动性、创造性,克服各种障碍,对客体对象进行加工改造,从而创造出与主体目的和需求有关的物质及精神产品。物质世界的丰富正是通过这样的改造过程,将自然存在物对象化,它也是人的主体性在具体的实践活动中最终实现、表现和确证的过程。马克思还揭示了人的劳动、实践是人"自由的自觉的活动"③。人作为社会存在,一方面,劳动实践创造人本身,另一方面,劳动实践也成为人的存在的基本方式。因为实践,人成为有意识、有能动性的主体,也是因为实践,人要解决自身的需要,要发挥主体能动性面对社会存在和自身发展问题。正如马克思曾经指出的:"可以根据意识、宗教或随便别的什么来区别人和动

---

① 马克思,恩格斯.马克思恩格斯选集(第1卷)[M].北京:人民出版社,2012:4.
② 马克思,恩格斯.马克思恩格斯文集(第1卷)[M].北京:人民出版社,2009:162.
③ 马克思,恩格斯.马克思恩格斯全集(第42卷)[M].北京:人民出版社,1982:96.

物。一当人们自己开始生产他们所必需的生活资料的时候（这一步是由他们的肉体组织所决定的），他们就开始把自己和动物区别开来。"①正是由于实践性，人成为自觉性、主动性、创造性的拥有现实的主体性的人。"实践的人"能够用自身本质力量将对象性的活动进行改造，将人的主体性现实化。总之，正是人的实践活动拓展了认知水平，使人们适应自然环境、认识自然、改变生存环境、创造新的世界，而毫无疑问，改变世界是人主体性的核心体现。

2.人的主体性的历史生成

与传统哲学对人的主体性所持超历史性的态度不同，马克思将人的主体性内含于历史生成过程。实践统一了主体与客体，让人成为有意识的类存在物。人们在认识和改造自然的过程中形成了社会关系，人从自然界而来，又将自然界甚至是人自身变成自己改造的客体，这正是人主体性的体现以及确立的标志，这一过程中，人与人、人与社会组成了复杂的社会关系。首先，人的产生和发展是物质自然界长期发展和分化的产物，人的自然生命体的进化过程以及人的主体性变化发展过程，体现出属人的时间性。其次，人将自然与社会、个人与他人等的关系处理，转化为现实的实践过程也是历史过程。人与现实的对象性关系是在长期的实践中形成的，由此产生了人的类属性特质，比如道德等。也是在这样的历史过程中，人将自身的受动性、受制约性提升为自觉性、主动性。最后，作为主体人的认识和改造的客体，从自然物到客体对象的过程也是一个历史过程。这也是由于人的主体性及人的认识程度等原因造成。没有纳入主体对象性活动的客观物不能成为真正的客体。因此，作为体现特定的主客体关系的人的主体性，必然是一个不断的历史生成过程。

人是处于"历史中的人"，不是平白无故产生的，也不会随意消失，伴随社会发展而向前发展，是历史生成的，在动态变化中以主体性的姿态面对现实的挑战，发挥人主体性特质，在现实中生成。历史条件是人主体性形成的基础也

---

① 马克思，恩格斯.马克思恩格斯文集（第1卷）[M].北京：人民出版社，2009：519.

是制约条件,历史的确定性、条件性,让人的主体性有落地的根基,有能动与受动的转换,有继承和创造的机会,使人的主体性随着社会历史发展而不断向前。谈人性,谈人的主体性,必然把人放在其特定的历史条件、特定的历史时期,否则没有参照的评比,毫无意义。"历史给了人的主体性生成的现实依据与批判动力"①,而历史中的主体性也意味着不同历史时期人的主体性的发展和发挥是有所区别的、具体的、具有鲜明时代特征的。"人离开狭义的动物越远,就越是有意识地自己创造自己的历史。"②人的主体性不仅体现在对自身的不断肯定和自我价值的探索,还体现在更深层次的内在精神自由,人在现实世界里,通过具体实践,不断超越现有"存在"而创造属于自身的"意义",以更全面的方式展示自身,生成自己的本质,这是人的主体性的价值和意义所在。

马克思批判了近代哲学将存在与意识分裂开来的主体性思维模式,使自然的人在社会实践与历史进程中成为现实的主体。马克思的主体性思想内涵深刻,从唯物主义视角出发,将物质性作为主体的基础,以实践作为连接点,以历史生成作为载体,将人的主体性置于实践、社会关系、现实中。

(1)实践中的人

受生产力水平限制,最初人的实践只能在自然界原有的范围内活动,实践对象是天然的自然物。人对自然的依赖是人主体性的"潜在阶段",因为"个体主体无论就其本身的能力还是其活动所形成的社会交往联系,都不可能是真正意义的主体"。③ 随着人们物质生产能力增强,可支配物品增多,人们在生产和交换中形成了社会关系,以物质生活为基础,人类的精神和文化需求显现,人类开始自觉思考自身,主动利用和改造自然。当生产力水平达到一定程度,人们可以根据自己的志趣和意愿行事,人的实践具有自由、自主的性质,人成

---

① 赵海英.论主体性的历史生成[D].长春:吉林大学博士学位论文,2005.

② 马克思,恩格斯.马克思恩格斯选集(第3卷)[M].北京:人民出版社,2012:859.

③ 郝连儒.高校思想政治教育主体性研究[D].大连:大连理工大学博士学位论文,2014.

为社会的主人,并在社会中自由发展,形成"自由人的联合体",社会生产的直接目的是人自身,人的自由而全面发展才能得以实现,人发展成为自由、自觉、自为的主体,人对财富的追求变成人对自身全面发展的追求。这是人的主体性的根本目标和价值追求。所以,马克思说"人终于成为自己的社会结合的主人"①,既是自然界的主人,也是自己的主人,"这一切的实现都是以实践为基础的"②。主体是社会实践活动的结果,是由主体的对象性活动所不断生成的。

(2)社会关系中的人

"人的本质不是单个人所固有的抽象物,在其现实性上,它是一切社会关系的总和。"③人从"盲目的、非自觉的"实践到主动的、自觉的实践,使人成为世界的中心,成为现实的自觉的对象性的人。人从原来的本能活动逐步上升为自觉的能动性的活动。马克思的实践中的人,否定纯粹的自我意识,否定没有客体的主体,认为人只能在"对象性的活动中设定客体",必须借由劳动实践来改造客观世界,体现和发挥以及发展自己的主体性。实践活动不仅创造了人生存的物质基础,也形成了人与人之间的社会关系。人与人之间、人与社会间、人与自然间建立起了复杂的联系,主客体关系更加复杂,人的对象性活动里不仅包括对自然的利用改造,人自身也成为实践的对象。复杂的社会实践活动让人的自我意识和自我概念不断形成和发展,人们在社会活动中,在与他人的对话中更加了解自己、了解社会、了解群体。人们发现,只有把人放在具体的实践中,将人与社会生活及具体的社会历史条件相结合时,人的真正价值才能体现,才能评判。人类在历史演进中形成了复杂的社会关系,人组成了社会的基础,社会成为人存在的形式。个体实践改变着社会,同时又受社会规则和社会发展规律制约,而人类向前发展的内在动力激发着人不断改造自然、协调社会发展,进而满足自身的内在需求,实现个人自我发展。

---

①　马克思,恩格斯.马克思恩格斯选集(第 3 卷)[M].北京:人民出版社,2012:817.

②　马克思,恩格斯.马克思恩格斯选集(第 1 卷)[M].北京:人民出版社,2012:135-136.

③　马克思,恩格斯.马克思恩格斯选集(第 1 卷)[M].北京:人民出版社,2012:4.

（3）现实中的人

马克思对人主体性的关照是以现实为基础的。从历史生成的过程看,人的主体性发展需经过"人的依赖""物基础上人的独立性""个人全面发展及自由个人"的阶段,最后一个阶段是人的主体性发展的归宿,其实现需要一个长期发展的过程。人的实践活动是在一定的现实中进行的,人的社会关系也是在现实中形成的,因此,不同的社会发展阶段,人的主体性发展有不同的特点,卢卡奇认为"马克思主义的观点是,作为存在的基本特征——它的历史性构成了正确理解全部问题的本体论的出发点"①。人的主体性、主动性、创造性的发挥,反映当时的社会现实并受社会现实的制约,人的主体性必然与社会现实相关。"也就是说,这些个人是从事活动的,进行物质生产的,因而是在一定的物质的、不受他们任意支配的界限、前提和条件下活动着的。"②因此,对高校思想政治教育主体的研究也应该以高校面临的社会现实、以当下高校学生的特点为基础来谈,而不是脱离现实进行"闭门"研究。

3.人的主体性的本质特征

马克思的主体性思想具有丰富的内涵,它将人的主动性、创造性发挥前提限定为自然存在和社会现实,但同时强调人对自然存在具有超越性,人的活动是一个永无止境的、永远指向未来的创造过程,充分体现了人作为未特定化存在的能动的特性,但人的主动性、能动性不是无限制地展开的,因为人是对象性的存在物,他改造对象的前提是对对象的依赖和对象对他的限制和约束。人对自然界的依赖不是单纯生物学意义上的,其中还蕴含着社会的、文化的人类学意义。马克思关于人的能动性的思想也是以其人的主体性思想为指导的。

马克思将人放在社会历史发展关系中进行探究,认为人首先是以自然生理躯体为基础的,是生物性的存在:"人是直接的自然存在物,是肉体的、有自

---

① 卢卡奇.社会存在本体论导论[M].北京:华夏出版社,1989:84.
② 马克思,恩格斯.马克思恩格斯选集(第1卷)[M].北京:人民出版社,2012:151.

然力的、有生命的、现实的、感性的对象性的存在物"①；其次，人不同于动物，人具有意识，具有主观能动性；最后，人从本质上来说，是一切社会关系的总和，是"现实中的人"。通过马克思对主体的阐述可以看出，主体是现实中的、存在于特定社会关系中并通过自我意识认识和改造世界的人，主体具有历史性、社会性、实践性、意识性等特点。而人类最突出的特性还是能动性。正是由于人能够能动地反映客观世界、改造自然和社会，社会发展才能向前，社会物质才能不断丰富。

4. 人的主体性理论对思政教育的启发

在思想政治教育过程中，教育者是教育活动的发起者和引导者，受教育者是教育活动的参与者和践行者，教育目标是实现人的全面发展。在这个过程中，无论是教育者还是受教育者，其主体性的重要体现就是要发挥能动性。给予教育者在教育内容、教育方法等方面一定的自主权，尊重受教育者的主体能动性、学习的积极性和主动性，让受教育者成为自我学习、自我管理、自我发展的主人。改变和破除传统的把教育者限定特定范畴、被动刻板的教育活动，改变把受教育者当成被动的客体进行灌输和塑造的观念，通过教育激发学生的内在动力，使受教育者在自主的活动中展示自己的主体性，发展自己的本质力量和能动性，做自己发展的主人。因而，高校思想政治教育有责任引导大学生的主体性向积极、健康的方向发展，使大学生最终成为社会历史活动中的主体。

马克思在人的主体能动性中指出：它包含三个层面的含义，"一是主体对于主客体关系的自觉性；二是主体对对象的选择性；三是主体的创造性"②。而创造性显然又是主体能动性的最高表现。人通过漫长的劳动实践逐渐成为自己的主人，成为自然社会的主人，虽然会受到社会历史条件和自然规律的制

---

① 马克思,恩格斯.马克思恩格斯文集(第1卷)[M].北京:人民出版社,2009:209.
② 居峰.高校主体间性思想政治教育研究[D].徐州:中国矿业大学博士学位论文,2014.

约,但人的自主性、自为性、创造性的内在动能不断凸显。人们自主选择客观对象,对客观世界的改造具有较高的自由度,主体的自主性不断延伸,发展为一种自为性。自主性和自为性是人的主体性、能动性体现的两个层面,自主的人也是自由的人。

"能动性侧重于主体能力,表现为主体活动的自觉选择和创造;自主性侧重于主体权利,表现为主体对活动诸因素的占有和支配;自为性侧重于主体目的,表现为主体活动的内在尺度和根据以及主体的内在需求。只有三者的结合和统一,才是完整的主体"①,人的能动性才能具体体现。马克思在考察人的主体性特质的同时,还揭示出了主体性发展的动力,即实践活动,"环境的改变和人的活动的一致,只能被看作是并合理地理解为革命的实践"②,同时主体性发展的情况受制于主体实践活动的内容以及活动工具、活动方式等,马克思指出:"个人怎样表现自己的生活,他们自己也就怎样。因此,他们是什么样的,这同他们的生产是一致的——既和他们生产什么一致,又和他们怎样生产一致。"③因此,实践是人社会活动的基础,也是满足个人和群体需要的基础。人类对美好生活的向往和追求是人内在发展的动力,是社会发展向前的推动力量,但人的主体性的生成、能动性的发挥与发展,受到各种自然规律及遗传因素、教育过程及各种教育规律的制约,在这个过程中,如何激发人的内在动力,克服人自身的消极性和受动性,发挥主体的积极性、主动性、能动性,是教育过程的关键问题。马克思的主体性思想以及能动性思想指导我们要将个体自我教化与外部环境教化相结合,注重激发主体性生成和发展的源泉和动力。

马克思说,"个人总是并且也不可能不是从自己本身出发的"④;"凡是有某

---

①　居峰.高校主体间性思想政治教育研究[D].徐州:中国矿业大学博士学位论文,2014.

②　马克思,恩格斯.马克思恩格斯文集(第1卷)[M].北京:人民出版社,2009:500.

③　马克思,恩格斯.马克思恩格斯文集(第1卷)[M].北京:人民出版社,2009:520.

④　马克思,恩格斯.马克思恩格斯全集(第3卷)[M].北京:人民出版社,1960:274

种关系存在的地方,这种关系都是为我而存在的"①。当然,这里的"自"或"我"并不局限于个人。马克思主义关于人的主体性的研究表明:第一,人的主体性首先表现为人的需要,包括生理的需要和精神的需要,因为只有人的存在和发展,创造自己存在和发展所必需的生活资料,才能显示出"属人"的主体性。第二,人的主体性是历史的、现实的、具体的,人必须作为主体来同周围的他物及对象发生对象性关系,才能体现出其能动性。第三,人只有在认识和改造主客观世界中才能显示和确证自己的主体性。因此,人的主体性具有能动性、自主性和自为性的特点。人类对主体性的不懈追求首先是为了保证"自然生命"的延续,更主要的则是人"精神生命"的生成与发展。人类自身自由而全面的发展是人不断实践和发展的根本目的。以实践为基础,马克思主体性思想从本体层次上对人的生命价值、发展价值以及人的生存意义予以肯定,将人在社会实践中对物质、利益的不懈追求作为"外化"层面,将人对精神意义、自我发展作为"内在"层面,发展主体性意味着人在追求精神自由的过程中,不断超越现有存在而创造有意义的世界,以更全面的方式展示自身,生成自己的本质。人的主体性追求是人类的一种终极关怀,是一种信念和生活的支撑,是价值和意义之源。实践活动是人存在和发展的根本方式,也是主体性生成和发展的源泉和动力,是能动性转变为个人存在价值的动力。正如马克思所说"活动是社会及其全部价值存在和发展的本源,是人的生命以及作为个性的发展和形成的源泉,教育学离开了活动问题就不可能解决任何一项教育、教学、发展的任务"②。所以,发展教育主体的主体性,必须以实践活动为基础和支点,发挥实践出真知的作用,在思想政治教育过程中注重主体的自身特性和外在环境的作用,使教育活动更具成效。

能动性是在对象性关系和活动中得以确立的。思想政治教育的能动性主要是由教育者和受教育者的主体性构成的复杂整体。思想政治教育者的能动

---

①　马克思,恩格斯.马克思恩格斯选集(第1卷)[M].北京:人民出版社,2012:81.

②　马克思,恩格斯.马克思恩格斯全集(第42卷)[M].北京:人民出版社,1982:125.

性是教育者在全面、客观地分析、认识受教育者的基础上,主动运用一定的教育方法和媒介,根据社会环境和教育环境的变化,将教育内容传达给受教育者,实现教育目的的活动过程。教育者的能动性还包括不断提升自我,与时俱进,解决教育过程中的问题。受教育者的能动性是受教育者自觉认同教育者的教育目标和要求,积极参与学习和活动,独立作出判断和选择,在实践中不断调整和完善自身思想素质、道德素质、政治素质等,在受教育的过程中发挥自身的主动性、能动性和创造性。无论是思想政治教育者还是受教育者,其能动性主要可以表现为:独立自主性、积极主动性和开拓创新性。这三个方面相互联系、相辅相成,"独立自主性是前提,积极主动性是关键、开拓创新性是最高层次"①。在教育过程中,需要教育者以教育规律为基础,以教育目的为指导,不断增强教育效果的辐射性和拓展性,并根据社会环境和社会发展的需要,采用与之相适合的教育方法,培养和增强人的能动性,并勇于变革和创新。这就要求教育者在思想政治教育中,坚持以人为本的教育理念,尊重受教育者的主体地位,关注受教育者的需求和特点,实现主体间的平等互动,注重教育实践和教育情境的作用,实现人的全面发展和社会和谐发展。

## 二、人的发展理论

### (一)发展观理论概述

人们对发展的理解,从古代亚里士多德的"四因变化学说"到启蒙时代的"进步",再到现代科学的"进化"(Development),发展成为人类社会面临的永恒主题。人们关于发展的一般理解必然包含变化、运动、演进等含义,并且具有不可逆性。在马克思主义哲学理论体系里,发展是重要的研究视域。马克思的发展理论以生产力的发展和人的自由而全面发展为支点和理论基础。首

---

① 张耀灿,郑永廷,吴潜涛,等.现代思想政治教育学[M].北京:人民出版社,2007:281-286.

先,在发展的规律上,马克思和恩格斯坚持唯物辩证发展观。马克思在世界观和方法论层面用辩证唯物主义与社会发展相结合来探讨发展问题,认为万事万物都是从低级向高级、由简单到复杂、由旧到新的质的变化中,也包括人类自身的发展。恩格斯指出"历史进程向前发展的核心推动力就是矛盾,社会发展的主要动力是生产力和生产关系的矛盾。而推动社会发展的核心力量是人民群众"①。其次,社会发展的最终目的是实现无产阶级和整个人类的解放,实现人的自由而全面发展。"代替那存在着阶级和阶级对立的资产阶级旧社会的,将是这样一个联合体,在那里,每个人的自由发展是一切人的自由发展的条件。"②马克思在共产党宣言里为无产阶级描绘了一个全新的社会制度,为无产阶级指明了发展方向。让每个人都获得自由而全面的发展,是建设共产主义的历史使命。只有人自由而全面发展了,才符合人的本质的需要,是人的主体性、能动性、创造性得到最大程度的发挥,个人价值得到充分展现。③

马克思深入现代社会深处,找到了造成现代社会发展难题的动因——资本的逻辑,并从理性维度和价值维度保持张力的角度对资本进行扬弃,探索人的全面而自由发展这一价值目标的切实可行的实现路径。在马克思的发展理论中,发展本身不仅是合乎规律的客观存在,发展本身就包含着价值判断、价值选择和价值行为,因为社会发展的归宿是符合人的意愿、合乎人的目的,社会发展与否,是由人来进行价值判断的。"实际上,发展既具有事实性,又具有价值性;既具有规律性,又具有目的性,故而是事实与价值、合规律性与合目的性的统一。相应地,发展观也必然是历史观与价值观的统一。"④"作为目的本身的人类能力的发展"是"真正的自由王国"的发展目标,体现了对人类命运的关怀,对人的潜在才能及精神性追求得以实现的关怀。马克思对社会发展的

①　马克思,恩格斯.马克思恩格斯选集(第4卷)[M].北京:人民出版社,2012:3-6.
②　马克思,恩格斯.马克思恩格斯选集(第1卷)[M].北京:人民出版社,2012:7.
③　马克思,恩格斯.马克思恩格斯全集(第42卷)[M].北京:人民出版社,1982:373.
④　赵鹏.马克思社会发展观研究[D].武汉:华中师范大学博士学位论文,2017.

目的及人的全面发展的认识是放在历史和现实中考察的。"只有在共同体中个人才能获得全面发展其才能的手段,也就是说,只有在共同体中才可能有个人自由。"这个共同体就是人所处的特定的社会关系群体以及社会历史阶段。因此,考察人的发展及社会的发展,必然要涉及人与人之间的关系而不只是人与物之间的关系。当然,人与自然的关系必然受到客观规律的制约,满足人的生存的物质需要和发展人的全面能力的需要,是在人与自然的相互交往过程中实现的。在人与自然的关系中,协调好两者之间的对立,自觉地、有计划地、合理地开发自然和进行生态控制,促进人与社会和谐发展,也是马克思主义发展观的潜在之意。

## (二)马克思主义发展观的具体体现

### 1.世界观与方法论层面

世界观和方法论层面的马克思主义发展观,坚持辩证唯物主义和历史唯物主义,为历史发展、社会发展、具体领域发展、学科建设发展等方面指明了指导方向,提供了重要的研究方法参照,对高校思想政治教育过程发展有重要的启示和指导作用。首先,要尊重发展规律。高校思想政治教育过程有自己的特定规律,如"教育要求与受教育者思想品德发展之间保持适度张力的规律、教育与自我教育相统一的规律、协调与控制各种影响因素使之同向发挥作用的规律"等。[①] 必须按照思想政治教育过程的规律,并善于利用规律开展教育工作和教育活动。其次,寻找推动高校思想政治教育过程内在发展的动力。矛盾是推动事物发展的核心动力,在高校思想政治教育过程中,"教育者所掌握的一定社会的思想品德要求与受教育者的思想品德水平之间的矛盾是基本矛盾"[②]。思想政治教育过程的具体矛盾包含教育者与受教育者之间的矛盾、教育者与教育介体之间的矛盾、受教育者与教育介体之间的矛盾等方面。[③] 这

---

① 陈万柏,张耀灿.思想政治教育学原理[M].北京:高等教育出版社,2007:116-147.
② 陈万柏,张耀灿.思想政治教育学原理[M].北京:高等教育出版社,2001:90-95.
③ 沈壮海.思想政治教育有效性研究[M].武汉:武汉大学出版社,2012:61-103.

些基本矛盾和具体矛盾的解决,需要发挥教育者和受教育者的主动性。而教育主体的需要是教育活动开展的直接动力,必须以教育主体需要的满足为基础开展教育活动。最后,教育过程的协调发展。马克思认为人类社会的发展,以物质存在为基础,受社会环境的制约,人在社会发展过程中处于主体地位,但必须协调人与自然、人与社会、人与人之间的关系,这些是发展的必要条件。因此,在高校思想政治教育过程中,应综合考虑教育过程的各要素,并力求各要素协调发展,才能取得教育的实效。

2.事物的普遍联系与变化发展层面

任何事物都不是孤立存在的,都与周围的事物存在着密切的联系并相互作用。万事万物都处于绝对运动和相对静止中并不断向前发展。事物的量变与质变是事物矛盾运动和发展的两种状态。事物内部矛盾运动的双方既斗争又统一,推动着事物发生量的变化,量的积累达到一定的度就会发生质的飞跃。矛盾是事物发展的动力。哲学上把推动事物发展的内部矛盾称之为内因,也叫内部根据,把推动事物发展的外部矛盾称之为外因,也叫外部条件。外因是事物变化的条件,内因是事物变化的根据,外因通过内因而起作用。把握马克思主义哲学中的内外因关系理论,应注意:第一,内因与外因之间是相互依存的。外因往往是内因发生作用的条件和基础,外因与内因是对应存在的,没有外因,内因也不存在。第二,内因与外因在一定条件下可以相互转化。在特定条件或者环境下,内因有可能转化成了外因,外因有可能转化成了内因。内外因是相对而存在的,不是一成不变的。随着事物发展变化的场合、环境及其联系的变化,在一定场合和联系中是内因,而在另一个一定场合和联系中则是外因。第三,在看待事物发展和变化时,我们既不能把事物的原因单纯地归咎于内因或外因中的某一个因素,也不能中立地、机械地将事物的内因与外因并列,应根据事物的发展变化,辩证地思考内因与外因在其发展变化中产生的不同作用以及其作用力量的大小或者主次关系。① 内因和外因两者是既对立又统一的关系。

3.马克思主义发展观对思政教育的启示

以马克思主义哲学中的内外因关系理论反观高校思想政治教育过程的内生性建构和运行,需要我们抓住内因,重视外因,发挥内外因的共同作用。

(1)教育主体特别是学生是高校教育过程的核心。高校思想政治教育过程中,教育者是教育过程的组织实施者,教育对象是学生,教育成效主要体现为学生思想、道德、政治意识等的接受情况及行为实践改变情况,教育主体是教育过程的灵魂,相对教育内容、教育环体、教育介体来说是内因,其他要素通过教育主体发挥作用,当然高校思想政治教育过程也离不开与主体相联系的各项外因。

(2)重视教育情境的设置和利用。依马克思的观点:"最初在两极间起媒介作用的运动或关系,按照辩证法必然会导致这样的结果,即这种关系表现为它自己的媒介,表现为主体,两极只是这个主体的要素,它扬弃这两极的独立的存在,以便通过这两极的扬弃本身来把自己确定为唯一独立的东西。"②内因的发展依靠外因的推动,内外因的相互作用需要特定的中介环节,外因对内因起作用需要特定的刺激条件。在高校思想政治教育过程中,教育情境、教育介体是与教育内容及教育主体密切联系的中介环节,要取得教育实效,必须充分利用有利于教育内容传递的情境、载体和手段。

(3)教育内容、教育介体符合学生需求和发展特点。在社会性关系领域,内因和外因的间接互动关系的现实性,表征为人(社会)—中介—人(社会)的相互作用。③ 马克思认为,认识有目的性的动物,人的认识活动是在对象性的

---

① 曾喜军.大学生社会主义核心价值观培育动力机制研究[D].衡阳:南华大学硕士学位论文,2017.

② 马克思,恩格斯.马克思恩格斯全集(第46卷)[M].北京:人民出版社,2003:295.

③ 尚东涛.中介:内外因关系的理论缺环[J].江汉论坛,2000(3):61.

实践中实现的,无论人(社会)为内因或外因时,其间的相互作用的互动关系的发生,都是以中介为现实根据的。这一中介,在一般意义上的交往为存在样态。这种交往性的中介必须与主客体相适应,并发生有效互动和联系,在高校思想政治教育过程中,教育者和受教育者间要传递的是教育内容,借助的介体是教育的情境、手段和载体,这些发生有效的互动即相互作用才能对主体产生影响,因此,教育内容要适合受教育者的需求,教育情境及教育载体等要适合受教育者的特点。

# 第二节　心理学接受理论

高校思想政治教育过程是教育者的教与受教育者的学以及两者之间教学互动中完成的,发挥两者的主体性、能动性,使教育过程内在有效和可持续发展,需要进一步研究人的接受机制。关于接受的理论有多种,如解释学、传播学、美学接受理论等。思想政治教育学中也有关于接受的解释,将受教育者的接受放在马克思主义哲学高度,从人的本质出发来理解。受教育者是如何实现接受过程的,可以从心理学中寻找线索。与心理接受相关的研究主要体现在认知心理学、学习理论、道德发展理论中,最具代表性的是以皮亚杰为代表的发生认识理论、以加涅为代表的学习理论、以布鲁纳为代表的认知学习理论、以班杜拉为代表的社会学习理论及以科尔伯格为代表的儿童道德发展理论等。

## 一、心理接受的动力

人的需要多种多样并且分为多个层次。人本主义心理学者马斯洛提出了需求层次理论,人在低层次的需要满足后会催生高层次需要,需要的发展性推动接受主体不断地接受客体,这种由需要激发的接受动力最终转化为人的接受行为。需要是产生人们接受行为最基本的动力。

人的需要是个体生理或者心理产生的缺乏感。有机体的这种不平衡感促使个体产生动机。动机可以激发个体的行为,并产生引导个体实现目标的持续性的倾向或者内在动力。个人的接受心理也是由动机推动的,它是个体接受行为的直接动力。当个体需要足够强烈,这种需要逐渐明晰为某种目标,这时需要就会转化为动机。人的动机不仅可以推动人的接受行为,而且可以调节和维持个体接受的程度,并将促使主体朝需要的目标努力,最终接受目标。当受教育者的行为偏离需要的目标时,动机会对接受行为进行调节。除了动机外,兴趣也是重要的接受动力。兴趣是在某种需要的基础上产生的个体想要积极从事某活动的一种心理倾向。接受主体对接受的对象兴趣大,就会产生较强的接受动力,更易于接受内容或者对象,同时,兴趣也会产生推动主体继续发现、探索客体的效能,进一步发展及拓展自己的接受能力。

需要是人内心更深层次的行为根源,动机将人内心的需要具体化为某个或者某些目标,但不是所有的需要都能产生动机,"条件是需要具备一定的强烈性,即主体具有某种迫切的愿望,急切得到满足;另一个条件就是外在因素或者条件的刺激或者诱导"①。外在诱因有物质条件也有精神条件或者社会条件,有了自适的诱因,需要就转化为具体的动机。原来的需要得到满足,主体就会产生新的需要,新的需要引起新的动机,继而推动人的各种行为包括接受行为。因此,需要和动机是人的接受行为的内在驱动力,支配着人选择目标并为之努力。

高校思想政治教育过程中,接受主体是大学生,接受的内容具有特殊性,"它是一个对理论的再认识、对思想的再思想过程,需要学生不断的反思才能内化为个人的意识"②。思想政治教育的内容是学生社会化过程中必需的,学生内在有相应的需求,但是需求必须达到一定的强度才能转化为动机,因此需

---

① 胡凯.网络思想政治教育心理研究[M].长沙:中南大学出版社,2016:75-76.
② 于泉蛟.思想政治教育接受结构研究[M].北京:人民出版社,2015:193.

要教育者在学生需求程度上给予重视,并在教育过程中注意激发学生的内在需要。同时,要充分利用外在环境、情境、方式方法等条件,进一步推动学生形成对思想政治教育内容需要的动机。目前,我国高校教育过程中从教育内容到教育方式,一定程度上忽视了学生的需求,没有充分考虑大学生不同的需求层次、心理特征、接受水平等,"不能满足学生个体发展需要,使得大学生主体对教育的接受动力不足、热情不高,教育的成效受到影响"①。

## 二、心理接受的过程及影响因素

### (一)成长阶段与心理接受过程

皮亚杰通过长期的跟踪观察研究认为,个体的成长中,认知发展是有主动性和内发性的。他认为,主体在不同发展阶段接受知识的内容、难度、方式都不相同,教育过程必须依据人的认知发展阶段特点有针对性地进行。所以,要在不同阶段施行不同的教育。认知结构在与环境的相互作用中不断重构。在皮亚杰看来,个体获得知识和道德价值观并不是从环境中直接将知识内化,而是将知识与自身的已有知识相联系,通过内部各种活动进行创造、协调,从而建构知识体系。所以,"接受就是接受者不断建构的过程"②。加涅认为学习过程分为八个基本阶段:注意、目标预期、提取先前知识、选择性知觉、语义编码、作出反应、反馈强化、提取应用。八个阶段中的前三个阶段相当于学习的准备活动,主要在于形成学习的动机和期望。之后的四个阶段是学习过程的核心,是实际完成学习任务的阶段,该阶段可依据学习的复杂性循环进行。最后一个阶段是对所完成的学习进行的迁移和概括化。③ 加涅的学习理论辩证地揭示了接受过程的规定性,具有一定的合理性。他注意到了接受主体学习的特点,主张要沿着仔细规定的学习进程进行学习,对于指导具体的教育、接受行

①　徐永赞.学校思想政治教育接受规律研[M].石家庄:河北人民出版社,2016:113.

②　莫雷.教育心理学[M].北京:教育科学出版社,2007:56-57.

③　陈琦,刘儒德.教育心理学[M].北京:高等教育出版社,2005:123-124.

为有重要意义。

## （二）主动认知与心理接受过程

美国心理学家布鲁纳突出强调了"认知结构"在教育中的重要作用。他认为,学习不在于被动地形成"刺激—反应"联结,而在于主动形成认知结构。认知结构是人关于现实世界的内在编码系统,是一系列相互关联的、非具体性的类目,是人用以感知外界的分类模式,是新信息借以加工的依据,也是人的推理活动的参照框架。学习的最好动机不是奖励、竞争等外部刺激,而是接受主体对接受客体的兴趣,由此他提倡发现学习法,主张教育过程中不仅要关注接受主体的已有认知结构,而且还要重视接受主体的积极主动性及其接受的内在动机。班杜拉特别强调模仿过程、观察学习中的认知因素和自我调节因素以及个体与环境之间的交互作用,揭示和论证了示范榜样对接受主体道德形成发展的重要作用。他既重视优良品德行为的培养,也重视不良行为的矫正,并提出具体的方法,如榜样作用的发挥、强化手段的使用等,对于培养人的社会行为,形成良好的道德品质有特殊的指导作用。[①] 柯尔伯格认为道德发展和理智发展一样,具有明显的阶段特点和顺序的连续过程,即道德发展是一个有着质的差异的阶段发展过程,各个阶段组成一个"恒定不变的顺序",不能跳跃阶段进行,各阶段之间是"等级的连接"关系,有不同程度的"包含"和"重叠"现象,发展的阶段是有组织的思维系统,是个体在与环境的相互作用中"构造"出来的。[②]

## （三）多角度心理接受理论对思政教育的启示

西方学者研究接受及接受心理的领域、角度是多方面的,"不同领域的接受,由于各自的理论支持不同,接受者接受的动机、接受的内容、接受的目标、

---

① 莫雷.教育心理学[M].北京:教育科学出版社,2007:43.
② 王丽荣.思想政治教育接受心理研究[D].长春:吉林大学博士学位论文,2009.

接受的落脚点等都有很大的差异"①。因此,需要我们有区别地借鉴吸收。高校思想政治教育要想把社会的主流意识转化为学生的思想意识,促使学生个体思想品德向社会要求的方向发展,仅仅注重教是远远不够的,还必须通过学生的有效接受来实现。灌输的内容只有通过学生的消化吸收才能实现从观念到行为的转化。因为"教育活动只是引发受教育者觉悟、促进个体思想品德发展的外在条件,教育目的和教育效果的最终实现,取决于受教育者在多大程度上'接受'了教育,并将教育要求内化为个体的思想品德,外化为自身的自觉行动"②。思想政治教育接受规律反映思想政治教育过程中教师与学生之间的相互关系,是学生出于自身需要,在环境作用影响下通过某些中介对教育内容进行反映、选择、整合、内化、外化等多环节的活动过程。在这个过程中,既要有需要来激发接受主体动力以反映、选定接受客体,又要有认知心理对接受客体进行反映、解释、理解、整合及内化,还要有情绪情感对接受活动整体过程进行调控。

　　需要、认知、情绪情感三者之间既彼此独立又相互联系、相互作用、相互制约,直接决定着思想政治教育接受主体接受活动的效果。尽管思想政治教育接受心理是一个复杂的心理系统,但在思想政治教育接受活动中,需要、情绪情感及认知心理是最基本、最重要的三种心理成分。与这三种心理成分直接相关的是个体的意志品质、心理状态。影响主体接受程度的主要有劝导者即教育者的权威性、说服力、教育信息与受教育者的原有态度的差距、接收者的心理状态。

　　社会心理学在 20 世纪 50 年代就教育者的可信度及其对受教育者态度改变间的影响做了调查研究。他们发现,如果教育者给受教育者的印象是无可信度的,那么受教育者基本不会听。教育者的可信度主要体现在他的专业度

---

　　①　王海平,孙其兴. 接受理论研究及对思想政治教育的启示[J]. 南京政治学院学报,2002(4):104-107.

　　②　吕一军. 关于思想政治教育科学性研究的若干思考[J]. 高等农业教育,2005(11):38.

或称之为权威性及可靠性。专业或者权威意味着教育者的教育背景、知识学习、专业训练等身份特点得到受教育者的认可，其可信度就高，受教育者被劝导的程度高。而可靠性，主要是教育者的个人人格魅力、道德情操等方面，其在劝导或者教育过程中的态度会影响受教育者的接受程度，甚至会产生相反的效果，即让受教育者产生逆反心理，阻碍教育目标的实现。教育者要传递的教育信息与受教育者原来对此方面的态度之间的差距也会影响接受的程度和效果。① 若教育者传递的信息内容所主张的立场与受教育者原来接纳态度相距不大，受教育者就容易产生同化反应，易于接受教育内容。反之，教师主张的立场与学生原有态度就会产生对比效果，接收者态度变化不大或者产生反效果。所以，教育者应注意传达信息与受教育对此的态度进行预先估计，或者提供双面论据信息，让受教育者进行选择，赋予受教育者选择权，有利于获得其态度上的支持，缩小双方的心理差距，避免因与受教育者态度偏差大而造成他们思想偏激、抵制教育信息。

另外，接受者的个性心理特征也会影响接受的效果，主要包括个人的气质、性格以及理想信念等。个人的气质性格具有一定的稳定性，一旦形成，不易改变。个性性格特征可以加速或者减缓教育内容的接受速度。有心理学研究表明，积极外向型的性格类型思维敏捷，环境适应力强，但容易被影响，而有的气质类型情绪变化小，对外在环境的适应慢，不易受外界影响。气质性格对接受的方式和风格也会产生影响。当接受主体的个性特征表现为情绪稳定、较为理智的状态时，接受成效更好。如果说兴趣是接受过程的催化剂，它让人们对某种事物或者活动产生了积极的情绪反应，那么个人理想是接受活动的方向。理想是个人对未来尚未实现目标的一种追求，包含着个人的情感因素，再加上个人意志的坚持，对个人接受行为具有更持久的支持动力。

---

① 李德芳，杨素稳.提高思想政治教育接受性的社会心理学分析[J].马克思主义与现实，2007(3)：163-164.

高校思想政治教育过程内生性发展就是要激发教育主体的内在动力,因此需要考察学生的接受需要心理、接受认知心理、接受情绪情感心理等。通过有效的接受,社会群体的思想观念、政治观点、道德规范就可以被内化为接受主体的品德思想,并外化为品德行为。① 通过研究接受理论,探索接受规律,高校思想政治教育在灌输给学生基础知识中更有效地传递,学生对教育者的教育更易接受,实现大学生思想政治教育的科学发展。

# 第三节　建构主义教育理论

## 一、建构主义教育理论及其可借鉴性

高校思想政治教育的效果与教育方式是密切相关的。近年来,作为高校思想政治教育的主要阵地,思想政治理论课不断进行教学新方法的创新和改革,开始尝试引导探究式、实践训练式等教学新方法。高校思想政治教育研究者也提出"显性教育方法与隐形教育方法互补、社会教育方法与自教自律方法同构"②的建议。大学生作为思想政治教育的主体,如何最大程度地调动其课堂内外对思想政治教育学习的积极性,日益成为学者和实践工作者高度关注的内容。面对不断变化的社会环境和大学生的发展需求,在坚持唯物辩证法和历史唯物论哲学方法论的前提下,不断借鉴其他学科的成果,应当是完善高校思想政治教育方式手段的重要途径。20 世纪兴起的建构主义思潮,认为知识绝不是对现实世界的客观表征,而是人们在与情景的交互作用中所建构的对于世界的解释,建构的过程包括"情境""会话""协作""意义建构",学习过程

---

① 张耀灿,郑永廷,吴潜涛,等.现代思想政治教育学[M].北京:人民出版社,2007:191.

② 万美容.论思想政治教育方法的融合发展[J].思想教育研究,2008(2):9.

中教师和学生成为平等的参与者与学习者,学生是知识的主动建构者,教师是意义建构的帮助者与协助者等。建构主义经过不断的发展,形成了其庞杂但基于共同基础的关于学习、课程与教学的体系。对其进行扬弃式的吸收,对思想政治教育方式方法创新具有现实借鉴意义。

## (一)对立统一:马克思唯物主义反映论与建构主义认识论

思想政治教育是指社会或社会群体用一定的思想观念、政治观点、道德规范,对其成员施加有目的、有计划、有组织的影响,使他们形成符合一定社会或一定阶级所需要的思想品德的社会实践活动。[①] 大学生作为青年中的一个特殊群体,有着独特的心理、思想、行为特点,高校思想政治教育是对大学生进行的思想教育、政治教育和道德品质教育的总称。理论上,部分学者已经开始研究在高校思想政治教育中运用建构主义的理论及方法,但对于建构主义与高校思想政治教育在理论基础上是否可以融合、建构主义哪些具体方法可以被借鉴等缺乏深入研究。高校思想政治教育与建构主义在认识论上既存在一致性又存在一定的矛盾。要进行扬弃式的吸收,首先必须就其理论基础上的契合性进行探讨。

1.认识论哲学上的对立统一

西方哲学自巴门尼德起就以"形而上学的现实主义"为特点,认为认识是对作为本体的事物本身的认识。康德在原来哲学传统的基础上发动了哲学领域的"哥白尼式的革命",区分了现象与自在之物或物自体,认为认识只能达于现象,而不及物自体。康德指出,"经验为知识提供材料,而主体则为知识提供这些材料进行加工整理的形式。知识就其内容而言是经验性的,但就形式而言则是先天的。"[②]他更多地强调"人类先天具有的感性直观形式、关于现象的对象的建构作用和范畴形式、关于对象的知识的整理作用,特别强调对象的客

---

① 张耀灿,陈万柏.思想政治教育学原理[M].北京:高等教育出版社,2001:4.
② 汤姆·洛克摩尔.在康德思想的唤醒下:20世纪西方哲学[M].徐向东,译.北京:北京大学出版社,2010:45.

观性在于先验主体的建构作用。"①马克思的唯物主义反映论认为,人的意识是对客观存在的反映,同时人具有主观能动性,能够能动地反映客观存在。这里,关于人的认识的能动性,康德和马克思的理论有相通之处,但康德同时强调认识是由个体执行的,个体的自我意识难免有误,而作为纯粹思维形式的先验自我便须借助于普遍的有效性以匡正之,他把客观性归结为"主体间性",注重在主客体相互关系中分析思维与存在的关系问题。

黑格尔克服了康德认识的"非历史性"缺陷,认为:主体是积极的,能够有意识地认识客观对象,也只能把握意识中的对象。认识虽追求符合对象这一最终目的,但必须经历由不符合走向符合的运动过程。当理论认识不符合意识中的对象时,理论就要根据对象的要求修改自身,与此同时,对象也发生了变化,因为对象正是理论中的对象,于是理论再次发生变化……如此循环往复,直到最终达到理论与对象相符合的绝对知识阶段。② 黑格尔的建构主义揭示了认识的历史性。这为马克思认知论的进一步发展奠定了基础,在马克思看来,"建构"在现实生活中的真实含义是历史主体的现实的感性的生产劳动,脱离了现实的人的实践,人的认识不可能实现。后来的马克思主义学者也指出:就反映(认识)的过程及其途径而言,认识并不是一成不变的,而是"从生动的直观到抽象的思维,并从抽象的思维到实践"③。作为建构主义认识论的主要哲学来源,康德和黑格尔推翻了原来的哲学传统,对人的认识进行了深入的研究,其部分观点成为马克思唯物主义反映论、认识论的重要理论基础,他们在重视主体的能动作用方面是有共同之处的。

建构主义作为突破原有认识论的哲学理论,与马克思主义哲学理论既存在对立,又有内存的相契合之处。首先,以乔纳森为代表的学者认为:"知识是

---

① 员俊雅. 建构主义:从康德、黑格尔到马克思[J]. 中共福建省委党校学报,2011(2):5.

② 黑格尔. 精神现象学[M]. 贺麟,王玖兴,译. 北京:商务印书馆,1979:40.

③ 列宁. 列宁全集(第55卷)[M]. 北京:人民出版社,1990:142.

学习者与环境交互作用过程中以个人经验自主建构的,是因人而异的纯主观的东西,它不能通过教师的教授所得,所以在学习过程中学生必须处于中心地位。"①他否定了知识的客观性,否定了知识的可传授性,降低了教师的作用,但同时肯定了认识主体的主观能动性。其次,在冲破传统"二元论"的过程中,建构主义理论产生了不同的分支与学派,而很多学者为突出建构主义之立场,对其理论进行了极端的阐释,如冯·格拉塞斯菲尔德曾明确指出"建构主义的立场,如果认真对待的话,即它与知识、真理和客观性等传统概念直接相冲突,它要求从根本上去重建个人关于实在的观念"②。在"极端建构主义"理论中,它让其拥护者放弃知道真实世界的努力,只强调认知是"个人建构"已有经验的过程。这样极端的看法,使得建构主义某些理论站在了否定物质世界以及科学知识真理性的对面,与马克思主义客观反映论相对立。然而,笔者认为,建构主义本身是一个庞杂的理论"堆场",我们可以取其精华、弃其糟粕。究其理论出发的原点,回到康德和黑格尔,建构主义与马克思主义在认识论上仍有契合之处。正是因为两者在基础理论上的对立统一,思想政治教育者在研究和实践时必须毫不动摇地坚持马克思主义,同时可以开阔视野,对建构主义理论批判地借鉴,汲取其与马克思主义理论相统一的成分,为我所用。

2.心理学视角耦合

建构主义理论的心理学基础主要来源于皮亚杰的认知发展论及其个体建构思想、维果茨基心理发展的"文化历史理论"和"最近发展区理论"及其社会性建构思想。皮亚杰在从事认识理论研究中,将儿童的实际认知过程与"临床谈话"实验法相结合,发展出了"发生认识论",实现了认识哲学和心理学研究的结合。皮亚杰否定了结构的先验性,而将认知结构的起源问题

---

① Jonassen D H. Objectivism versus constructivism: Do we need a new philosophical paradigm？[J]. ETR&D,1991(3):10.

② Glasersfeld E V. Why Some Like It Radical [J]. Journal for Research in Mathematics Education Monograph,1990(4):19-45.

作为认知发生论的研究对象，提出认知结构产生于"同化于己"和"顺应外物"的主客体的相互作用的活动观点。"认识既不是起因于一个有自我意识的主体，也不是起因于业已形成的（从主体的角度来看），会把自己烙印在主体之上的客体；认识起因于主、客体之间的相互作用，这种作用发生在主体和客体之间的中途，因而同时既包含着主体，又包含着客体。"①他还认为，随着人的认识的发展，内化与外化建构这两个过程相互关联，并且各自制约着对方所能达到的水平。

关于主客体之间的关系认识的形成，皮亚杰的观点与马克思主义辩证唯物主义的看法有相通之处。马克思主义者列宁也指出，在反映过程中，的确客观上是三项：①自然界；②人的认识＝人脑（就是那同一个自然界的最高产物）；③自然界在人的认识中的反映形式。这种形式就是概念、规律、范畴等。"人不能完全地把握＝反映＝描绘整个自然界、它的'直接的总体'，人只能通过创立抽象、概念、规律、科学的世界图景等永远地接近于这一点。"②可见，皮亚杰的发生认识论理论与列宁的反映论在方向上是一致的。同时，马克思主义辩证法的实质和核心被归结为："对立统一规律，它揭示了事物发展的源泉、动力和实质内容"，③对立统一规律又被称为矛盾运动规律，某一具体事物的发展是内部矛盾和外部矛盾共同作用的结果，某一事物自身所包含的要素之间的对立统一是内部矛盾，即内因；这一事物同其他事物的对立统一是外部矛盾，即外因。内因是事物发展的根据，外因是事物发展的条件，外因必须通过内因才能起作用。皮亚杰的"同化与顺应"理论也与内外因辩证法一致。

维果茨基心理发展的"文化历史理论"和"最近发展区理论"非常重视语言和个体的社会性活动和交往在人的心理发展中的重要作用。他的"文化历史"取向的心理发展理论的主要内容有三个方面：人所特有的被中介的心理机能

---

① 皮亚杰.发生认识论原理［M］.北京：商务印书馆，1997：81.

② 列宁.列宁全集（第 55 卷）［M］.北京：人民出版社，1990：152-153.

③ 列宁.列宁全集（第 55 卷）［M］.北京：人民出版社，1990：305.

不是从内部自发产生的,它只能产生于人们的协同活动和人与人的交往之中,个体心理发展是社会共享的活动向内化过程的转化;各种符号系统,尤其是语词系统在人的心理过程结构的变化中起着非常重要的中介作用;人的心理过程结构最初必须在人的外部活动中形成,随后才有可能转移至内部,进而内化为人的内部心理过程的结构。① 马克思主义哲学认为,社会存在决定社会意识,人是具有社会性的,人的发展必须以客观存在的物质为基础,但人又有主观能动性,逐渐形成人所特有的历史、文化等,正是人的社会属性使人类社会不断向前发展。

简而言之,皮亚杰的儿童认知理论和维果茨基的文化认知学说的可借鉴之处不在于揭示认识源于主观还是客观,而是这样的观点:认知是通过主客体互相联系、相互制约而形成和发展的,认知的形成是主体内外因共同作用的结果,内因是人的认知形成的核心。这些是与马克思主义唯物主义反映论和辩证法哲学观点有契合之处的。

## (二)建构基础:大学生对思想政治教育的内在需求与主动建构需求

大学生在校不仅学习专业知识,还要进行社会价值观念、职业道德素养等的学习,后者正是思想政治教育的主要内容。思想政治教育价值的本质是"价值主体的需要—人的政治社会化的需要与思想政治教育属性—满足人的政治社会化属性之间的对应关系的总和"②的统一。那么大学生对理想观念、政治观点、道德规范是否有需求? 这要从马克思关于人的本质解读开始看。马克思在 1845 年《关于费尔巴哈的提纲》中,从社会实践出发把人的本质定义为:"人的本质不是单个人所固有的抽象物,在其现实性上,它是一切社会关系的总和。"③这表明,人是自然性与社会性的统一,人的社会性体现在个人在生产、

---

① 维果茨基.维果茨基教育论著选[M].余震球,选译.北京:人民教育出版社,1994:88.

② 项久雨.思想政治教育价值论[M].北京:中国社会科学出版社,2003:48.

③ 马克思,恩格斯.马克思恩格斯选集(第 1 卷)[M].北京:人民出版社,1995:56.

交换、分配、消费等物质关系以及政治关系、思想关系、法律关系等关系体系中所形成的复杂的社会关系。人是社会人,除了生存的自然本能外,也存在"本能"的适应社会的社会能力的学习,这些能力就包括道德规范、思想观念、政治观点。康德也提出过"只有人是需要教育的生物";杜威吸取达尔文的进化论思想,认为"道德需要与发展的根源是人与其社会环境相互作用和人的积极构造,是人在合作者不断解决道德问题的探究过程"。① 作为即将进入社会的大学生群体,他们渴望接触社会,也在高校主动或者"被动"地学习着这些社会生存技能,因此有着对思想政治教育内容的需求。

建构主义学习观认为,学习是学生主动建构自己知识的过程。这一主动学习的基础是个人有意注意;学习是一种带有反思性色彩的智慧活动,这种活动使学习者能够应用先前经验来理解或评价当前所处的状态,进而影响未来的活动,形成新的知识,学习是个体创造知识的过程,而不是发现知识的过程;个体学习是在与情境的互动中进行的。建构主义理论者提出:学习是包括互动的意图—行动—反思活动的实践,因此,学习是需要意志的、有意图的、积极的、自觉的、建构的实践。② 根据社会心理学的研究,需要是个体在社会生活中缺少某种东西在人脑中的反映;需要是人的积极性的基础和起源,动机是推动人们活动的直接原因,当人们的需要产生某种目标时,需要才转化为动机。因此,基于青年大学生对思想政治教育内容的需求,借鉴建构主义主动性、自觉性和过程性特点,能够更好地实现思想政治教育的价值。另外,动机分为外在动机与内在动机,内在动机指的是人自发的对所从事的活动的一种认知,就是无需外力作用的推动。外在动机,是活动以外的刺激催发出来的推动个体去行为的动力。青年大学生,一方面以社会实践的主体,处理着生活与学习、个人与他人等的关系,使其在某些层面主动学习适应社会的思想政治教育内容,

① 赵祥麟,王承绪.杜威教育论著选[M].上海:华东师范大学出版社,1981:248.
② 戴维·H.乔纳森.学习环境的理论基础[M].郑太年,任友群,译.上海:华东师范大学出版社,2002:55.

有着部分的主动学习需求;另一方面迫于学业、家庭、就业等的压力,其也在外在动力的推动下学习、接受着思想政治教育内容。因此,大学生对于思想政治教育有内在需求,这也是高校思想政治教育具有可建构性的基础。

### (三)互利完善:思想政治教育的"灌输"特性与建构主义的主动建构

思想政治教育方法是指"教育主客体为了实现思想政治教育目标,在思想政治教育实践活动过程中所采取的一切思路、手段和程序的总和"①。思想政治教育的具体方法一般包括认识、实施、评估方法等,其中实施方法占有主要地位。思想政治教育实施方法在很多场合是"注入式""灌输式"的,这与思想政治教育的特性分不开。

1.思想政治教育灌输性及其局限

从思想政治教育的历史来看,其最初的重要职能就是向人们灌输社会主义、共产主义思想。1844年11月,恩格斯在《共产主义在德国的迅速发展》中指出:"从宣传社会主义这个角度来看,这幅画所起的作用要比一百本小册子大得多……当然给不少人灌输了社会的思想。"②列宁.列宁在《怎么办?》一书中引用了这段话,并且对灌输的主体、对象、内容、方法等进行了具体解释……③因此,思想政治教育灌输性是有特定历史背景的。但是,随着社会形势的发展、时代条件的变化,灌输性也显现出一定的局限性:灌输具有单向性,往往过分强调教育者的主体地位,忽视受教育者的需求,抑制了受教育者的能动作用;同时灌输性带来的填鸭式、强制性教育方式容易导致受教育者"心服口不服",思想政治教育的针对性、实效性减弱。

---

① 邹绍清.当代思想政治教育方法论发展研究[M].北京:人民出版社,2013:19.
② 马克思,恩格斯.马克思恩格斯全集(第2卷)[M].北京:人民出版社,1957:589-590.
③ 列宁.列宁选集(第1卷)[M].北京:人民出版社,1995:317.

2.建构主义对思想政治教育方法的完善

学界很多学者反对将思想政治教育的本质或者特性定性为"灌输",很大意义上是因其表面"填鸭式"导入、"权威压服"方式等特点容易引发青年受众群体的逆反心理,影响了思想政治教育的效果。建构主义者提出了知识建构的机制、途径、策略等,对学习和教学提出的一系列新的设想。建构主义主张教学应以学习者为中心,在教学过程中,它关注学生已有生活经验和知识背景,关注学生的实践活动和直接经验,关注内容的革新和探究式教学的运用。① 虽然思想政治教育具有"灌输"的特质,但作为方法的"灌输"应该是在充分认识和尊重受教育者的思想和心理特点的基础上,采用适当的方法传达给受教育者,使其容易接受,不产生抵触心理。因此,思想政治教育教学方法需要不断改进,而建构主义则为此提供了可借鉴的思路。

(1)建构主义学习方法借鉴

对于大学生来说,道德观念、思想意识、政治观点等的学习具有内在和外在的必要性,也是一个不断学习的过程。随着思想政治教育学不断发展,理论教育(主要为思想政治理论课)、实践教育、自我教育方法不断完善,学者们根据教育领域的拓展,开展了隐性教育方法和网络教育方法的探索,并提出运用哲学、生态学等理论和方法,丰富研究视野。建构主义学习理论充分强调了学习的主动建构性、社会互动性以及情境性,提出了如认知学徒制、实践共同体等具体的学习方法。布朗等学者通过对手工作坊中的师徒关系的研究发现,徒弟通过参与真实场景下的真实任务,借助于来自师父以及其他更成熟的伙伴的示范、引导,能够更有效地进行学习。在思想政治教育过程中,根据教育引导内容的不同,可以引导教育对象参与到教育活动中,让学生成为思想政治教育的重要参与者,而不只是旁观者、聆听者。同时,可以通过树立优秀朋辈榜样以及榜样的实际带动让大学生切身感受道德学习、思想意识改变的过程,

---

① 　王晓燕.建构主义教学理论与信息化教学模式的构建[J].现代情报,2006(2):184.

能够增强教育活动中大学生的主动性,也能够增强教育的效果。

莱夫和温格强调学习实践不仅发生在真实的场景中,更重要的是发生在实践共同体中,进一步强调了学习实践活动的社会文化属性,这就是学习实践共同体。这个共同体的成员"具有相同的历史文化传统、相互依赖和关联、不断进行传承和更替。实践共同体理论提倡某些知识蕴涵于实践中,借助实践活动情境,在一定的实践共同体中,与实践活动相关的知识经验以情境化的方式体现在成员交往、活动中以及他们用到的工具物品之中"①,随着实践活动的分工方式、工作流程和规则不断改进,蕴涵其中的知识也得到改进和发展。高校思想政治教育的内容很多方面都需要让学生切身实际的"身临其境"才能领悟和掌握,可以尝试依托学生组织、社团、思想理论实践课等平台搭建德育学习共同体,丰富校园文化的同时,促进德育工作开展。

(2)建构主义教学模式借鉴

基于问题的教学(又称抛锚式教学)是建构主义教学的重要原则,该原则认为:"由教师精心设计或者由师生合作提出问题,以问题为焦点组织学生进行调查和探究,从而让学生了解问题解决的思路和过程,灵活掌握相关概念和知识,能够进一步培养学生理解、分析、解决问题的能力,最终形成学生的自主意识和能力。"②这种教学模式培养学生自主学习、探索学习过程、掌握灵活的概念和知识为目标,以学生解决问题的能力、组织协调小组成员的能力、探索调查能力等为评价标准,在国外基础教育阶段以及职业教育等领域已经得到普遍的运用并取得了较为满意的效果。

作为思想政治教育的主渠道和主阵地,高校思想政治理论课教学直接关系到马克思主义理论在大学生群体中的确立和巩固。当前,如何加强高校思想政治理论课话语体系建设成为学者们研究的热点。思想政治理论课具有意

① 张建伟,孙燕青.从"做中学"到建构主义——探究学习的理论轨迹[J].教育理论与实践,2006(7):35.

② 高文.建构主义教育研究[M].北京:教育科学出版社,2008:110.

识形态教育和公民教育的双重功能,其目标是增进大学生对社会主义主流意识形态的认同度,促进学生的价值观养成,提升学生的公民道德素养。让学生从内心理解、认同国家主流意识形态,"只能用讨论的方法、批评的方法、说服教育的方法去解决,而不能用强制、压服的方法去解决"①。而建构主义的教学方法就是以明确的学习目标(问题)为切入点,以教师设计及提供教学信息资源为基础,以情境为辅助,以学生的自主探究以及发现、解决问题为核心,做到"做中学"。这种教学理念旨在建立知识建构共同体,在这个共同体中,学习者围绕共同关心的问题进行讨论、探究,形成相关见解,并将此见解在共同体公共知识空间中公开,并通过不断讨论,改进、丰富内容,提出相关新问题。在高校思想政治理论课程中,可以通过知识共同体的方式,采用问题式教学方法,引导学生在思想政治理论课程中发挥主体性,指引学生反思社会现实,探讨社会热点,不断认同社会主义核心价值观。

建构主义相关理论给学生学习以及学校教学提供了新的方法途径。但随着建构主义理论的不断深入以及不同理论派别的出现,其中也有很多观点存在争议。例如,建构主义学习理论中强调学习者需要自主建构与个人相关的生活认识与经验,那么这样的相关肯定是特定学习者的生活世界所具有的联系与价值,也就意味着只要是个体生活中自发产生的生活内容就是有意义的、有价值的。冯·格拉塞斯费尔德指出了这一观点的不足:"真理在建构主义中……被可行性所代替。"②但不可否认,建构主义理论所倡导的"学习并非学生对于教师所授予知识的被动接受,而是依据其已有的加识和经验所作的主动建构"是符合教育规律的。

(3)建构主义角色"模型"借鉴

建构主义与传统知识观、学习观、学生观的显著区别在于对教师与学生角

---

① 中共中央文献研究室编.毛泽东文集(第7卷)[M].北京:人民出版社,1999:215.

② Jones M G, Laura B A. The Impact of Constructivism on Education: Language, Discourse, and Meaning [J]. American Communication Journal, 2002(5):2-5.

色的定位。建构主义认为,教师在学生学习以及教学过程中承担辅助者、助推者的角色,学生是知识学习、实践学习的主体。教师不是简单的知识呈现者,他更应重视学生对所学、所感的理解情况,倾听他们的想法,观察他们这些想法的由来,以此为基础,引导他们丰富或者调整自己的理解。当然,"建构主义的教师不是放弃自己作为指导者的角色——他要去鼓励和引导学生努力去建构知识,而不是仅通过呈现预备的结果,导致扼杀学生的自主性"①。教师助力者、引导者这样的角色"模型"对于思想政治教育工作中的辅导员来说,具有启发意义。

辅导员是开展大学生思想政治教育的骨干力量。虽然我国高校辅导员素质和能力不断提升,但他们在实际工作中每天从事大量的事务性工作、行政工作和教务管理工作,非本职的事务工作占据了辅导员的大量时间和精力,使辅导员应有的职能和作用难以得到发挥。辅导员应该成为大学生学习发展方向的引导者、学生成长过程的服务者和学生事务的管理者的角色。借鉴建构主义理论中教师角色定位的理论,在这个角色承担中,辅导员应以一个助推者、引导者的角色,在思想政治教育过程中,摒弃单向度的宣传、动员、说服等方式,通过团学活动、社会实践活动、主题学习活动等载体,以能够引发大学生自我学习、自我反思从而自我建构思想道德内容为核心的方式方法,引导学生树立社会主义核心价值观,促进他们积极自觉地承担社会责任,成为合格的社会公民。

高校思想政治教育方法的创新不是随意的、盲目的,而是要根据思想政治教育所处的环境、条件、对象的变化,遵循思想政治教育的规律和原则来创新思想政治教育的方法。② 高校思想政治教育对建构主义学习、教学方法能够借

---

① Steffe L P, Wiegel H. On reforming practice in mathematics education[J]. Educational Studies in Mathematics,1992(23):445-465.

② 李辽宁.当代思想政治教育意识形态功能研究[M].武汉:武汉大学出版社,2006:11.

鉴,或者说,具有可建构性,首先是两者在理论基础、教育规律等方面存在着契合;都需要发掘教育对象的主体能动性。而建构主义提供的个人建构与社会建构教学方法以及重视实践、情境、学习者共同体等内容为高校思想政治教育方式方法的完善提供了有益的参考。当然,将建构主义相关理论应用到高校思想政治教育中去,还有很多理论以及实践问题需要进一步研究,需要实践的检验。

## 二、道德认知与道德学习理论

建构主义理论的思想来源驳杂,它的形成是一个历史过程。从它的理论来源看,它的哲学基础来源于苏格拉底、柏拉图、维柯、康德,心理学基础来源于皮亚杰、维果茨基等人。建构主义传达着这样的思想:人类不是发现了这个世界,而是通过引入了某个"结构"而在某种意义上"创造"了世界。这样,知识和知识的对象或者只是所指涉的事物之间并不是一一对应的关系,更不是反映和被反映、表征和被表征的关系。①

### (一)建构主义教育理论的基本观点

第一,知识具有建构性、社会性、情境性、复杂性、默会性。建构主义教育理论突出知识结构的重要性,将知识分为"有形知识"和"隐形知识",前者的获得有助于认识和理解世界能力的养成,而后者的形成有助于分析和改造世界以及获取信息能力的培养。

第二,学习是学习者构建知识的过程(而不是接受知识的过程);学习者是在自己已有知识和经验系础上构建自己的知识的;合作和协商有助于知识的建构和学习。杜威提出了从经验中学习,通过解决问题来学习的"做中学"思

---

① 刘保,肖峰.社会建构主义:一种新的哲学范式[M].北京:中国社会科学出版社,2011:18.

想①,后来基于情境认知与情境学习的理论日益受到推崇。②

第三,形成了多种教学方法。如目标场景教学法③、抛锚式教学法④、认知学徒制教学法⑤、基于问题教学法⑥、网络探究式教学法、认知工具教学法⑦等。

第四,建构主义师生观。学生是主动学习、具有独特性的主体,学生应该成为对知识建构负责任的主体。教师是指导者、促进者而非教授者,是一个有直觉力的助人者。⑧ 师生间是平等、互动、协作关系。除了以上理论外,建构主义经过多年的实践衍生出不同的教育教学理论和模式,比如情境认知理论⑨、社会文化理论、混合式学习模式等,对思想政治教育和教学有一定的参考意义。建构主义经过多年发展,在其认知理论、学习理论、教育观等基础上逐渐形成了建构主义的德育理论,对高校思想政治教育过程的内生性建构具有一定的参考意义。

## (二)社会建构主义的德育观

社会建构论认为自我意识是从社会生活和话语实践的语言交往中建立起

---

① 杜威.学校与社会——杜威教育论著选[M].上海:华东师范大学出版社,1981:56.

② 高文.面向新千年的学习理论创新[J].全球教育展望,2003(4):27.

③ Schank R G,Berman T R,Macpherson K A. Learning by doing[M]//Reigeluth C M,Instructional-design theories and models. Mahwah,NJ:Lawrence Erlbaurn Associates,1999(2):161-181.

④ 何克抗.建构主义的教学模式、教学方法与教学设计[J].北京师范大学学报(社会科学版),1997(5):76.

⑤ Brown J S,Collins A,Duguid P. Situated cognition and the culture of learning[J]. Education Search,1989(18):32-48.

⑥ 高文,吴刚,徐斌艳.建构主义教育教育研究[M].北京:教育科学出版社,2008:137.

⑦ Jonassen D H. Computer in classroom:mindtools for critical thinking[M]. Pennsylvania State University,1996.

⑧ 莱斯化斯特弗.教育中的建构主义[M]. 高文,译.上海:华东师范大学出版社,2002:284.

⑨ 谢明初.数学教育中的建构主义——一个哲学的审视[M].上海:华东师范大学出版社,2007:152.

来的,是个体在社会活动中的产物。① 文化心理学理论也指出人的社会属性决定了人们的活动在特定社会文化背景下进行,因此不可避免地受到所在社会价值观的影响。② 个体主动与外界的互动对其道德自我概念的形成起着重要作用。研究表明,儿童在与别人(尤其是成人)交往中根据他人对其自身行为的道德评价而逐渐培养起最初的道德行为并获得最初的善恶观念。③ 随着生理的成熟,青少年的认知能力有了很大的发展,他们就会内化先前习得的道德行为和道德观念。④ 建构主义非常强调"情境"对个体心理与行为的影响,并认为个体主动与不同的情境进行互动从而建构起自己的心理与行为。Bronfenbrenner 提出的生态系统理论认为,个体生活在不同的生态系统中(由外至内分别是巨系统、地域、组织、微系统和个人),个人的心理与行为是与这些生态系统互动和主动建构的结果。这表明个体可与不同的生态系统进行互动从而形成不同层次的道德自我认知。⑤

　　道德作为一种特殊的社会规范,在社会建构主义理论中,就本质而言,其基本假设是人的心理功能处于文化、历史和制度情境之中;其行为过程是经由社会的、文化的认知工具,实现主观世界与客观世界交互作用的高级心理功能发展;其主体关系是学习者与教育者、其他学习伙伴间的协作、对话,从而实现道德知识、意义和行为的建构。作为认知结构学习理论在当代的发展,社会建构主义学习论为道德教育的比较提供了一个较为清晰的范型。其中涉及三个"矢量":情境,即人的心理功能或者说既有道德经验所处的社会的以及个体的环境,是道德教育比较的前提,任何道德并非对客观现实的机械表征,而是个

　　① Shotter J. The social construction of our inner selves[J]. Journal of Constructivist Psychology,1997(1):7-24.

　　② 万增奎.道德同一性的心理学研究[M].上海:上海教育出版社,2009:305.

　　③ 杨韶刚.西方道德心理学的新发展[M].上海:上海教育出版社,2007:243.

　　④ 万增奎.论道德自我的文化建构观[J].黑龙江高教研究,2010(9):105-109.

　　⑤ Bronfenbrenner U. The ecology of human development:Experiments by nature and design. Cambridge[M]. Cambridge:Harvard University Press,1979.

体基于自己的经验背景在特定情境下的建构;行为,即实现道德教育的模式、途径、方法,旨在借助社会的、文化的认知载体和工具,创设并激发道德学习的思维环境,促进学习者的道德思维及道德判断能力的发展;主体,即道德教育过程的参与者,涉及受教育者、教育者以及其他起到"支架"作用的学习伙伴,各主体间通过协作与对话,共同探索问题、建构意义,从而最终实现道德教育的目标。

## 三、道德教育方式及其借鉴

### (一)以学生为中心开展德育实践与教育

在建构主义认识论、学习论的指导下,其道德教育方面有自己的独特见解。第一,把学生看成道德教育的主体,基于学生的生活经验进行道德教育。建构主义学习观强调学习是学生主动建构自己知识的过程,学习是学生新旧经验之间同化、顺应、再同化、再顺应的循环往复的过程。同样,学生对道德知识的学习也是建立在自己原有道德知识经验的基础上的。学校德育应该以学生为中心,遵循学生认知发展的规律,以学生原有的道德经验为基础,从学生的道德需要出发,培养学生的独立意识,激发学生道德学习的动机,调动学生的主动性和积极性。第二,调整德育目标和内容,创设有针对性的道德情境,为德育发展提供良好的社会环境。应该根据学生的现实和实际发展的需要,调整学校的德育目标,按照社会发展对人才的要求,培养道德上的务实主义者而非道德上的理想主义者。同时,要针对社会生活中存在的实际问题,创设道德教育情境。第三,要注重对学生道德情感的激发和培养。建构主义学习观认为,认知活动总有情感因素的参与,情感影响认知,情绪对认知具有控制作用。要激发和培养学生的道德情感,就要让学生多参与社会实践活动,在道德实践中产生道德情感体验,而进一步提高道德实践能力。第四,启发学生对错误和失败的道德进行思考,重视学生的道德体验。把学生带入反思性的情境当中,启发学生对所犯错误和失败体验的道德思考。在教师的带动下,通过互动交流、自主探索、自主体验完成道德分析和判断,实现道德知识的整合。第五,改变德育评价方式,提高学生的自我评价能力。建构主义学习观提倡自我的学习评价,认为最好的学习评价应是学习者本人。学生作为道德主体具有个体差异,对事物和问题具有不同的认识和理解。教师应尊重学生的差异,根据学生的个性差异采取有针对性的德育方法,并注意培养学生的自我道德评价能力。

### (二)把握借鉴的基本原则

在其他相关理论尤其是西方相关理论借鉴中,应以该理论与高校思想政治教育存在的共通性为基础,把握原则,以我国思想政治教育的现实和发展为根本进行借鉴,掌握借鉴的原则。第一,体现主体性。高校思想政治教育对其他理论的借鉴是出自自身发展考虑的自觉行为,借鉴过程具有合目的性和合价值性的特点,是"以我为中心"的借鉴。这种主体性彰显着我国高校思想政治教育对"他者"理论可借鉴性发展的立场和态度。它是保证高校思想政治教育研究始终以马克思主义理论为指导,以建设中国特色社会主义大学为指引的主体自觉性的必然要求。始终以"自我参照"为核心才能超越"他者参照",也是寻求"国际化"与"本土化"结合统一的标准,是避免借鉴过程中主体性丧失、立场丧失的必然出路。我们要充分意识到,其他相关理论与国外当时的教育环境、教育条件等密切相关,其在应用条件和范围上与高校思想政治教育有着很大的差别,因此,坚持对其他相关理论的借鉴,必然需要借鉴者进行有目的的选择,并进行创造性发展,体现出"思想自我"的价值立场、批判性的反思精神。第二,具有有效性。有效性是可借鉴价值的显著标志,直接关系着理论借鉴的目的性和价值性需要的实现。有效性体现为借鉴内容对借鉴主客体的合乎规律与合乎价值的统一。本研究借鉴的目的即通过对其他相关理论的借鉴,解决高校思想政治教育发展中遇到的问题或者困难,或者在解决类似问题中具有不可比拟的应答优势,并能够提供教育过程中具体的解决方法。这种有效性一般由实践证明,需要通过一定的应用或者实证研究来最终检验,当然,国外已经进行过的实验可以为本研究的检验提供一定的参考,国外其他领域对建构主义教育理论应用中出现的问题应及时避免,产生的经验教训更应重视。在设计应用建构主义教育理论时,应根据实际情况做好效果验证的计划和安排。第三,鉴别中借鉴。我国高校思想政治教育有自身建设和现实发展的客观基础、基本规律与建构路向,对任何其他理论的借鉴必须建立在客观分析基础之上,有鉴别地借鉴。一方面,不能只顾眼前高校思想政治教育的实用性需要,对心理学及建构主义德育理论和实践任意裁剪,只学其皮毛和局部,而丢其内核和整体,应对其进行系统了解和深化研究。另一方面,不能只看到国外教育理论的明显优势和比较特色就不加思考地盲目崇拜,必须进行批判和甄别,否则会出现生搬硬套的价值趋向。另外,借鉴是一个过程,并非一蹴而就,需要经过鉴别、汲取、改造、整合和实施的复杂过程。① 在本国高校思想政治教育客观实际中得到有效性验证,还需要一定的应用时间,更需要秉持科学的研究精神,一切从我国高校思想政治教育的实际出发,吸取有益经验,运用有效手段,做好科学、合理的相关方案。

---

① 郗厚军,康秀云.国外思想政治教育可借鉴性:前提反思、根据认识及实现要求[J].思想理论教育,2017(10):20.

# 第四章　涵育高校思想政治教育过程的内生性教育主体

　　教育主体的主体性发展并不是抽象的、空洞的，它有深厚的哲学基础、内在动力和重要机制，马克思主义人学理论是教育主体主体性发展的理论旨归，而心理学和教育学的相关理论为如何塑建内生性教育主体提供了动力支持。因此，内生性思想政治教育主体的理念建构在理论上是具有合理性和必然性的。

　　本书第二章通过文献梳理和实证调查发现，高校思想政治教育主体的主体意识和主体势能不足，而主体自身的能动性以及主体间的关系对教育的效果影响很大。当前我国思想政治教育过程中，对大学生主体性的关注较多，主要从哲学层面、教育学层面、心理学层面等进行了论述，就大学生接受的条件、原因等问题进行了探讨，在本书第三章已经进行了表述。但不可否认，现实高校思想政治教育中，主体性问题还存在诸多争论，存在一些问题。首先，对教育者主体性在教育过程中的作用存在认识上的偏差。教育者是教育过程的必要要素，高校所有的教育者都可以是思想政治教育的主体，这个队伍建设日趋合理和壮大，但对于他们的积极性、主动性如何研究得较少。其次，教育者是教育过程的发起者，在教育过程动力体系中具有启动力，但教育者发起教育过程的动力来自哪里，目前对此问题的追问较少。最后，教育者本身的角色定位存在争议,但不可否认其主要的任务是教学生,无论是课堂还是实践活动,这就需要教师有效的教和学生有效的学,对这两组关系进行深入论证的较少。本书以内生性教育主体的建构作为突破口,在与一般教育者主体的对比中探寻优化路径。

# 第一节　内生性思想政治教育主体的理念建构

马克思认为,人的生存本能推动人不断地在生活实践中适应环境、认识自然,随着社会生产力的提高,人在生存条件得到保障后,发展也成为人自身的价值追求。这种价值追求随着社会的进步发展内涵不断扩大,从个人发展到社会发展,从物质追求到精神追求,从文化追求到道德文明追求等。马克思认为:"动物只是按照它所属的那个种的尺度和需要来构造,而人却懂得按照任何一个种的尺度来进行生产,并且懂得处处都把固有的尺度运用于对象;因此,人也按照美的规律来构造。"[①]因此,人自身不自觉的带有追求自我发展和自我实现的本能动力,这是人所特有的特性。但这种主体的能动的、对美好生活的追求动力,面临社会现实、选择对象、选择标准等的多项考验,需要被激发、被释放才能得以发挥。因此,本研究认为,需要对教育主体的主体性进行塑造和建构,这是思想政治教育过程最核心的驱动力量。

## 一、内生性教育主体的基本含义

主体的英文 Subject,源自希腊文 Subjectum,意为"在底下的东西"。作为一个哲学概念,主体在哲学发展历程中有着诸多不同的界定。亚里士多德用它表示一切性质变化或状况的载体,实际上是基础或实体的意思。亚里士多

---

① 马克思,恩格斯.马克思恩格斯选集(第 1 卷)[M].北京:人民出版社,2012:57.

德在《范畴学》中指出,本体(主体)有两个特征:单独的、个别的及变化的[①];笛卡尔认为,所谓"主体",就是指自我、意识或心灵。自我、意识或心灵虽然与物体同为实体,但与物体不同,它的本质是思想。[②] 康德认为"我们关于物先天地认识到的只是我们自己放进它里面去的东西,主体就是逻辑主体,是绝对的先验的我思,而不是任何实体性的经验之物"[③]。马克思认为人的主体性是通过人与自然、人与社会的关系中体现出来的,人的主体性表现为意识性、目的性和创造性等多方面,分为实践主体性和认识主体性两种基本形态,人的发展与人的主体性是一致的。在高校思想政治教育过程中,教育主体包括教育者和受教育者。通过第三章的阐述可知,高校思想政治教育者独立自主性不足,表现为不愿自主、不能自主和自主得不到保障;其引导作用不明显,教育中缺乏创造性。受教育者主体意识弱、主体能力差、能动性发挥不足。解决教育主体的主体性问题,应从内源性本质寻找理论进路。

内生性思想政治教育主体表现为:教育者和受教育者对于思想政治教育过程中各自角色和任务自觉履行,根据思想政治教育内容,遵循思想品德教育施教规律和受教规律,适应教育环体和介体,综合运用知识、技术和制度,自觉地寻求实现自身发展目标的途径,构建基于教育理念和教育目标一致的共同的行为准则或价值观念,形成互动有效的教育主体间的关系,并通过自身的思考和内在努力,逐步具备积极应对教育环境挑战的能力、适应教育方式变化的能力、学习新知识的创新能力、参与教育活动的组织动员能力等。这种内在的主体能力、主体自觉意识还包括专业认知、价值理念、自我反思、社会交往等无形的内在力量。教育作为一种有目的的培养人的活动,是通过促进人的社会化和个性化来展开的,而人的社会化和个性化的过程就是人的主体性素质不

---

① 杨寿堪.亚里士多德范畴学说简论[M].福州:福建人民出版社,1983:40.

② 埃德蒙德·胡塞尔,等.笛卡尔式的沉思[M].张廷国,译.北京:中国城市出版社,2002:10-13.

③ 康德.纯粹理性批判[M].邓晓芒,译.北京:人民出版社,2008:16.

断培育和展现的过程。内生性教育主体是在此基础上对自身主体意识和主体能力的深入挖掘。

## 二、内生性教育主体的构成特性

与传统意义上一般的教育者主体相比,内生性教育者主体具有内在的参与教育活动的动力,这种动力首先来自主体对自身角色的定位,对教育内容以及个人在教育过程中的任务、作用的清晰认识,对所从事教育活动的价值认可,能够从中获得成就感。当然,教育者的内在动力也需要学校通过责任义务、激励等方式来激发,但最终还是需要教师自身从内在对教育过程产生参与的动力,从而推动其开展有效的教育活动。

### (一)教育者的内生性供给能力是基础要素

思想政治教育是教育者旨在完成社会预定任务、履行特定社会职责并在其中实现个人需求乃至理想追求的社会性实践活动。教育者是高校思想政治教育过程的发起者、组织者、实施者,是掌握一定社会所要求的思想政治品德规范,对受教育者施加有目的、有计划、有组织的影响的人,承担着对受教育者进行思想政治品德行为培养和促进思想政治教育目标实现的使命和任务,是整个思想政治教育过程的组织者和引导者,在思想政治教育过程中处于主导地位。教育者掌握教育内容,选择教育方式,利用教育环境对受教育者开展教育活动,因此,其必须具备思想政治教育的内生性供给能力,才能达到主动开展教育活动、推动教育进程的内在要求。内生性供给能力是源于教育者所应具备的教育专业知识、教育技能,以内心对教育事业和教育理念的价值认同为根本所产生的自觉、自愿、自主并创造性地投入教育角色中。教育者作为教育过程的发起者,其内生性供给的自身能力还应包括:技术知识、价值观念、态度认知、理解能力、反思能力、社会网络、信任关系、互助精神等无形的内在力量。[①] 由于受教育者的内在需求不同，受教育者的特点不同，因此，教育者应时刻保持不断自省和自主学习精神，做好多层次、多维度、个性化的不同供给以及对受教育者进行主体能力和主体意识培养的准备。

### （二）受教育者自下而上的自主参与是关键要素

思想政治教育是受教育者参与并确证、发挥和形成主体力量、承担某种社会责任、构筑个人现实人生于其中的一种实践活动。受教育者自下而上地参与到教育活动过程中，才使得教育者的教育具备合格对象并形成有效的主体间性互动关系。与教育者应具备内生性供给能力不同，受教育者没有这样的使命，因此，受教育者虽然具有作为人本质的主体性，但这种主体性需要教育者激发和发掘，尤其在思想政治教育领域，教育内容政治性、理论性强，部分内容需要以灌输的方式进行传导，主体的内生性学习和接受动力受到影响，而这也是教育者面临的重大难题。如何让受教育者产生自觉参与教育过程的需求和动力并主动践行教育要求，是内生性教育主体形成的关键。它首先需要教育过程的发起者——教育者，发挥自身的主动性、创造性，利用教育资源和环境，借用科学有效的介体，刺激受教育者的需求，给予受教育者思想和行为上的鼓励，不断激发受教育者的主观能动性，将教育成效惠及受教育者，让受教育者产生内生动力。

### （三）教育过程各要素协同合作为内生性教育主体提供保障因素

教育是社会旨在保持并加速自身发展，根植于过去、立足于现在、定向于未来的集约化、规模化的自我复制和更新的目的性实践活动，是教育主体、客体等各要素合力作用的结果。无论是教育者内生供给能力的生成还是受教育者内生动力的形成，都离不开教育过程各要素的参与。需要过程要素合力发

---

① 方劲.乡村发展干预中的内源性能力建设——一项西南贫困村庄的行动研究[J].中国农村观,2013(4):31-41.

挥作用,组建能够发现和准确捕捉受教育者需求的教育组织,因为受教育者的需求产生动机,动机指导行为;搭建有能力去承载教育内容并有效供给的教育载体。只有教育内容符合教育对象的需求,教育方式适合教育对象的接受特点,教育成效才能得到保证。

# 第二节 教育者主体性的涵育路径

教育主体是和教育客体相对应的概念,对该问题,学者们原来只将教育者作为教育主体,而当前,学者们普遍认为学生既是教育主体也是教育对象,教育主体包括教育者和受教育者,两者是主体间性的关系,当然对此说法学界还有很多争议,有人认为根本不存在主体间性问题,有人认为,主体间性也是不合理的,因为当初为研究的需要,"从哲学中引进了认识论关于主体、客体的概念及相互关系理论"[①],以此来论述思想政治教育中的主客体关系。"但认识论中的客体是'物',而思想政治教育是人对人的关系,对象是有主动性、能动性、会反思的人,所以,教育主体要素的具体内容需要根据动态的教育过程来具体分析。"[②]传统的思想政治教育主客体间的关系以赫尔巴特的"教师中心、课堂中心、书本中心"的"三中心"为典型代表,此理论以哲学的实证主义为基础,认为"道德教育是一种强调对道德知识和规范的认知的主知主义教育"[③],强调通过教学进行道德教育,并强调教育和教学是分不开的,"教学可以产生思想,而

---

① 魏宝锋.现代思想政治教育要素研究[D].成都:西南财经大学硕士学位论文,2009.

② 祖嘉合.对思想政治教育主体及其特性的思考[J].教学与研究,2007(3):29-34.

③ 张耀灿,郑永廷,吴潜涛,等.现代思想政治教育学[M].北京:人民出版社,2007:269.

教育则形成品格,教育不能脱离教学,这就是我的教育的全部"①。这种以教育教学作为德育主要方式的理论,过分注重教师的作用,忽略学生的主动性和主体性,当然这也与当时社会需要大量培养和培训一定技能的劳动力的大背景相关。20世纪60年代,苏联心理学家列昂节夫提出"活动—个性"理论,认为活动是意识和个性的决定因素,主张通过游戏、社会公益活动、交往等促进个人思想品德的形成。现代思想政治教育将组织活动和交往视为有效的教育形式。包诺维奇提出了"活动—动机"理论,认为"来自人自身的内在动机和来自社会环境的外在动机推动人采取行动,这些动机源于人与活动对象的结合"②。根据这一理论,教育者与受教育者间教育效果的实现需要激发出教育对象的内在动机,调动其接受教育的积极性。现代思想政治教育理论界一致认为,教育者与教育对象间是平等互动关系,教育主体间相互尊重,双向互动。但在实际的教育实践中,很难完全做到。

　　本研究以马克思的主体性思想及发展理论为指导,综合借鉴内生性发展、心理接受理论等,将内生性教育主体的构建作为破解的思路,提出具体的涵育路径,认为教育者对思想政治教育理念、内容、意义、自身使命的价值认同是内生性教育主体形成的前提和基础,找准自身在教育过程中的定位是自身主体性的主要体现,而在教育过程中自觉实践教育内容和教育使命是内生性教育主体最终形成的体现和保障。

## 一、前提:价值认同

　　认同一词,最早出现在心理学、社会学领域,包括社会层面和个体层面的认同。社会层面上的认同是社会成员因对一定信仰或情感的共同确认而凝聚

---

① 赫尔巴特.普通教育学·教育学讲授刚要[M].李其龙,译.北京:人民教育出版社,1989:12.

② 张耀灿,郑永廷,吴潜涛,等.现代思想政治教育学[M].北京:人民出版社,2007:269.

维系成一定的社会共同体。个体层面上的认同是个人对自我身份或社会角色的确认。"认同是发生在个体、社会和自我之间的,是在这种关系中来确立人自身的身份感问题。"①将认同概念以马克思主义哲学的视野进行考察,认同既是在社会共同体中追寻彼此的相同或相似的个性和观念,也是追寻这一过程的结果,认同的核心是价值认同。价值认同之所以被人们重视,一方面是因为任何群体或者社会的维系的核心纽带是成员的价值认同,任何个人能够适应社会发展,自身也必须内在对自我形成价值认同;另一方面是因为现实社会中存在着各种价值冲突,需要价值认同进行维护。价值认同的目标是达成价值共识。

马克思指出,思想观念在任何时候都是社会存在的反映。价值共识由诸多价值观念中产生的一致性价值认识和共同的价值判断,它的产生有其必然性。一方面,它是在社会群体中形成的共同性价值观念,既是社会整体存在和发展的要求,也是作为社会组成的个体生存和发展的要求。另一方面,它也是人作为社会关系的共同体必然要形成的价值观念。人类的一切思想认同、政治认同、道德认同、文化认同等,归根到底都可以归结为价值认同。对思想政治教育的价值认同作为思想政治教育认同的一个层次,具有特定的含义,是认同主体出于对思想政治教育所传导的价值规范本身的意义、主体自身的意义及践行思想政治教育信息、规范的必要性的认识而发生的对思想政治教育规范遵从践行的现象,是认同主体已有价值在价值理想、价值取向和价值标准等方面与思想政治教育规范要求的一致性和统一性,也包括思想政治教育所传导的价值对个体价值的同化,即思想政治教育社会化所引起的价值认同。② 认同主体通过思想政治教育价值认同获得一种归属感,从而获得一种信仰系统,最终导致行为实践上皈依思想政治教育所传导的社会行为规范。这种认同的产

---

① 贾巧健.认同的哲学意蕴与价值认同本质[J].山东师范大学学报(人文社会科学版),2006(1):11.

② 魏永军.思想政治教育认同研究[D].南京:河海大学硕士学位论文,2007.

生有的是强制形成的，有的是引导形成的。思想政治教育价值认同的主要表现形式就是对思想政治教育所意欲传达内容的价值意义确认、信念和信仰。

高校思想政治教育者是思想政治教育内容的理解者、确信者、传导者，其必须对思想政治教育的意义确定不疑，坚定思想政治教育的信念，形成对思想政治教育工作者是学生引路人的信仰，即教育者个体形成对思想政治教育的价值认同，教育者群体达成思想政治教育价值共识，才能成为合格的思想政治教育工作者，才能成为学生思想行为的引领者。价值意义确认是认同主体在对思想政治教育与自身需要的契合性评价的基础上对思想政治教育价值意义的确认，是思想政治教育价值认同的最低层次。信念是认同主体在一定认识、理想、目标等基础上形成的对思想政治教育所持有的坚定不移、牢固信奉的观念，是人们对现实生活中所追求的思想政治教育目标的一种孜孜以求的意念，因此，信念一旦确立，就构成了人的主体精神，成为人的精神支柱，推动人的行为。思想政治教育认同信念层次的认同，是社会大众对思想政治教育形成的一种坚定的理想信念，是对思想政治教育比较具体的追求目标。信仰是一种特殊的、高级意志表现形式，是人的精神生活的最高层次，是人们做各种事情的强大精神动力和不竭力量泉源。信仰是一种抽象的精神力量，决定着信念，有什么样的信仰，就有什么样的信念。在思想政治教育认同建构过程中，教育者逐渐获得相应的思想政治教育信仰观念，而思想政治教育信仰正是思想政治教育认同的必然结果。当思想政治教育价值认同上升为信仰时，就成为主体自我内在的主体需要，成为主体自觉的主体认同。信仰较之前两者而言，相对深入和稳定，它是一个人对特定的政治目标尤其是某种政治理论、党派纲领、政治制度或政治价值的内心深处接受或同意状态，是认同的升华和强化，是思想政治教育认识转化为行为的重要精神支柱。信仰显然相对坚定和持久，却并不一定建立在充分的理性认识基础之上，它很大程度上只是人们的一种深刻的心理认同。①

人们的价值认同特别是信念、信仰层次的价值认同非常稳定,不易改变,不易消失,也不可替代。高校思想政治教育者一旦形成思想政治教育的坚定信念、信仰,就能焕发出强大的教育使命和精神力量,并且随着时间的推移,这种认同会转变为教育过程中克服困难的有力精神支撑。在思想政治教育过程中,高校思想政治教育者对思想政治教育的价值认同是开展思想政治教育活动的前提和基础,只有教育者达成了价值共识,才能主动、自觉地履行自身的教育职责,这是内生性教育者主体具备自身自觉意识和自觉能力的核心推动力。

## 二、核心:角色定位

前述第二章通过理论和实证分析发现,教师的角色和教师与学生的关系直接影响着教育成效。教师的主导地位、领导定位早已确立,教师具有很强的"权威性",但正是这种威严,在教育过程的不同环节和场域下,打击了学生的积极性、创造性。因此我们需要重新审视教师在思想政治教育中的定位。高校教育者对思想政治教育工作和使命在达成价值共识的基础上,以思想政治教育"以人为本"的教育理念为指导,首先应找准教育者的思政角色定位,既不是什么都做,也不是消极怠工,而是要成为学生的引领者、协助者、发现者角色。在内化自身教育任务和教育目标的同时,外化为自身实际的教育行为,推动学生主体性的形成。

教师教育过程发起者角色。由于在思想政治教育的发起阶段,要依靠教师来激发学生的学习和活动兴趣,帮助学生形成学习和参与动机;在思想政治教育过程中,还要依靠教师把当前所要学的新知识、新概念和学生关于当前所学知识的原有认知结构联系起来,以形成有意义的学习,因此在这些阶段强调

---

① 尹婷婷.在变革中寻求平衡与认同——社会转型视野下的政治文化[J].学习论坛,2007(12):54.

教师的主导作用,即把矛盾的主要方面看成是教师,发挥教师的主导作用。课堂上教师最重要的是要引领学生主动建构,包括知识的建构、方法技能的建构、情感态度的体验等。要做到主动建构,教师必须首先唤起学生已有知识经验;在学习的过程中,教师心中要有学生,关注学生的需求。因此,教师在课堂中应以学生为主体,课程在可调控范围内,更多考虑学生的需求,以学生已有的知识水平为参照,以学生思想特点以及接受水平为基础,灵活采用多样化的学习方法,营造有效的教育情境,鼓励学生积极投入教学过程中,引发学生自我思考,培养学生自主意识和自主能力。在学习过程中,课堂教学要求教师同时还是指导者。指导者的角色,一方面要求教师具备更渊博的知识、更广的知识层面,才能应对学生各类问题,成为权威的指导者。另一方面,执导者也意味着教师在教学过程中不能强制学生完成或者从事某项活动,更多的是引导、观察、指导,真正让学生成为中心。

教师协助者角色。教师的角色和定位因其处在不同的过程中而发生转变。在引导学生学习阶段,教师还起到连接作用。教师"中介作用"的目的是成为学生自主学习的辅助者、协助者,让学生在教育过程中发现问题、分析问题、解决问题,并学会利用学习资源,独立学习,应对新问题,提出可行性的策略。高校大学生的智育发展水平较高,而德育水平和德育能力还需不断进行教育引导,教师可以通过教育实践,借用一定的思想政治教育活动中介,引起学生的情感共鸣,带给学生思想上的思考。同时,理想、信念的确也需要教师的引导。人的思想意识、道德观念等精神层面、意识领域的认知不会直接产生,它源于人的社会实践活动,是在社会关系中逐渐形成的,思想意识的教育比其他专业课领域专业知识的教育难,主要体现在:教育对象对此内容的需求低于专业课程。多项实践研究表明,学生对思想政治理论课的实际意愿低于专业课程。长久以来,"思政课难上"成为思政理论课教师的共识。另外,思想意识方面的教育,从内容到学习成果的呈现都比较抽象,很难完全具体化,不易评价。思想意识层面的改变较难。大学生经过了家庭教育、学校教育、社会教育多个体系,已经初步形成了自己的价值观念和思维判断,通过教育课程和部分教育活动就让其改变,很难。当前,在高校思想政治工作中,存在一些错误观点和模糊认识,对此,党中央提出"高校立身之本在于立德树人",高校作为培养人才的重要场所,教师不仅要教书,更要育人,不仅要当"经师",更要当"人师",决不能把教书与育人分割开来,要辩证地看待教书育人,"教书"的目的是"育人","育人"要依靠"教书"来实现。教师必须不断反思自身在教育过程中的使命和责任,做好角色定位。

教师"反思总结者"角色。传统教育理念里,人们对教师的要求就是掌握理论知识,会运用教育技术和方法。而新时代,教师不仅要传授知识,熟练运用新媒体和新的教育技术,还要从思想观念里找准自身对学生学习活动的服务定位,将学生置于教育的中心位置,把课程过程中发现的问题以及学生遇到的问题、教师个人遇到的问题等,进行总结反思。这不只是对自我教育活动的反思,自我主体性、能动性、创造性的体现,也是进一步了解学生需求、掌握学生学习进度以及理解能力的过程。将个人主体性的发挥与引导学生发展主体性相融合。反思意识和反思能力在教育学中被认为是专家型教师必备的素质,心理学家也曾提出,教师的成长就是通过经验积累加上不断反思获得的。教师对自身教育事务的认识和反思,不只局限于教育过程,应该从教育理念开始,以教育过程为一个单独的体系,考察和思考自己对思想政治教育的认识、理解、认可情况,预设教育方法与学生特点的匹配情况,思考如何在课堂上让学生们都参与进来。这些问题理顺了,教师才能真正转变角色。

教师的角色定位,决定了教育关系的基本结构。教育的指向对象是学生,是学生的成长和发展,教师只有明确自身的角色定位,才能综合教育资源,利用教育情境,借助教育载体做好育人工作。传统的思政理论课教学以及思想政治教育活动中,教师主导多,教师的主导者角色,就让学生成为被动接受者,教育资源的利用、教育过程的开展,都是围绕教师如何更好地教进行。教育评价的核心是教师的教育过程怎么样、教学内容的传递怎么样,而学生接受得怎么样、学到了哪些内容、能不能转变为自己的行为等,都不是教育过程的重点。所以,教师角色必须要找准,这也需要高校从教学制度到课程教学、教师评价等多方面进行统一的设置和安排。"而教师也必须通过教育实践不断地总结反思自身教育角色的定位问题"①,在不同的教育内容和教育对象中转变不同的角色,将学生是否能够有效地接受教育内容来评估自己的教育效果,形成自己的教育标准体系,多倾听学生的意见,反思自己的教育职责,自身主体性发挥的过程中,激发学生的内在学习动力,使学生获得更多的成长。

## 三、保障:自觉实践

高校思想政治教育者形成对教育的价值认同并清醒地进行角色定位后,应积极进行自觉实践。需要、能力和意识几个基本要素的有机统一,构成了现实个体。个体的能力和需要促使个体与他者展开交流:个体与个体之间、个体与群体之间、个体与环境之间相互影响和相互作用,而个体意识在其中起着价值取向和价值导向的作用。② 内生性思想政治教育者的主体性发挥,还需要教育者自觉践行教育活动。"对话作为现代哲学概念,是一个内涵丰富的哲学范畴。其基本含义是表明对话双方的精神交流和相互理解。"③鲁洁提出,在德育过程中,师生互动是德育开展的基础。因此,在思想政治教育过程中,教育者首先应对学生的思想道德认知水平做初步的了解。大学生在不同的家庭、学校、地域等环境中成长,思想道德意识无论在观念上还是认知水平上都有差距,学习方式也不同,有效教学必须以学生有效接受为根本,因此,必须首先考虑教育对象——学生的具体需求和个性特点。整个的教育过程中,教师首先明确教育的目标,以激发学生主体性势能为核心,熟悉教育的内容,并为开展

---

① 郭建荣.建构主义视野下外语教师角色探析[J].中国成人教育,2011(11):88-90.

② 周成贤.当代思想政治教育的人学基础研究[D].长春:吉林大学博士学位论文,2016.

③ 王长乐.自主性德育论[M].长春:吉林人民出版社,2002:372-373.

教育内容做各种准备，例如，搭建教育载体、营造教育情境等。应该选择贴近学生生活、易于理解的教育方式，在教育过程中，构建思想政治教育的特定情境，理解学生表达的具体语境，促进学生产生德育体验，推动学生形成自己的道德信念。整个教育过程分为很多环节，但了解和对话过程很重要，这也是以往教育过程中往往容易忽略的部分。绝大多数的教师将学生放在同一个认知水平，不管学生喜欢什么样的教学方式，都选择自己喜欢的方式，单向度的传递知识内容、主导性的角色定位让学生和教师间缺少了沟通的桥梁，产生了"沟壑"，教师只关注自己的教，不关注学生的反馈，学生渐渐产生"要我学"的被动心态，学习的效果没人关注。学生自己对学习内容的需要是其产生主动学习的动机，学生内心的需要应该让学生表达出来，这是师生对话的原因所在。学生诉求的表达以及师生间的对话沟通，可以理顺教育关系，加深师生间的信任，使师生在心理上达成教育目标的一致，那么在接下来的学习过程中，将更好地促进教育目标的实现。学生表达的不只是个人的需要，还有个人情绪、个人感受以及对教学内容的意见，这个过程本身就是师生主体性的体现。

在思想政治教育过程中，思想政治教育者不应以管理权威自居，而应尊重学生人格的独立，每一个学生都有着自己丰富的内心世界和独特的情感表达方式，需要思想政治教育者的理解和尊重。建立以交往和沟通联结起来的师生"学习共同体"。[①] 学习共同体在教育学领域已被广泛适用，它看到了这种学习模式可以锻炼学生的团体意识以及共同合作能力，也是"交互主体性学习能力"的体现。这样的共同体通过教育主体间的沟通、交流、讨论、分享、评价、总结等环节，让主体充分表达自我以及表达学习感受和困惑，既调动了教师的积极性，也尊重了学生的主体性，同时在这样的共同体中，随时关注到主体的情绪，实现主体自由选择学习内容和方法，多种感官参与，促进认知与情感的交

---

① 江哲先.建构主义学习理论对高校思想政治教育教学的启示[D].天津:天津师范大学硕士学位论文,2008.

流和相互激活。①

从记忆结论到自愿探索,由机械接受到勇于挑战;主体创新潜能被激活,主体精神得以张扬,在这一系列自由对话活动中,思想政治教育者组织的校内外实践活动得到学生的理解、认同,学生的认知水平、特性特点、思维方式、情绪态度等都从不同方面得到充分展示和发掘。在自我表达得到保障、自我需求得到回应后,学生能够获得自我成就的动机,提升自我效能感,获得他人经验的体验,锻炼了表达能力、人机沟通能力、协作能力,获得的不仅是知识的学习,还有主体的内在发展、主体价值的提升以及主体人格的完善。

教师应搭建学生"外在学习"与"内在建构"的桥梁。思想政治教育作为一种思想意识观念的教育,本身具有一定的"强制性",如果教育者展现出强烈的主导性,这重"'强势'的教育姿态反而会引起一部分人的抵触情绪"②。从本质上来讲,思想观念的内容也是来源于实践,思想观念、道德规范等内容是社会发展所必要的,也是人的社会化发展所必要的。思想政治教育本身就是一种教育实践活动,应充分考虑到个体与社会在知识教育过程中的关系与角色。思想政治教育者在高校思想政治教育过程中还应不断发现学生需求、学生潜能。当前,我国高校的思想政治理论课内容与中等教育中的德育相关内容没有明显的区别,教师所讲的德育内容也是学生耳熟能详的道德教条,不能激起学生学习的兴趣与探究精神。学生主动性的调动,必须考虑学生的需求。首先,思想政治教育者要开展丰富的能够引起学生共鸣的课外活动,把学生当成活动的中心,引导学生主动参与,引起心理共鸣。运用能够触及学生心灵的事例,通过对话实现情景的再现,加深德育内容对主体的现实感知体验。其次,思想政治教育者应开展体验式的实践活动,增强学生的主动参与性。再次,发现学生潜能,增强学生的创新意识。这个过程,教师将教育内容逐步由知识层

---

①　哈贝马斯.交往与社会进化[M].张博树,译.重庆:重庆出版社,1989:3.

②　陶然.从建构主义视角解析思想政治教育的新语境[J].江苏社会科学,2012(1):56-57.

面转变为学生的个人建构,学生个体进行知识学习的同时,逐步外化为行为。如果让学生内化的思想观念转变为外化的个人行为,还需要进一步将实践和理论相结合。

推动学生从"内在建构"到"外在行为"的转变。高校思想政治教育过程无论是教学还是实践活动,多数发生在校内,缺少实践场景,对学生学习后的评价很难量化。马克思认为,实践是人们认识的来源,实践也是人们知识学习的动力,学习的成效也需通过实践来检验。思想政治教育的教学和活动应该尽量通过实践以及促进学生理解的方式进行。首先,学校应该在教育场所、教育环境上给予保障,如提供教学和学生活动的场所、创建校园文化品牌活动、搭建网络等教育平台。其次,营造教育情境,加深学生的情感体验。充分利用现有条件,营造符合教育内容的情境,播放影视作品、生动地讲解案例等属于情境的利用,让学生以小品、诗歌、话剧、舞蹈等形式表现学习主题,校外实践等也是情境的利用。把学生看作教育对象的同时,也要把学生看作积极能动的主体,发挥他们的自主性、创造性,让教育资源和教育情境成为教育活动的有利促进因素,创建师生和谐的共同体。这样的过程,一方面检验学生知识学习的理解和掌握情况,另一方面在实践中可以进一步检验学生学习的效果。

思想政治教育过程内生性运行,不仅需要教师转变原有的主导型教育方式,不断发挥自身的主动性、积极性,还要求教师创造性地开展工作,完成教育任务。

不断反思自身的教育行为和教育过程,为学生创建良好的教育环境,不断激发学生的学习兴趣,带领学生探索和发现未知的知识,鼓励学生表达诉求,促进学生个性发展和形成独立的人格。这些目标的达成,没有创造意识是完不成的。教师应注重自身创造性的培养,因为自身创造性是学生创造性的源泉。

# 第三节　受教育者主体性的涵育路径

主体性是对人的生成状态的一种价值判断,表现为主体在一定的对象性活动中对客体所具有的主动态势、能动作用和支配地位等。发展人的主体性,不仅是现代社会发展的客观要求,更是思想政治教育理论和实践的重要课题和根本价值追求。思想政治教育过程由教育者和受教育者两个主体组成,教育者处于主导者的地位,而受教育者的主体性在现实中往往被忽视。受教育者是思想政治教育内容和教育活动的接受者,研究其主体性,必须考虑接受的心理规律。思想政治教育接受过程实质是将外部思想政治要求转化为内在思想道德品质的过程。在这个过程中,既要由需要来激发接受主体动力以反映、选定接受客体,又要有认知心理对接受客体进行反映、解释、理解、整合及内化,还要有情绪情感对接受活动整体过程进行调控。需要、认知、情绪情感三者之间既彼此独立又相互联系、相互作用、相互制约,直接决定着思想政治教育接受主体接受活动的效果。因此,尽管思想政治教育接受心理是一个复杂的心理系统,但在思想政治教育接受活动中,需要、情绪情感及认知心理是最基本、最重要的三种心理成分。受教育者主体性的形成和发挥始于需要被激发,体现为个人主动建构自我主体意识和主体能力,最终达到有效参与教育过程的目标。

## 一、动力来源:激发需要

马克思关于实践需要基础上的认识论,明确了个体意识和需要的产生直接与人的实践境遇相关。马克思曾经指出,以往的哲学家在理解人和社会活动时"习惯于用他们的思维而不是用他们的需要来解释他们的行为"①，马克思认为"需要是反映在头脑中，是进入意识的，只有在人的有意识的活动中，才能产生真正的人的需要——合目的性需要②"。需要作为人的主观精神的一个方面，推动人自身为满足需要去认识世界、改造世界。需要是连接人的内在动力和实践的重要因素。用需要来理解人的行为活动是马克思的一个重要思维方式。在心理学上，"需要是人调整自身结构，保证自身存在和发展的倾向性，是人对其存在和发展的必要条件的依赖性，是人通过客观对象对于自己的意义的感受"③。主体意识是大学生对于其在思想政治教育中的主体地位、主体能力和主体价值的自觉意识。主体意识是大学生主体性发挥的内在动力条件。"大学生只有在主体意识的统摄下，才能对自身在教育中的地位、作用及对自身的本质力量有自觉的认识，才能在思想政治教育中产生需求，确认自己的目标，深刻地理解自我。"④无论从哲学层面还是心理学层面，无论是马克思的主体性思想还是现代心理学理论，都认可人的需要是人有意识的活动的动因和动力，是人的活动动机和目的的内在根据。研究受教育者的需要，是其主体性发挥的源泉和动力。以往人们对教育的现实需求以及实践特点等关注不够，使得思想政治教育内容缺乏亲和力，思想政治教育活动缺乏针对性，思想政治教育成效大打折扣。

需要具有多层次性，德育需要是其中的一个方面。在社会化过程中，人需要知识、文化、道德等各种素养，因此，学生接受德育的内生动力源于其对德育的需要。需要从低层次到高层次一般划分为生存的需要、享受的需要和发展的需要。

马斯洛的需求层次理论也表明，人只有满足低层次的需要才能产生新的

---

① 马克思,恩格斯.马克思恩格斯选集(第 4 卷)[M].北京:人民出版社,1995:381.

② 马克思,恩格斯.马克思恩格斯选集(第 4 卷)[M].北京:人民出版社,1995:381.

③ 曾钊新,李建华.道德心理学[M].长沙:中南大学出版社,2002:13.

④ 周飞.高校主体性思想政治教育探析[J].思想教育研究,2012(12):42.

高层次的需要。思想政治教育本身产生于人们的实践活动中,它包含思想意识、政治观念、道德规范等内容,是人作为社会中的人必备的,也属于较高层次的需要。大学生在校期间,一方面学习专业知识,提升智育水平;另一方面更新思维观念,提升道德意识,构建完善的道德结构和道德人格。[①]当道德需求转化为道德践行行为时,德育内在动力被激发,德育过程比较顺利。

但是现实生活中,经过多年学校教育,大学生已经具备一定水平的思想道德意识,思想道德水平相比一般人群来说更高一些,而且思想道德观念和意识是抽象的,哪些还需要提高,学生没有明确的诉求。从这个意义上说,大学生的德育需要是要被教育者发现和激发的。大学生接受思想政治教育的内在动力源于自身不断从精神需求到实践的转化。德育的过程是从德育认知到德育行为的过程。"在道德的知、情、意、行中,道德认识和道德行为构成思想品德内部认识和外部表现、道德动机和道德行为的最基本关系。"[②]思想政治教育过程中,大学生对德育的需要直接影响德育过程,因此,教育者主体必须首先激发学生的德育需要,使学生产生德育学习的动机,利用思想政治理论课以及教育活动,让大学生有效地开展学习活动,并通过实践活动,推动学生将思想道德意识转变为实践。

## 二、推动要素:主动建构

受教育者主动作为社会中的人,具有潜在的德育需求,在教育需求被激发后,教育者应考虑如何让学生成为思想政治教育的主动建构者,这是实现受教育者主体性的关键一环。由前述第二章可知,受教育者在高校思想政治教育过程中主体意识不强,主体地位得不到尊重,主体能力有待提高,即大学生在思想政治教育实践中缺乏主动建构意识。纵观当今的高校思想政治教育过程,并不是所有受教育者即大学生都能真正认识到思想政治教育的重要性及

---

① 班华主.现代德育论[M].合肥:安徽人民出版社,2004:14-15.
② 鲁洁,王逢贤.德育新论[M].南京:江苏教育出版社,1994:262.

其重大意义。他们大多是抱着完成一种硬性规定的态度去完成相应的任务，看重的只是完成修读任务，不了解也不想了解学习或践行的必要性和重大意义，更不关心对自身究竟有什么切实帮助。而与思想政治教育的对象相比，思想政治教育者的主体性发挥程度较好。高校学生主体意识不强主要表现在：第一，大学生学习思想政治理论课的需求被动化。"高校思想政治理论课在内容体系上、教育方法上与受教育者的需求有偏差。"①第二，受教育者参加思想政治教育活动的动机功利化。另外，从教育的过程来看，大学生主体地位得不到尊重导致接受思想政治教育的态度消极化。当今，很多学生对于思想政治教育的真正主旨理解不到位，认为就是枯燥理论的简单灌输和反复说教，与自身没有多大关系，学不学都没多大意义。以上消极的态度导致其不会发挥主动性去提高学习的主体性。还有，大学生的主体能力有待提高。主体能力是自身主体性的重要体现，是人对客观对象的主导能力的体现，主体能力越强，对客观世界的利用和改造能力就越大。我国传统的教育模式以教师教—学生接受为主，限制了学生的主动性和创造性。而当前的思想政治教育从内容到形式，没有做到让学生从教育实践中发现问题、分析问题，从而有针对性地解决问题。这就导致在高校思想政治教育过程中，忽视大学生主体能力的培养，忽略大学生主体能力对教育效果的重要作用。内生性受教育者在需要被激发后，教育者应注重对其主动建构意识和能力进行培养，这将进一步发挥其主体性能力并巩固主体性地位。

调动受教育主体的参与意识。在高校思想政治教育过程中，教育者的教育方式以正面传输为主，较少听取学生的想法和需要，很难提高学生参与的积极性。大学生群体处于思维敏捷、精力旺盛的青年期，往往会有很多创意和想法，思想理论学习内容如果能够给大学生更多创意空间，让大学生在高校校园文化活动、社会实践中成为自我管理、自我教育的主体，那么他们潜在的主动

---

① 孙晓男.高校思想政治教育客体的主体性缺失研究[D].沈阳:沈阳航空航天大学硕士学位论文,2012.

性和主动能力就得以发挥。在课堂教学中,需要教师充分考虑大学生的实际需求,给学生自主选择任务以及决定完成任务方式的权利。[①] 学生在处于不同的情境下完成各种任务的过程中,不仅学会了运用所学知识,还学会了自我指导和行为的自我调控,学会自觉地去关注学习过程,学会反思,进行自我评价和改善,从而学会真正为学习负责,这样才能突出学生自始至终的主体参与。这种参与,不仅是行为上直接参与,而且是从情感、心理、思维上进行的参与。

情境创设及协作学习,为学生意义建构打下基础。在教学设计中,教师要注重学习情景的创设,这种学习情景须具备两个特征:第一,突出学生的全员主体参与。教师根据教学目的和教学内容,创设认知情境,营造情感气氛,调整学生心理,使其形成参与欲望。第二,促进学生的主动建构。教师以双向交流为手段,从已知背景知识经验出发,引导学生发现问题、分析问题,在学习环境中交流,在协作中分享其思维成果,运用建构的知识去解决真实情景中的问题。在这个过程中,教师需要不断调整师生间、生生间的关系,使课堂教学活动在民主、平等、和谐、宽松的情境中展开,为学生主动建构所学知识打下基础。在教师的帮助和指导下,学生从这种相互作用中主动开发自己的思维品质,并完成自己知识意义上的建构。在互动过程中,每一个活动中的个体带着自己的知识、经验、思考、灵感参与课堂活动,成为课堂教学的中心,从而使课堂教学呈现出丰富性、多变性和教学资源的可生性。每个个体都会产生一定的影响力,在活动中相互配合、启发、分享、促进、完善,循序渐进地锻炼和提高学生共享学习过程的主动建构,同时,增强学生间的平等意识,促进相互了解,发展协作意识和能力;协作学习不仅使学生学会沟通和处理分歧,而且在情感态度及价值观等非智力因素方面,都会使学生得到全面不断的发展,最终取得最佳的教育效果。

多资源利用,促进和完善思想政治教育内容建构。思想政治教育的方式

---

① 龚亚夫,罗少茜.课程理论、社会建构主义理论与任务型语言教学[J].课程·教材·教法,2003(1):53-57.

多样,载体多种,充分利用多种资源,有利于学生主动建构教育内容。在思想政治理论课上,可以运用多资源,探索有利于课程开展的教材以及促进学生学习吸收所学内容的学习资料和辅助设施。充分利用网络和信息技术,运用慕课和翻转课堂的教学方式,目的是支持学生形成自主学习和协作式探索。在学生探索的过程中,教师给予学生必要的帮助和指导,随着资源的不断丰富,学生学习的渠道和方式也不断增加和改变,给予资源学习的学习者会是成功的知识建构者。教师不仅自身要成为资源的开发者和受益者,还应成为学生基于资源学习的引导者、促进者和合作者。

大学生主体意识的觉醒与增强,意味着他们能自觉、自主、积极地参与自身和社会发展的活动,从而在思想政治教育活动中充分发挥自身的能动力量,不断地调整、改造自身的心理状态和思想道德行为方式,从而提升思想政治教育效果。主体性思想政治教育突出强调教育者和受教育者的主体意识,而不仅仅是强调教育者或者受教育者单方面的主体性,它充分尊重教育者的主体性,充分发挥受教育者在思想政治教育工作中的主体能动作用,它改变了传统思想政治教育单向的"传授—接受"模式,实现了对传统思想政治教育的扬弃。

## 三、现实表现:有效参与

以了解、激发、掌握高校学生的需求为基础和出发点,充分调动学生的主动性、积极性,提升学生的主动意识和主动能力,最终以学生真正有效参与到思想政治教育活动中来体现。因此,学生是否能有效参与思想政治教育活动尤为重要。随着高校"全员育人"教育理念的不断深入,思政课程向"课程思政"全面铺开,我国高校思想政治理论课在"如何教"上进行了诸多尝试,掀起了教学改革的热潮。但相关研究较少从学生"如何学"角度进行分析,忽视了"知识表征和意义的心理结构,即学习者内部的接受过程"[①],学生"部分参与"

---

① 姚文兵.思想政治教育主体和客体作用发挥的教育学路径——建构主义教学理论的视角[J].社会科学家,2010(4):128.

"被动参与"现象普遍存在。教育的目标是让学生成长成才,教育者的"教"是为了学生更好的"学",因此教育教学有效性的提高,必须以学生主动有效的"学"为前提。当前,影响大学生思政课堂有效参与的因素主要有:师生间"教"与"学"身份"分明"导致学生缺乏主体性;内容上意识性、思想性、政治性强让学生易感"枯燥";讲授方式缺乏针对性;教学环境单调缺乏感染力等。思想政治教育活动多种多样,但很多思想政治教育活动没有给学生充分的自由,学生所需并不是教育者所给,使教育成本增加,而教育效果打了折扣。提升大学生有效参与是内生性思想政治教育主体涵育的基石。

以教学过程为例,大学生课堂参与面与参与度是高校思想政治理论课教学有效性的核心参照之一。只有通过大学生主动参与、积极自主探索,才能将思想政治理论知识转化为学生自己的知识、内化为学生自己的品德素养。从学生有效参与的字面意思可以看出,其首先反映出的是学生在课堂中的地位问题,即师生课堂关系问题。对此,不同学科都进行了专门研究。从哲学层面看,教师和学生通过"授"与"受"的主客体间的行为构成相互依存的关系;从教育学的角度看,教与学是教师主导性的"教"和学生主动性的"学"的互动过程;从社会学的角度看,教学过程在本质上是"师生之间思想交流、情感沟通、人格冲突、智慧碰撞的社会互动关系"。[①] 虽然各学科从不同角度对师生关系进行了定位与阐述,但核心要义相通:课堂上,师生间是平等互利、互动参与的"教学相长"关系。

从理论生成过程来看,关于学生有效参与的研究最早出现在心理学领域,Ralph Tyler 在 20 世纪 30 年代提出了"学习时间与学习任务成正比"[②],是学

---

① 汪刘生.教育学原理[M].杭州:浙江大学出版社,2007:159.

② Merwin J C. Historical Review of Changing Concepts of Evaluation, In R. L. Tyler (ed.), Educational Evaluation: New Roles, New Methods: The Sixty-Eighth Yearbook of the National Society for the Study of Education, Part II[M]. Chicago: University of Chicago Press,1969.

生参与的最初理论。教育学家苏霍姆林斯基最早较系统阐述了"学生参与"理论,认为"学生主体参与就是在教育教学中充分发挥学生的主体性,积极引领他们投身到教育实践"①。对学生有效参与进行深入研究的代表人物是美国的Astin。Astin 提出了学生课堂有效参与是指他们在课堂教学活动中所付出的体力和智力的投入,不仅包括外在可视参与,也包括内在参与。② 他还将参与的特性、参与的质和量、参与的评价等进行了具体研究。Fredricks(2004)在以上研究的基础上,将学生课堂参与总结为:情感的、行为的和认知的投入,他还做了大量的实证调研工作。③ 国内关于学生参与的说法,古来有之,例如孔子的"启发式教学"等。"参与"本义是个体能积极投入集体活动中的行为,这是管理学和组织行为等学科的研究内容,此后被运用到教育学和心理学中。王世范(1993)从人的社会性、实践性角度提出:"学生参与就是实践",学习知识也要通过学生自身的实践获得。④ 当时的学者已经意识到学生主体性发挥的作用,并用马克思主义哲学的观点加以论证。孔企平(2000)指出,学生投入是一种主动的个体化的课程经验,是以学生行为投入为载体的心理活动。⑤ 后来,学者们从实证研究入手,探寻相关策略。王永峰(2009)在借鉴国外学者相关研究的基础上提出了"学生真正有效参与的内涵六维度框架"。⑥

综合来看,国外学者对学生在课堂中的有效参与问题研究,是伴随着国外的教育传统以及哲学思潮而不断深化的,而且很多研究是以实证调查为基础

---

① 苏霍姆林斯基.帕夫雷什中学[M].北京:教育科学出版社,1983:9.

② Astin A W. Student involvement-A Developmental Theory for higher education [J]. Journal of College Student Development,1999(40):518-529.

③ Fredricks J A,Blumenfeld P C,Paris A H. School Engagement:Potential of the Concept,State of the Evidence[J]. Review of Educational Research,2004(74):59-109.

④ 王世范."主体参与"教育实践[J].教育科学研究,1995(5):9.

⑤ 孔企平."学生投入"的概念内涵与结构[J].外国教育资料,2000(2):72-73.

⑥ 王永锋.从"建构性学习"到"学生有效参与"[D].长春:东北师范大学博士学位论文,2009.

的(Pascarella,Terenzizi 等)。<sup>①</sup> 这些具体而深入的研究,对培养学生学习兴趣以及创造性思维具有至关重要的作用。因此,美国国家研究协会曾指出:"当学生接受和全心投入讨论、质疑、小组合作、批判这些高层次的课堂参与形式时,可以大大改善课堂参与效果,帮助学生获得整体性发展。"<sup>②</sup>而随着我国教育改革的不断深入,教学主体关系成为研究热点,国内关于主体参与、学生有效参与的研究越来越多,研究范围扩大到包括思想政治教育在内的多个学科,但多以策略研究为主,理论研究略显不足,而且现有的研究中就思想政治理论课中学生主体有效参与问题还没有明确的论述,大学生实践活动有效参与的理论研究更少。从国内外学者的研究来看,学生有效参与课堂指的是:学生在课堂中主动参与教学过程,包括认知参与、行为参与、情感参与层面;有效参与以学生参与程度为主要标准,而参与程度受师生主体关系、教学内容、教育情境、教学方式等影响。目前,高校思想政治理论课中学生能否有效参与到教学过程是研究的难点。

**(一)有效参与的要素界定**

在教育学相关理论中,教师发挥引导者、发现者角色,调动学生积极性、主动性,从而使学生对学习的知识进一步了解和掌握,并将所学内容反思内化,在情感上认同,在行动上主动参与课程各环节。为使学生有效参与到学习中,学者们进行了深入探讨。Dinsmore(2008)等学者利用 Alexander 的学习模型,通过调查发现"合理考虑学习内容及学习者特征是学生主体参与的关键"。同时,他们发现学生有效参与的要素里必然包含学习的内容、主体、学习环境等。<sup>③</sup> Erickson、Schultz(1992)认为,学生参与就是学生在学习中的社会关系

---

① Pascarella E T,Terenzizi P T. How College Affects Students:A Third Decade of Research[Z]. San Francisco:Jossey-Bass,2005.

② 弗兰克·纽曼,莱拉·科特瑞亚,杰米·斯葛瑞.高等教育的未来:浮言、现实与市场风险[M].李沁,译.北京:北京大学出版社,2012:147.

③ Daniel L D, Patricia A A,Sandra M L. The impact of new learning environments in an engineering design course [J]. Journal Instructional Science,2008(36):375-393.

和学科内容维度的整合,学生在与具体学习任务互动中完成了对课程的深度或表层参与,形成独有的课程体验。[①] Handelsman(2005)等人根据这一概念发展出学生课程参与问卷。[②] 此后至今,国内外学者借鉴建构主义教育理论等,对如何提升学生的学习主体性进行了多种研究,并逐渐形成了学生学习有效参与的基本脉络和要素组成。

第一,从"学生真正有效参与"的纵向角度界定,即从教师、学生个体、学生群体在整个学习历程中的各自作用来阐释"学生真正有效参与"。如果教师引导、发现、帮助、启发、支持、促进、评价的作用能够充分发挥,即充分发挥教师的引导作用;如果学生在学习过程中充分利用时间,积极投入课程,能够发现问题、主动探究、自我反思、勇于创造,即充分体现学生的主体地位;如果学生群体在学习过程中思想交融、互助共享、协作竞争、互相启发,即在学生群体中形成"学习共同体",实现智慧共享,这时的学生参与是真正有效的。

第二,从"学生真正有效参与"的横向角度界定,即从学习过程需要的条件或维度来综合界定。如果学生在合适的时机参与,以自觉主动的动机参与,以高效合理的策略参与;学生与环境形成有效互动,学生群体间实现社群互动、智慧共享;学生在学习中的整个学习形态实现了"以问题为导向、由真知而建构、以社群增强互动、在情境中体验、以理论反思实践"的建构取向,这样的学生参与是真正有效的。如果学生本人对学与教的过程的各个方面都积极地、能动地、创造地做出响应,其参与就是充分有效的。

由以上分析可知,教育理论提升学生学习有效参与的要素以教育有效性为目标,以发挥学生主体性为核心,营造教育情境,借助教育技术,让学生成为

---

① Erickson F, Shultz J. Students'Experience of the Curriculum [C]//P. W. Jackson (Ed.), Handbook of Research on Curriculum: A Project of the American Educational Research Association. New York, NY: Macmillan, 1992:465-485.

② Handelsman M M, Briggs W L, Sullivan N, Towler A. A Measure of College Student Course Engagement [J]. Journal of Educational Research, 2005(98):184-191.

知识的主动建构者,促使其有效地参与学习中来。如图 4-1 所示,在学习中,学生是中心,教师是教育情境的创设者和教学资源的利用者,起辅助作用,情境和资源都为学生自我知识建构服务,且两者间在教育目的上存在一致性。

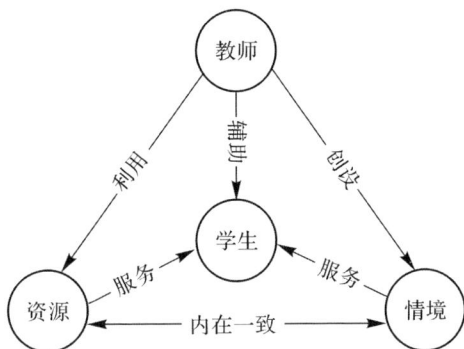

图 4-1　教育学理论关于学生有效参与的要素关系

从以上"学生有效参与"的理论发展脉络来看,学生学习有效参与,又被称为学生学习主体参与,核心是教育者充分利用各种方式、方法,调动学生积极性,促进其行为、认知、情感、心理等层面的投入,从而实现教育教学效果的最大化。但以上教育理论强化学生主体地位的同时,弱化了教师在教育中的作用;强调学生认知经验的重要性而忽视知识传授的必要性;强调教育过程中学生主动性的同时,忽视了教育结果的有效性;强调教育情境重要性的同时,忽视了教育成本和效率问题。因此,在 20 世纪末期和 21 世纪初,美国教育界发现中小学学生的知识素质有所下降,以建构主义教育理论为代表的教育理念的应用和发展与其最初的理论主张发生了偏离。[①] 所以,在借鉴相关理论合理要素的同时,需要结合我国的国情以及教育内容进行具体分析。

## (二)大学生有效参与思想政治教育过程教育模型

思想政治理论课是高校思想政治教育的主渠道,担负强化学生思想政治

---

① 高文,徐斌艳,吴刚.建构主义教育研究[M].北京:教育科学出版社,2008:406.

意识、提高学生道德修养、增强学生法治观念等的重要职责。焕发思想政治理论课堂生机，创新思想政治理论课教学方式，这是新形势发展的要求，也是高校思想政治工作的必然选择。思想政治理论课具有内容上的特殊性，通过对教育理论关于学生主动参与要素的评析，若要提高大学生课堂有效参与，除了对教育主体关系、教育情境、教育技术要素进行分析外，还有考虑教育内容。

1. 大学生参与学习过程的四要素分析

第一，主体要素是核心。主体要素包括教育者和受教育者（见图4-2）。从学生有效参与课堂的目的看，主体维度当然是核心。一是，从内容维度看，思想政治理论课程的内容是以大学生的思想特点及发展规律为依据的，内容是为主体服务的。思想政治理论课教学过程中，只有充分了解学生的学习需求和兴趣点，对教学内容进行有效整理与变通，才能让学生获得内心需求的满足感和成就感，从而让学生有效地参与课堂。二是，从情境要素看，思想政治理论课教学中各种情境的营造是为内容和主体服务的，情境的选择以主体能够感受和体验为基础，并由教育者和教育对象共同创设。三是，从技术要素看，思想政治理论课所用技术手段，都是为教育主体所掌握和接受的。教师可以为教学内容创设合适环境、过程及资源，从而优化教育、教学、学习及交往等活动过程，促使教育、教学与学习的互动连接。现代教育思想、理论催生了多种多样新的以培养和提高学生信息素养为重要目标的教育方式和教育技术，并用于开发教育资源、优化教育过程，对教育过程起到连接、促进作用。

第二，内容要素是基础。在思想政治教育的主渠道课堂中，学生对思想政治理论课的学习愿望及学习期待非常重要，这与课程的教育内容息息相关。但目前的思想政治理论课中，虽然教材已经做到了不断更新，但人们长期形成对思想政治理论课的偏见：这些课程具有"理论灌输"特点，采用单项传输的教学方式，课程的结课方式一般是开卷考试，"所学"与"所用"脱节等。这让学生在课前就对该课程产生潜在的"排斥"，对课程内容没有期待，对课程目标不感兴趣，对课程的价值不抱希望。因此，从主体要素角度来看，课程教育的基础

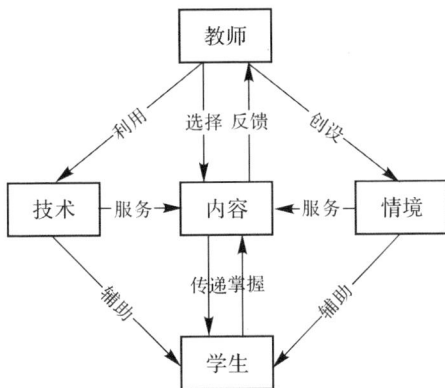

图4-2　大学生参与学习过程的四要素关系图

是教学内容,教育主体学习的核心是教学内容,并围绕教学内容展开互动,在师生间以及学生间形成学习共同体,并以学生对教学内容的掌握情况作为课程有效性的重要衡量标准。从情境要素看,学生在课堂中的知识参与、思维参与、行动参与等,都离不开情感的投入,能够引起学生情感变化或者共鸣,才能让学生真正参与其中,而这些能够引起学生们情感反应的情境一定是以教学内容为基础的,如果教育内容与教育情境相脱离,那么这样的教育情境是毫无意义的。从教育技术的角度看,教育技术同样是以教育内容为基础的,教育技术本身是"毫无生命"的,因为有了主体的选择和应用,它才能体现出对教育内容的展示和表达作用,因此,教育技术的应用也以教育内容为基础。

第三,情境要素和技术要素是中介。知识的习得离不开基于情境的实践活动,离不开个人和环境的交互作用,情境成为学生知识内在习得及外在转化的重要"转化站"。因此,情境要素是教育主体学习教育内容的必备要素和条件,也是教育主体与教育内容间的中介。通过各种情境激起学生的情绪共鸣,使他们形成无意识的心理倾向,情不自禁地投入教育教学活动中,作出积极反应,形成新知识学习的迁移、内化。黑格尔哲学体系中,起始点是"存在",但"存在"不具有"本质性"的特征,只是事物外在的、丰富多样化的表象。而它的"质"隐藏在"存在"后面的"他物"中,"知"先从直接的"有"使自身内在化,通过中介找到了本质。即,"直接的有"是从"知"到"本质"的中介。[①] 思想政治理论课教学过程中离不开教育工具和媒介,这就是教育技术。在教育情境的基础上,人们不断改善支持课堂教学情境的现代信息技术,发展教师与学生共享教学情境的新的教学模式。教师在情境中起到了"支架"作用,架起了理论上的"课堂知识"与实践中"现实世界"的桥梁。[②]

2.学生有效参与思想政治教育模型

学生有效参与思政课程的四重理论要素彼此交织,相互影响。内容要素是主体要素、情境要素及技术要素的前提和基础,情境要素是主体要素和内容要素的表征和体现,技术要素是内容要素、主体要素的中介和保障,学生有效参与课堂是导向和最终落脚点。在此过程中,教育者始终是主导者,是课堂教学过程的发起者,而学生有效参与是课堂的落脚点。为实现大学生有效参与课堂的参与面与参与度,在课堂教育过程四要素的基础上,需要在以下四个模块进行共建与努力(见图4-3)。

第一,教育内容。一是,思想政治理论课教育内容有一定的范围,一般都是由教学组织根据教育部门要求并结合教材、教学大纲确定,但学生可以就教学内容提出自己的关注点,并有权就相关主题进行深入探讨。在相关课程中,教育者就学习目标、学习内容、学习方式和学习评价等给学生以决策权,让学生成为课程内容学习的真正主体,取得了更好的教学效果。菲尔丁(Fielding)与 Sharnbrook Upper School 合作实施的"学生作为研究者"的项目表明了学生可以以能动者的身份充分参与、介入学校问题,学生有这样的决策能力。事实证明,让学生以能动者身份介入学校事务、课程教学过程取得了一定成就。[③]

---

① 黑格尔.逻辑学(下卷)[M].北京:商务印书馆,1976:3.

② 时长江,刘彦朝.课堂"学习共同体"教学模式的探索——浙江工业大学《思想道德修养与法律基础》课建设的研究与实践[J].教育研究,2013(6):150-152.

③ 刘宇.意义的探寻——学生课程参与研究[D].上海:华东师范大学博士学位论文,2009.

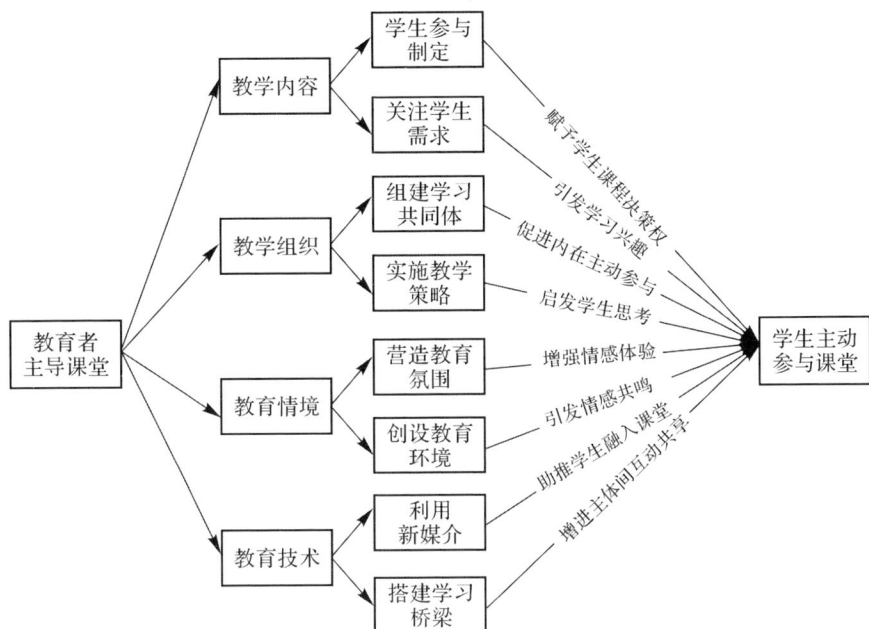

图 4-3 大学生有效参与学习的教育模型

可见,学生参与到课程决策,能够带给学生成就感,以此作为方向,可以让学生深入参与到思想政治理论课程目标、课程内容、课程实施以及课程评价的决策之中,提升学生对课程的兴趣,发挥不同专业学生的特长,在实现自身发展的同时,促进学校思政课程发展的优化。二是,关注学生需求,提高学生学习兴趣。需要引发动机,动机促进行为,学生有效参与课堂,首先要对学习内容有兴趣,因此,教师应根据思想政治理论课的内容要求,通过教学导入、案例分析等各种方式,基于不同任务组织活动,激发学生的学习兴趣,启发他们运用所学。

第二,教学组织。思政课教学中,教育者与教育对象间是协作互动关系:教师在课堂上是教学过程的发起者、组织者、指导者、反思总结者,是主导者角色;学生是课堂教学过程中的积极配合者、主动思考者、投入学习者、智慧共享者,是主动参与者角色。高校思想政治理论课上,教师需要重新审视和定位自

147

身的角色,引领学生自主探究学习。因此,在教学过程中,思政课教师应建构师生及生生间的课堂学习共同体。教育学非常强调学习共同体的意义,即师生间应建立互动交流的关系,开展有针对性的教学活动,学生间是互助协作关系,通过共同体促进学生对知识内容的理解、掌握,并激发学生自我探索的潜能,吸收集体的智慧,并有助于形成和谐共享的人际关系。另外,教师作为课堂教学中的主导者,应对自己的教学行为进行观察和评估,反思教学的整个过程,将隐含的个人信念或知识外显,从而使教育理念与教学实践达到和谐、统一。思想政治理论课的教育目的即是促进学生思想的转变从而引起学生行为的改变,因此,思政课教师更应关注学生思想信念的变化,而不只是讲述课程内容。

第三,教育情境。教育学理论推动着学习理论迈进了新时代,情景学习理论、社会共享认知的分布式认知观及活动理论、基于案例的推理与学习等理论得以发展与继续发展,这些观点不约而同地体现了这样一种价值观:一是,学习者在界定意义中的中心地位;二是,情景化的、真实的情境的重要性,这种价值观直接导致人们对学习的情境设计的重视,并最终导致对学习环境的研究和重视。学习的情境性、社会性发源于维果茨基关于心理发展的社会文化观和社会建构论。[①]情境要素是课堂教学的重要环节,能够增强学生对知识学习的情感体验,增进对知识学习的主动性。思想政治理论课学生有效参与性低的重要原因就在于其理论内容"枯燥",教育者应根据教育内容及学生的专业等特点,创设引起学生情感共鸣的情境,或者利用朋辈榜样、学徒理论等,鼓励学生参与到情境中,在情境中体验知识学习过程。

第四,教育技术。教育学理论将学生看成建构过程的主体,将教师看成学生主动建构的促进者。因此,教师应设计学习任务、提供学习资源,为学生提供认知工具和帮助等,以反映学习环境的复杂性;设计多种自主学习策略,使

---

① 郑太年.论学习的社会性[J].全球教育展望,2003(8):35-39.

学习能够在以学生为主体中顺利展开。这些内容的开展,都需要技术支撑。教育学理论强调学生在与教师、同伴、材料和计算机工具的互动中学会学习、分享智慧。因此,教师应充分利用现代教育技术,实现教育主体与教育内容、教育主体与教育情境、教育情境与教育内容的衔接,并达到促进学生有效参与的目的。因此,思想政治理论课中,以教学内容为基础,根据课程特点和教育内容、教育对象的具体情况,根据社会时代的变化,积极吸取新载体、新方式,为教育活动服务。尤其是有权威认可度的参与媒介、现代信息技术、自媒体等,是保障学生顺利参与学校思想政治理论课程过程的重要依托,可以大大提升学生参与的有效性。

综合来看,教育学理论视角下,学生有效参与思政课程是通过教育者创设教育情境,激发学生学习兴趣与动机,促进教育内容与教育主体之间和谐共存,最终实现教育对象之于教育内容或知识的"同化"与"顺应"。高校思想政治课程建设正日益成为人们关注的焦点。从增加课程的师资投入到探讨科学合理的教育方法,再到课程思政,思政课程有效性追求的目标更加明确。而积极吸收合理有效的理论成果,并将其运用到学生课堂有效性参与的教育实践,是对新时期我国高校思想政治理论课程教学实践的观照和反思,也是课程发展的情理和现实的必然要求。

# 第五章　创设高校思想政治教育过程的有效环体场域

思想政治教育环境"是指影响人的思想品德形成和发展,影响思想政治教育活动运行的一切外部因素的总和"①。思想政治教育环境是思想政治教育过程的重要要素。戴钢书提出,人的认知实践与评价是人的思想政治道德素质这个主体对德育环境这个客体发生作用的中介,即人的思想政治道德素质、德育环境、人的认知实践与评价,是德育环境理论的"三维结构",这三者相互联系,环境对主体发生直接影响作用,客体通过中介对主体产生间接影响。② 有学者将高校德育环境的三维结构划分为:人文德育环境、亲情德育环境和制度德育环境。③ 有学者对思想政治教育环境进行了分类,认为思想政治教育环境可以分为:可感性环境——主体可直接感知的物质生态环境;可适性环境——社会人文环境;可控性环境——由教育者可以选择、创造、设置的环境,可适性和可控性环境是思想政治教育的主要环境要素④。还有学者将思想政治教育

---

① 张耀灿,郑永廷,吴潜涛,等.现代思想政治教育学[M].北京:人民出版社,2007:294.

② 戴钢书.德育环境研究[M].北京:人民出版社,2002:193-197.

③ 赵金昭.高校德育环境建设实践论[M].郑州:河南人民出版社,2004:6-7.

④ 沈国权.思想政治教育环境论[M].上海:复旦大学出版社,2007:10.

环境分成"物质、精神、制度"要素,①还有学者用生态分析方法研究思想政治教育环境,②还有学者注意到了网络及新媒体环境对思想政治教育的影响等。

综合来看,各学者对思想政治教育环境的研究不断深入,从马克思主义关于主客体关系、环境理论等出发,分析思想政治教育环境的特点与功能,对思想政治教育环境进行分类,注重思想政治教育环境对思想政治教育主体的影响,不断拓展思想政治教育环境的外延。虽然学者们从不同的侧重点对思想政治教育环境进行分析,但也达成了一些理论上的共识。第一,思想政治教育环境是思想政治教育的外在因素,是思想政治教育过程中的重要影响因素;第二,思想政治教育环境与思想政治教育主体和客体间是紧密相连、互相影响、互相制约的;第三,思想政治教育环境包含了人们可以控制的微观内容,也包含了人们无法控制的宏观内容。环境因素复杂多样,有宏观与微观环境,有校内与校外环境,有抽象环境与具体环境等分类。这些环境因素对整个思想政治教育过程有着不同程度的影响,但从与思想政治教育过程的相关度来看,具体的微观环境对教育过程有着直接的影响,尤其对思想政治教育过程的其他要素。为有针对性而非泛泛地进行研究,本研究主要从微观角度对高校思想政治教育过程直接相关的教育环境进行具体分析,尤其是从教育者可以把握和掌控的教育情境视角进行分析,主要从高校课堂教学和高校实践活动两个层面进行探讨。

# 第一节　内生性教育过程中的教育情境

"情境即是能够产生一定生物学意义和社会学意义的具体环境,这种环境

---

① 李辉.现代思想政治理论环境研究[M].广州:广东人民出版社,2005:24.

② 邱柏生.高校思想政治教育的生态分析[M].上海:上海人民出版社,2009:2.

在激发人的情感、改变人的情绪、影响人的心理活动中具有显著而特定的作用"①；有学者认为情境"是人性化的教育环境……具有一种亲和性、审美性和体验性"②。虽然学者们对"情境"内涵的界定不一，但从根本上来说，都认为情境是环境的一部分，情境具有可选择性、可控性，是可以被感知和利用的微观环境。思想政治教育情境是思想政治教育环境的一部分，是思想政治教育环境中的自觉环境，两者互相排斥、互相转化、互相渗透，并处于变化过程中。具体来看，思想政治教育环境更具客观性，有些环境是教育主体无法选择的；思想政治教育情境更具主体选择性和微观性。

思想政治教育环境复杂、多变，思想政治教育情境具有认知和创设的功能，更具体和生动，有利于思想政治教育过程的实施。思想政治教育情境对教育过程具有物质保障、感染强化、协调引导功能。思想政治教育情境是思想政治教育有效发挥的物质基础，它为思想政治教育的有效开展提供最基本的场地、媒介等物质条件。思想政治教育情境将教育主体，尤其是教育对象带回了有"体验"、有"情感"的"现场"，让教育对象有"身临其境"的感知，其直观性、形象性，通过暗示、模仿、舆论等方式，带给学生情绪感染、形象感染、群体感染等。思想政治教育情境的开发和利用，强调的是在思想政治教育过程中立足于教育者和受教育者双方所处的真实生活世界，通过对理论内容以及概念知识来源与习得情景的真实或逼真的呈现，使教育对象在亲身的体验感受中达到对其真切的认知、理解和领悟，即一种情境化的实践方式、模式。

思想政治教育情境按照不同的标准可以有多个分类。第一，按照情境存在的主客观状况可以分为物质情境和精神情境。第二，根据情境产生的基础来看，可以分为先在情境、创设情境。第三，按照情境的虚实状况进行划分，可

---

① 韦志成.语文教学情境论[M].南宁：广西教育出版社，1996：127.
② 李吉林.李吉林与情境教育[M].北京：北京师范大学出版社，2006：113.

以分为现实情境与虚拟情境。① 当然,对思想政治教育情境的分类还有很多。以此作为标准,本书主要研究微观意义上、与学校相关的教育情境,因此,本书按照场域进行分类:教学情境和实践情境。教学情境是指在以思想政治理论课为主的课堂上,为实现思想政治教育的目的及大学生接受思想政治教育内容以最终实现教育目标,而由教育主体创设的、为教育主体所用的各种情境要素的集合体,包括教学设备、虚拟课堂情境、课堂氛围情境等。实践情境是指课堂外对学生思想形成发生重要影响的,以学生切身参与其中的活动为主的各种情境资源的总和,包括红色教育基地、社会文化熏陶、公益活动参与、校园文化等。在不同的场域,创设的情境也不同。思想政治教育过程的内生性运行对教育情境的要求是:思想政治教育过程中为实现教育内容的有效传导教育目标,由教育者创设的,可以被教育主体感知和实践的各种客观环境和营造的各种精神文化氛围。它的主要特点为由教育主体选择和控制,能够被受教育者接受和适用,同时能够激发教育主体的主体性以及教育过程的持续进行,符合教育目标,有效提升教育内容的感染力,促进教育者有效的教,激励受教育者有效参与到教育过程。

## 一、教育者主动创设的情境

关于思想政治教育情境内涵的界定,有代表性的观点有:第一,思想政治教育情境是在思想政治教育过程中,教育者予以规定和把握的环境,思想政治教育情境是一种文化的、精神的、心理的、内在的、主体的体验、气氛和人际互动。② 该观点强调思想政治教育情境是教育主体感受的、体验的精神氛围。第二,思想政治教育情境"是为思想政治教育活动的开展而创设的,作为思想政

① 黄菊.现代思想政治教育情境场构建研究[D].武汉:华中师范大学博士学位论文,2014.

② 张耀灿,郑永廷,吴潜涛,等.现代思想政治教育学[M].北京:人民出版社,2007:321.

治教育要素而对思想政治教育活动发生作用的精神氛围与物质条件的统一体"①。该观点强调情境是教育主体创设的,是物质条件和精神氛围相结合的。第三,"思想政治教育情境概念应具有广义与狭义之分"。广义上思想政治教育情境包括影响思想政治教育系统活动的一切内部和外部自觉环境因素的总和。狭义上思想政治教育情境是"教育者和受教育者都可以把握且能够优化双方心理精神氛围的而有利于一定思想政治教育目标实现的、自觉的可控环境"②。该观点一方面从广义和狭义角度对思想政治教育情境进行了分析;另一方面,将思想政治教育情境的一般特点定位为:教育主体优化的、有利的、自觉的、可控的环境。以上观点体现出思想政治教育情境内涵的一些基本特征:第一,思想政治教育情境是思想政治教育过程中的重要要素,是思想政治教育环境的一个方面;第二,思想政治教育情境是由教育者主动创设的,体现了教育者的主导性;第三,思想政治教育情境是教育主体可以感知、体验的,可以被利用的,体现了教育者和受教育者在教育情境中的主体性;第四,思想政治教育情境的作用在于其是实现教育目标的重要要素,对其开发使用,是为了提高思想政治教育的成效,这体现了思想政治教育情境的价值。因此,实现教育过程内生性运行,教育情境必须是教育者根据受教育者的特点,按照教育主题,利用最合适的教育媒介和载体,营造有利于受教育者接受教育的一切可能的氛围,这样的情境一方面有利于引起受教育者思考教育内容,发挥能动性解决问题的能力;另一方面情境的营造过程体现了教育者主体主动性、能动性的发挥,最终以促进高校思想政治教育过程以及大学生内生性发展为目标。

## 二、受教育者接受和适应的情境

从发生学的角度看,事物的发展或演变往往是在外源性动力与内生性动力共同作用下完成的。高校思想政治教育过程中,"内生性动力"来源于教育

---

① 沈壮海.思想政治教育有效性研究[M].武汉:武汉大学出版社,2012:95.
② 董杰.思想政治教育情境与思想政治教育环境三论[J].湖北社会科学,2012(3):19.

者和受教育者的主体性,"外源性动力"主要指教育环体和教育介体。教育情境虽然属于外源性动力,但它是内生性教育过程的必备要素,其自身虽不是从教育过程固有肌理中生长出来的一种存在方式,但也是遵循自身发展逻辑的一种必然结果。内生性教育过程的建构是以教育主体自身成长愿望为基础、以教育情境要素更新或重组为手段、以推动教育过程持续有效发展为目标的过程,表现为教育主体在特定教育情境中选择有效教育介体以自身力量推动教育过程可持续发展并获得自身持续成长的过程。

内生性的教育情境首先是由教育者选择和控制的。其次,内生性教育情境是受教育者乐于接受并有利于其参与教育过程的。"内生性教育情境"强调情境总是与主体因素或者那些可以归结为主体因素的社会因素相联系。虽然教育情境是客观存在的,但运用哪种情境到思想政治中是由主体选择的,与"主体的目的"相联系,与个人理性相联系。情境的选择具有针对性、适合性、科学性等"规则遵循",而且,为有效传递教育内容,要讲究情境的最优化。再次,内生性教育情境是能够促进教育过程的内生性运行,改善过程结构并促进过程要素平衡的。因此,这种内生性的教育情境与一般的教育情境不同,它不仅有"倾向性",并富有系统性、协调性的职责和内涵。

# 第二节　营建有效促进学生知识学习的教学情境

人的认识是主体在实践的基础上对客观事物的反映,这种反映必然要以客观事物为原型,它总是尽力在人的思维中再现客观事物的状态、属性、本质、规律等,具有临摹性。因此,人的认识来源于实践,而教育情境即是实践环境的一种,这种情境与教育内容相关,能够为教育主体认识和利用。20 世纪 80年代末,教育学界基于认知主义学习理论发展起来的情境认知理论将注意的焦点转移到认知问题上,并提供了关于导致理解的解释过程的新的观点:知识是发展的,是内在建构的,是以文化和社会的方式为中介的,学习者在认知、解释、理解世界的过程中建构自己的知识,学习者在人际互动中通过社会性的协商进行知识的社会建构,根据这样一种知识的哲学观和认识论,教育关注的焦点从教师的教学转移到学习和学生知识的形成。它提倡:①学习者在界定意义中的中心地位;②情景化的、真实的境脉的重要性,这种价值观直接导致人们对学习的情境设计的重视,并最终导致对学习环境的研究和重视。学界对教育情境的研究掀起高潮。

思想政治教育过程中,环境是重要一环,是人的思想品德形成和发展的客观基础。大学生的思想政治素质是在一定的社会环境中形成和发展的,高校思想政治教育工作必须在一定的社会条件下进行。创设良好的教育情境对大学生思想政治素质习得和践行有重要的意义。情境学习能够提供贴近教育主题的真实情境,既可以是实践临摹类型的情境,也可以是多样化的角色情境,支持知识的合作建构,提倡在知识学习与情境融合时给予学生指导,促进学生反思,对学生学习过程进行整体性评价。合法的边缘性参与和实践共同体被认为是情境学习的最关键特征或要素。① 对内生性的教育情境的开发和创建,首先可以从教学角度进行具体分析。

## 一、促进意义建构的教学情境

受马克思主义认识论启示,对大学生进行思想政治教育的过程就是大学生形成新认识的过程。认识来源于实践,认识水平的高低与实践密切相关。因此,应该遵循马克思主义认识论,综合感性认识、理性认识的发展规律,做好学生知识学习提升的理性化思考。教育情境比直接的知识传授更直观,能够加深学生的感性认识,为进一步的理性认识打下基础。教育境情能够让教育内容与现实世界紧密相连,促进学生通过现象进行更深入的思考,激发学习的

---

① 王文静.情境认知与学习理论:对建构主义的发展[J].全球教育展望,2005(4):57-59.

主动性和能动性,让学生逐步在头脑中建构正确的思想和品德意识,引导学生们在实践中选择和做出正确的道德行为。这也是内生性思想政治教育过程的应有之义。

如何选择教育情境呢? 可以从心理学、教育学相关理论中获取经验。前文第二章中已论述过情境学习的相关理论。首先,情境作为教育过程的一个要素非常重要,是主体学习和内容传递的重要支撑,而且情境多样化,需要教育者根据教育内容和教育对象的特点做出选择。其次,情境蕴含于一定的历史文化中,人们在一定的社会情境之中通过协商或者合作获得德育知识。最后,学习者是环境中主动的信息探测者。不仅教育者是情境的主导者,受教育者也会在特定情境下掌握知识、习得技能,比如大学生在与朋辈群体、专家等共同交往与协同活动中可以习得,在学习过程中,学习者不仅处于一个学习情境中,更是处于一个更为广阔的社会世界中。①

计算机本身就是人们认识水平和智力成果的体现,随着计算机技术的进步,人们发现,计算机技术可以辅助人们进一步开发自身潜能。认知分布在人的大脑中,也通过人的创造行为分布于有关的工具、人工制品即知识表征模式上。它给教育者以启示,那就是要充分利用认知工具以及人们创造的条件,启发思维,而且关注群体协作掌握知识的效能,同伴头脑中的知识也是自己知识学习的"工具"。在情境教育学者心中逐渐萌发"将分布式认知转换为分布式认知资源"的灵感,他们开始了知识管理和学习环境设计的研究。有学者通过实证调查研究发现,成立课堂学习共同体能够有效促进知识的学习,这样的共同体,通过教师的指导,在共同体内逐步生成一个分布式的专业知识网络,学生在共同体内围绕分布的专业知识,利用计算机工具、教学资源,在教师鼓励以及同伴支持下,融入学习,分享智慧,调动了学生的主动性、参与性,提升学习效率。由此可见,知识是在人类群体中不断传承的,是人的社会关系结成的

---

① 赵健.从学习创新到学习组织创新——试论学习共同体研究的理论背景、分析框架与教学实践[J].教育发展研究,2004(7-8):18-20.

智慧成果,具有社会性和分享性。

　　学校是传授知识的专门场所,学校传授的知识包括用于实际操作的专业知识以及抽象地理解世界的认识和思维。大学是学生综合能力提升的重要阶段。我们在谈论某种知识时,不仅要知道该知识是什么,还要明确它的用途,即知识本身应该是情境化的。知识不仅仅是数据信息等简单的事实,知识和智力智慧、美德密切相关。知识和道德的关系实质上是知识与人的德性之间的关系。外在的道德规范只有内化为人内在的德性才能成为人的德行的动力,德性的形成体现为道德规范的内化过程。尽管哲学家之间存在着德性先天具有还是后天具有之争,但他们都承认需要后天的发掘、涵养及培养。后天的涵养或培养都离不开道德认识、道德知识以及道德意识。知识与道德的关系,几乎是伴随着道德的产生而产生的。正是人们对客观的道德关系予以主观性的精神把握,从而形成了对道德的认识和因此而产生道德知识的结果。①无知识的美德是不充分而无力的,而无美德的知识是危险的。二者的结合形成最高贵的品格。② 古希腊苏格拉底首先注意到了德性与知识的相关性,并提出了"德性是某种知识"的著名论点。同样,在先秦,孔子也一再确认仁与智的统一,强调"未知,焉得仁"。仁既是一种道德原则,也具有德性的意义(仁德),从而,仁与知亦涉及道德与认识的关系。人类的道德实践是以知识为基础的实践,是在知识参与下的实践,其实践的程度和范围是受人类对道德认识的状况制约的。一个人对道德的认识,与其他认识一样,来源于他后天的实践活动,亦即来源于他的道德实践活动,说到底,也就是来源于他的道德行为。因此,对大学生进行思想政治教育,在课堂中进行思想道德知识讲述,必须遵守道德形成发展的规律,以思想道德知识形成的社会性为基础。

---

　　① 邓达.知识论域下的高校德育课程[D].重庆:西南大学博士学位论文,2008.

　　② Davidson M,Lickona T,Khmelkov V. Smart and Good Schools:A Paradigm Shift for Character Education[J]. Education Week,2007(12):30-31.

## 二、建构路径

意识的产生以物质的客观存在和人脑的机能为基础,活动不能在没有意识的情况下发生,意识也不能发生于活动情境之外,有意识的学习和活动完全是相互作用和相互依赖的,因此,在社会文化的、以活动为导向的情境脉络中的学习是最有意义的学习。学生学习领域中的知识是为了解决问题,这样知识和学习就转向情境化,受到情境脉络的制约。促进意义建构的教学情境即是为了更好地传递教育内容,激发教育主体特别是受教育者的内在学习动力。具体可以从六个教学环节进行操作:确定学习主题、创设教学情境、信息资源设计、自主学习设计、协作学习环境设计和学习效果评价设计。

学习情境的创设,能够让学生在新知识与原有知识间建立联系,学生进入情境,先用原有认知分析和感知,在体验情境中,通过教师的引导,吸收学习新知识。而且情境是更直观的学习环境,能够将抽象的、枯燥的知识形象化、具体化,增强学生的学习兴趣和情感投入,吸引学生的注意力,学生易于接受。情境可以分为问题情境、事件情境、文化情境、自然情境等,根据学生的接受特点以及教育内容,借助已有的教育技术条件和教育载体,尤其是现代网络以及自媒体,可以创设出更多、更有意义的情境,打破教学时空结构以及时空限制,实现教学环境的弹性化延伸,激活学生的内在学习动力,唤醒学生已有的相关知识经验,激发学生对知识学习的意义建构,促进学生自主解决问题和内在建构知识。

### (一)促进大学生对意义与身份的双重建构,构建主体可持续发展的"共享学习共同体"

学习具有社会性和分享性,学习是知识的意义和学习者的身份的双重建构。在课堂共享学习共同体中,必须让学生身处与知识对象有关的具体情境中,包括对象本身的具体细节以及对象所存在的文化实践情境中。创建有利于意义建构的学习环境,这种环境必须提供相应的资源,更能鼓励学习者通过与这样的一种环境的互动去建构关于学习的意义。现代学习理论反对传统的重知识灌输的观念,认为学生的学习不是靠单一的传输就能获得的。强调学生对知识的学习要与外界相联系,重视学习个体间的相互作用以及社会性客观知识这样的中介,将共享学习共同体的创建作为情境学习理论的重要特点。这个共享共同体由学生、教师、专家、辅助教师等组成,成员间能够形成一致的学习目标,共同遵守共同体的约定。强调有效沟通,注重学习资源、学习体会、个人经验的分享,尊重每个成员的表达权利,形成相互促进、和谐共处的团体。共享学习共同体一般要具备主体、学习任务、学习目标、共同守则、评价等要素,组成有序运行的有机整体。①

思想政治理论课理论性强,长期以来以课堂教师的讲授为主,教师更注重教而忽视了学生的学,对学生的启发不够,让学生没有参与感,不能发挥主体性,影响了思想政治理论课的有效性。共享学习共同体强调课堂中以学生为主体,以师生及学生间交往互动为主要特征,让学生和教师在共同体内平等对话,互动交流,教师以自己的知识经验启发学生,指导学生学习,学生也可以直接表达自己的困惑以及疑问,以知识经验的分析以及讨论的方式探讨知识学习,每个人都可以从他人那里获取经验和知识,每个人都会将原有知识与新知识进行对接,从内在构建新的知识体系,促进学生共同进步,实现学生对学习知识的意义建构。②

**(二)拓展多元、多层次情境,引导学生思考、解决复杂问题,促进受教育者主体能力的持续性发展**

知识是对外部世界的重新建构;知识的产生依赖于个体先前获得的知识

---

① 张杰.信息技术环境下学习共同体构建的探究[J].福州大学学报(哲学社会科学版),2008(5):101-103.

② 时长江,刘彦朝.课堂"学习共同体"教学模式的探索——浙江工业大学《思想道德修养与法律基础》课建设的研究与实践[J].教育研究,2013(6):150-152.

和经验;知识产生于人与周围环境的互动。① 因此,知识是一类特殊的情境性的社会实践,源于实践,在实践中获得发展。知识有不同的分类,表现为不同的层面,抽象的理想知识,带给人思维的启迪,帮助人们认识现象背后的本质,分析因果关系;实践性的知识,是人们在实践过程中总结的经验教训,是经过了真正的实践环节而积累知识。无论哪类知识,都是人们因自身主体性发挥而获得的,并能指导人做出理性的行为,体现了人与环境交互作用过程中的一种交互状态,增强了人们适应动态变化发展的环境和社会的能力。

通过这样的共享学习共同体,一方面有利于提升学生有效参与活动,另一方面锻炼学生的独立思维意识和思维能力。学生们通过合作式的交互活动,开发自身能力,借助已有知识进行探索,不断获得主体性成长,使自主性得到发挥。②

## (三)充分利用"视觉"情境促进学生有效参与

运用多媒体技术,通过播放与课程主题相关的图画、音乐、视频等直观的形式,激起学生的情绪共鸣,使他们形成无意识的心理倾向,情不自禁地投入教育教学活动中,作出积极反应,形成新知识学习的迁移、内化。目前,很多高校推出了思想政治理论课 App,例如清华大学的"雨课堂",课前推送、实时答题、多屏互动、答疑弹幕及学生数据分析等功能,充分利用了学生对手机的使用习惯。而慕课视频等形式已在多个高校铺开。情境教育把跨度宽阔的教育、教学的空间,用各种暗示手段加以联动,就是通过边缘方式感知情境达到教育效果。视听觉情境显示的美感和情趣,易于学生接受,并持续地关注,从而激起了相应的情感。建构主义理论强调知识建构与情境的关系,认为有针对性的"学习情境"与"应用情境"有利于知识学习的迁移,学生新知识的产生

---

① Schunk D H. Learning Theories: An Educational Perspective[M]. USA: Pearson Education, 1996: 225.

② John R. Barry C. Learning Community in Education: Issues, Strategies and Contexts[M]. London: Routledge, 1999: 6.

与两者共同作用于学习过程分不开。教师可以通过众所周知的事例、故事或者个人的切身经历,在移情的作用下,加深学生对教育主题的理解,最终通过情感的弥散,渗透到学生内心世界,达到思政课内容"入心、入脑"。

### (四)运用多元化的评价

情境认知学派设计者特别地强调教学中情境的运用,关注学生在共同体中获得的自主选择自己学习目标和学习路径的程度。评判学生学习的成效主要看:学生在讨论、分享、交流过程中发现问题的能力,提出质疑的能力,对知识的深层次理解,遇到问题后分析问题、解决问题的能力,尤其是应用到真实的世界中去解决其中问题的能力。反对纯理论式的书面考试类型的评价。然而,这样的设计仍然需要带着某种目的为在某一特定的时间框架内发生的学习规划资源,以使学习者达到这一目的。对那些成功地对目标达成一致意见的团队而言,达到这些目标的效率肯定是较高的。①

为实现学生学习知识的有效意义建构,学校需要为教师提供更多可利用的环境,教师应该利用各种资源和平台为学生创造多样化的、真实的情境。在情境中形成知识意义的多重建构。教师要为学生课堂学习服务,以学生积极主动参与教学过程为方向,始终将学生放在学习过程的中心,调动学生运用已有知识分析问题、查找资料等的能力,支持共同体内部合作互助,增强现实发展认知的灵活性,使学生形成背景性经验,从而掌握知识的复杂性及多样性。

## 三、案例分析

在从事思想政治理论课教学中,本研究尝试过以更加直观的方式,通过营造教育情境促进学生参与课程,以《思想道德修养与法律基础》第五章"明大德、守公德、严私德"第三节"遵守公民道德准则"为例,激发学生的内在参与动

---

① 王永锋,何克抗,王以宁.从建构性学习到学生有效参与——论课堂教育技术之正业[J].开放教育研究,2007(4):50-58.

力以及自我管理、自我反思能力。

## (一)教学目的

通过本节内容的学习,学生能够对社会生活领域中的道德规范以及个人品德提升的路径有精准的把握。学生能够认识到,一个人只要在社会中生存,就必须自觉遵守相应的道德要求,就必须用道德规范指导自己的实践,激发大学生形成善良的道德意愿、道德情感,培育正确的道德判断和道德责任,提高道德实践能力尤其是自觉践行能力,成为社会所需要的人才。

## (二)教学准备

选定一个人数在 40—50 人的班级,使用"雨课堂"媒介随机分组,每组6—7人,要求上课时同组坐在一起,便于小组讨论。

根据本学期的教学活动安排,每组抽取一次课堂主题活动的任务;每组至少有一周的时间做准备。

抽到本主题的组,提前一周确定活动形式,并和教师一起确定最终展示方案。

提前告知学生,课程结课时将从各组各类展示中评选最佳表现奖,颁发证书;每个组的平时成绩以组为单位打分。

## (三)教学步骤

1.主题导入

公民道德建设,对于提高人民思想觉悟、道德水准、文明素养,提高全社会文明程度,具有至关重要的作用。那么作为大学生,你对个人道德的判别标准是什么? 你的道德认知和个人行为是否一致呢?

2.教学情境——小品:网购

负责本次主题的小组经过讨论,最终采取展示形式:小品;演出人:第五小组;参与演出人数:5人;旁白:1人。提前准备好剧本并进行了排练。展示时间:8分钟。

具体剧情(由该小组拟定剧本,教师进行了指导和个别修改):大学生佳佳、室友小朱是网购达人,刚刚网上购买了新衣服,穿着很合身,她们叫上舍友兰兰,兴高采烈地穿着新衣服去拍照,拍照时并没有把衣服的标签撕下来,小朱告诉佳佳,这样我们拍完照就可以退掉衣服,反正是"七天无理由退货"。佳佳答应了,可是给她们拍照的兰兰觉得这样做不妥。回到宿舍后,小朱和佳佳在网上联系淘宝客服说好将衣服退掉。而正在工作的客服是一名大学生,她在兼职,本来以为可以拿到提成了,没想到两件都退货了,心情很糟糕。晚上,大家都回寝室了,寝室长"大姐"回来知道了两人退衣服的事情,对两人进行了批评,兰兰也说出了自己的意见,希望她们讲诚信。小朱和佳佳惭愧地低下头。这时,寝室的"小妹"回来了,她垂头丧气,原来她就是那个兼职淘宝客服的工作人员,寝室长一边安慰"小妹"一边瞪着那两人,她们赶紧拿出手机,联系客服:衣服不退了。"小妹"收到买家发来的不退货的消息,又高兴地跳了起来。

3. 分组讨论并分享看法

小品结束后,其他小组分组进行讨论,时间约 8 分钟,然后 6 组同学分别分享各组的讨论结果,进行总结发言,约 20 分钟。

4. 教师点评总结发言

针对剧本编排情况、演出情况、分组讨论中学生比较关注的内容,根据教学主题,结合小品展示进行总结发言,时间约 8 分钟。

5. 检测评估教学成果

首先,关注学生的反应情况和投入程度;其次,现场提问学生"个人道德的作用、道德修养的正确方法"等问题,观察学生掌握的情况。

6. 布置作业

(1)就当天的学习主题,结合小品展示和小组讨论,写一篇个人关于道德主题解读的论述文章,选题自拟,要求:有个人独特视角,论述内容明确,逻辑清晰,不少于 500 字,上传至"雨课堂"平台,下次课前完成。(2)从自身做起,发现生活中的不文明现象,将自己改进的一次做法或者劝阻他人文明行为的事迹,以小视频、图片或者文字的形式上传到"雨课堂"平台,在本门课程结课前完成。

### (四)教学案例分析

在这个案例中,教师与该组学生组成了"学习共同体",每个组的学生之间也组成了"学习共同体"。学习者不仅在从边缘到中心的参与过程中建构知识的意义,而且在小品构思中会形成对于共同体的归属感、依赖感,完成作为共同体成员的身份建构。教师和学生小组共同参与剧本的创作,以学生小组自己创作为主,教师为增强教育效果,全程给予指导,充分发挥了主动性、积极性,起到了组织、指导的作用;学生按照课程的规则,需要完成课程任务,而展示需要在全班面前进行,学生们也非常有动力去积极准备,再加上小组评价、期末评选最佳表现等激励,每个学生都能积极参与到课程中来。教师营造一个探索的过程,在过程中,提供的是解决问题的原型,主要任务是引导学生自己进行探索。在教学设计上,这样的情境符合教育主题,也符合学生的实际,学生更能融入情境中,并被情境感染。

这次小品展示关于道德的主题反响热烈,演出的同学进行了充分的准备,根据主题形成了自己的问题域,设计并提出自己的问题,这些问题也是源于生活的,通过角色"扮演"展示了逼真的、复杂的情节,带动了其他学生的参与。小组讨论后,教师引导学生架起"课堂知识"与"现实世界"的桥梁,让学生充分体验到课堂中学习到的知识的作用。学生成了所扮演的角色,通过"进入情境—担当角色—理解角色—体验角色—表现角色—自己与角色同一,产生顿恰"①。通过角色转换,学生由习惯上的教学过程中等待接纳的被动角色,转变为主动角色,从而主动投入、主动参与教育教学过程。而情境营造不仅让学生在课上受到感染,激发学生情感共鸣,更关注学生的学习效果,包括课后行为的变化,通过布置课后作业,将教学情境一直延续到课外,让这次的主题情境

---

① 高文,吴刚,徐斌艳.建构主义教育研究[M].北京:教育科学出版社,2008:176-177.

深入学生的思想并带到其日常的行为中,这样的情境营造既有利于教师和学生的主体参与,又能够提升教育成效。

## 第三节 开拓有效促进学生活动融入的实践情境

关于情境,莱夫明确地指出:"情境,……意味着,在特殊性和普遍性的许多层面上,一个特定的社会实践与活动系统中社会过程的其他方面具有多重的交互联系。"[①]任何一个情境不可能只显示一种意义,它所内含的信息或者意义一定与其他相关内容有联系。情境本身有置身其中的意思。任何知识都与人类的某个实践相关,教育情境为知识学习服务,其本身也和其他知识或者经验相关。因此,知识离不开实践活动。[②] 思想政治教育过程中,教育内容涉及思想内容、政治内容、道德内容、法律内容、心理内容等方面,其中的纯知识层面内容只是一方面,更多的内容是经过人们实践经验总结而形成,并必然通过学生的实践而感受和加深认识。

在实践情境中促进思想政治教育内容学习是高校教育实践活动中可以尝试的。首先,将教育内容或者知识具体化为知识点,将这些内容与真实现有的情境相联系。任何知识都有自己独特的对象和意义,最初都来自人们的实践或者经验,在抽象为知识内容后,后人对它的理解如果只停留在理论层面,很难将其完全理解。让学习内容置身于相关的情境中,让学生真正体验、感知知识所蕴含的核心含义,在了解、认识、分析、思考、感悟中获得对知识的完整理解,并经过教师的指导,延伸知识学习的广度和深度,这是更有效的实践学习方式。另外,知识在实践中获取,情境的设置应以连接学生原有知识与新情境

---

① 戴维·乔纳森.学习环境的理论基础[M].郑太年,任友群,译.上海:华东师范大学出版社,2002:55.

② 高文,徐斌艳,吴刚.建构主义教育研究[M].北京:教育科学出版社,2008:156.

所要表达的新知识为基础,让学生掌握的原有知识或者经验等在新情境中为自身提供支撑和动力。主体自身也会面临一个主体情境问题,每个学生主体都有自己独特的社会文化背景和个性特点,学生所处的社会环境和自然环境就是自己的主体性情境,它由学生自己的认知心理、认知结构、认知过程等组成,这几部分对学生学习新知识、分析问题、看待问题的态度等都有直接的关系,支配着人的内心选择、内心体验和外部认知,是学生获取知识并将知识外化的一个重要维度。① 由教育对象所处具体的社会文化背景形塑而成的知识或经验及其自我身心状态所构成的主体情境,决定了教育对象在新的情境中知识和经验迁移与运用的成败。②

## 一、促进知识内化的实践情境

马克思认为,人的全部社会生活在本质上是实践的。马克思主义理论的重要品质就是与时俱进,与实际相结合,与现实相结合,以实践作为检验认识的标准,这些是马克思主义理论具有强大生命力的决定因素。实践活动是大学生思想政治教育必有的环节,是增强思想政治教育有效性的有力途经。马克思立足"现实的人及其活动"的交往实践理论,对于大学德育实践活动有重要的指导意义。在对象性学习实践活动中主体的目的、意志和力量在客体身上反映和实现的基础上,通过主体与客体之间的相互作用、相互关联,通过中介客体的共同塑造而实现信息和意义的传递和共享,从而达到共享和共识。学习是在"情境"中有效而自然发生的。学习活动只有发生在人与人相互交往的实践活动中才是有效的。

马克思关于人的主体性的生成和发展历程的论述均是以人的实践性为基础和立足点的。人正是在实践中形成了德性的认知和传承。因为实践内容与

---

① 郑太年.知识与其双重情境化——关于教学革新的思考[J].全球教育展望,2004(12):6-10.
② 董杰.思想政治教育情境的哲学意蕴探析[J].理论导刊,2013(2):60-62.

人的主观映像发生联系而不断产生人对实践的智慧总结和反思。客观真实世界的存在,是知识形成的基础和前提,也是检验知识可靠性的标准。正是人们实践的广泛性造就了不同学科、不同领域的丰富知识。人们不仅要了解自然,了解客观存在,还在长期的社会实践中学习社会知识。由人与人之间关系连接起来的社会,蕴含着新的知识,如法律、制度、道德、文明等。人们认识和客观对象越来越多,人自身也成为认识对象。随着人们认知水平的提升,人们对自身的了解越来越深入,作为世界上唯一有思维意识的物种,人知识的习得、社会观念的形成、实践经验的获取等都成为人们研究的对象。知识是智慧的总结,常常是对一般现象规律的总结或者整体性认识,它的抽象性使没有经历过知识形成过程的人们有了理解难度、概念真理、科学定律等内容,在原来知识的基础上继续扩展着自身的内涵,知识的这种发展历程,实际上是将真实世界里提出的问题和认识要求,从整体上转换成了认知的问题,而知识建构的对象仍旧是真实世界。

教育领域多项研究表明,有意义的学习一定发生在被运用该知识的社会和自然情境中。思想政治教育偏向思想意识、政治观念、道德规范的学习,具有抽象性,但思想政治教育内容也是源于人们的实践,很多内容都与人们的社会生活相关,尤其是实践情境可利用较多,也可以根据需要来营造。真实或者仿真的现实情境能够增强学生的参与意识,通过亲身体验,加深了印象,将理论知识与现实实践结合,深化了对德育内容的理解。人类的知识中还有一部分是暗含于实践与文化传统的默会知识。这些知识往往表达的是一些大家默认或者不言而喻的规范,沿着这样的文化传统,人们形成了共同认可、有共同目标的群体,一个简单的符号,一句简单的话语,都可能是默会知识。只有生活在这样的具体实践中,这种规则或者共同认可的规范才能习得。所以,学生必须深处于与知识有关的具体情境中,包括对象本身的具体细节以及对象所存在的文化实践境脉中,同时使自己的存在与对象的境脉融为一体。这就是说,认识者必须身处与认识对象有关的具体境脉中,包括特有的文化、文明情境,才能深化对知识本身的认识,获取默会知识以及其他相关知识。正如有的学者所说:"我们只有寓居或内化于实践,才能真正获得知识。"①

## 二、建构路径

### (一)充分利用符合思想政治教育情境的实习场

知识是在人类群体中不断传承的,是人的社会关系中结成的智慧成果,具有社会性和分享性。教育活动本身的教育意义经过实践情境的辅助,能够进一步激发学生的学习兴趣和求知欲望,促进学生自我探索。教师充分利用学生各种实践活动的场所,通过目标引导,准确把握学生融入的时机,引导学生明确自己的探索目标,给予方法选择的指导;关注学生学习认知中的情绪情感,鼓励学生自主探索的自信心与自主性;在保证学生个体独立探索的同时,鼓励合作探索,并充分利用学习共同体间的思维冲突,通过讨论和争辩,深化学生对教育内容或者主题的学习和掌握。

教育领域的实习场,更多的是指给予某类职业的从业环境。它可以是真实的场所,也可以是教育者模拟的从业环境,或者利用信息技术做出的虚拟环境,以促进学生知识学习向真实情境的迁移。有学者为这样的实习场设计了主要原则:第一,在这个实习场,学生必须进行与专业领域相关的实践。第二,赋予每个学生自主探究权,并要承担角色或者岗位的职责,不能随意放弃。第三,教师的作用是协助以及指导。在学生需要帮助和指导的时候,教师通过参与性的工作对学习和问题解决进行指导和建模。第四,教师必须保证学生有反思的机会和时间。第五,给学生设立一定的困境,培育其自主意识。第六,必要时可以给学生提供帮助和建议,避免学生背离研究主题。第七,工作是合

---

① 郁振华.身体的认识论地位——论波兰尼默会认识论的身体性维度[J].复旦学报(社会科学版),2007(6):73.

作性的和社会性的。第八,学习的情境脉络具有激励性。① 高校思想政治教育过程中,与教育主题相关的实践活动和特殊场合都可以成为实习场。

## (二)建构大学生思想政治教育实践共同体

实践共同体指的是:所有成员拥有一个共同的关注点,共同地致力于解决一组问题,或者为了一个主题共同投入热情;他们在这一共同追求的领域中通过持续不断地相互作用而发展自己的知识和专长。② 实践共同体的基本结构都包含三个要素:认识的领域,共同关注该领域的人的共同体,以及这些人为有效获得该领域知识而发展的共同实践。首先,他们必须确定共同体成员共同要探讨的主题,使成员间对要面对的知识有了解并负有责任感。其次,共同体成员要形成团体的一般约定,比如要充分信任,鼓励成员间互相表达看法,尊重每个人想法,同时可以进行质疑,揭露无知,耐心倾听。再次,在发生意见不一致时,应该事先做好处理标准的约定,便于成员共同有效地解决问题。

## (三)发掘社会文化情境

个体在社会文化背景下,在与他人的互动中主动建构自己的认识与知识。个体与社会是相互联系的,知识来源于社会的建构。文化和社会情境在学习者的认知发展过程中起着巨大的作用。学习在本质上是学习者依据原有的经验,以自己的方式主动建构心理表征的过程。我国思想政治教育中特有的红色文化、优秀传统文化等都可以成为对学生进行教育的情境。

# 三、案例分析

团日活动是高校团组织策划实施的以广大团员青年为主体的旨在提高团组织凝聚力、影响力及提升团员能力和素养的活动,是高校思想政治教育活动

---

① 戴维·乔纳森.学习环境的理论基础[M].任友群,郑太年,译.上海:华东师范大学出版社,2002:55-57.

② Lave J,Wenger E. Situated Learning:Legitimate Peripheral Participation[M]. New York:Cambridge University Press,1991.

的重要载体和内容。团日活动形式多样,如系列课程、名师讲座、素质拓展、专题调研、小组讨论等。以笔者曾组织过的一次活动为例,具体活动过程如下。

1.参观活动的基本情况

活动时间:3 月 3 日中午 12:30—16:30

活动地点:杭州见义勇为事迹陈列厅

活动主题:学雷锋、知感恩、懂奉献

参加人:各班团支书(15 人)

2.活动前期准备

学生会组织部——拟定参加人名单并做好通知,联系车辆和陈列厅工作人员,预约现场讲解人员;教师——对该陈列厅的基本情况有所了解,拟定参观前的问题,让学生带着问题进行参观;组织好参观后的讨论工作。

3.导向问题

参观前由教师提出问题:第一,谈谈你对见义勇为的看法;第二,找出你认为最感人的牺牲者;第三,谈谈你参观后的感受。带着三个问题去参观,时间:50 分钟。

4.主题讨论与总结

参观后,每人针对以上三个问题进行发言,并谈谈自己的感受。教师对大家的发言进行总结和点评。

5.活动案例分析

本次活动是将教育活动放在特定的场境下进行的,以“学雷锋、知感恩、懂奉献”为主题,如果仅为知识文字或者讲座形式的学习,学生体验不深,成效有限。

通过参与到实践情境中,学生们更加直观地了解到见义勇为是什么样的品质。情境将教师、教育知识、学生三者有效地连接起来,缩短了教育者和受教育者的心理距离,真实事迹、直接的感官感受,能够更好地唤起学生的情感,将团日的教育主题和参观主体较好地进行了融合,把握了教育的时机,与教育目标一致。这样的效果需要教师准备在先,做好各种预先方案,做好组织策划工作,因地制宜,选择理想的目标场景,并从整体上把握教育的环节和内容。另外,还要尽量将知识扩展和迁移,适当地增加学生熟悉的一些案例或者做法,启发学生更进一步地发挥能动性。所以,教育者要及时发现、广泛宣传身边典型,营造一个学先进的良好的氛围。而见义勇为也是中华优秀传统文化,通过传承传统文化,弘扬了中华民族的基本生活模式和伦理道德规范,有利于学生良好道德观念的养成。

总之,运用情境开展实践教育活动,前提是设置合适的情境,并做好预先准备;认识到知识是个人社会性的建构活动,以成立实践共同体的形式将学习变为有意义的协商。知识是人们通过实践活动,在认识层面的进一步拓展,学习过程就是人们不断在实践中成长的过程。知识具有社会性,为我们将教育实践活动置身于特定场景学习提供了理论依据,启发我们开展教育活动时重视各种实践场景的利用和把握。社会文化的因素无论是在课堂教学还是在实践拓展中,都起着重要作用,成为教育情境不能忽视的要素。在学习和教学中,将知识与其所指向的世界、所用以解决的问题结合起来,是克服惰性知识的一条重要途径。思想政治教育的情境化,一方面,真实世界的情境为教育者提供了真实的教育大观,为教育对象提供了感知、体验、感悟、意义建构的真实平台;另一方面,对于主体情境的观照,充分利用人的无意识心理功能和情意功能,使教育的具体场域成为弥漫着情感浸润的心理场,以情激情、以情燃情、以情动人,让教育者和受教育者通过情境场景,加强对话和交流,促进教育主体间和谐发展,有效促成学生对教育内容的"同化"与"顺应"。

# 第六章　优化高校思想政治教育过程的适应性教育介体

如本书第一章所述,教育介体是教育过程的重要组成要素。虽然对思想政治教育的要素组成有不同的学说,最传统的是"四要素"说,即教育主体、教育客体、教育环体、教育介体。随着学科的不断发展,对于教育要素理论的研究不断深入,虽然要素划分为四部分没有较大的争议,但对于四要素的具体组成部有不同的看法。思想政治教育介体一般意义上是指连接教育主体和教育客体的中间要素。① 思想政治教育介体关系到教育者与教育对象、教育主体与教育客体的联结、沟通、互动情况,关系到教育内容及教育信息的传递与接收情况,与由教育者和教育对象组成的教育主体间密切相关,随着教育主体特点变化而变化,并受社会客观环境制约,影响着思想政治教育效果的实现。本书要从微观角度,就教育方法和载体的完善与发展进行探讨。

高校思想政治教育内容是教育者传递给受教育者的对象,是思想政治教育过程中的重要要素,是教育目的和教育任务的具体体现,是教育方法和载体承载的主体,是思想政治教育目的实现的检验前提。思想政治教育内容依据大学生思想政治的目的和任务、社会现实和发展的需要、大学生的现实和发展

---

① 张耀灿,郑永廷,吴潜涛,等.现代思想政治教育学[M].北京:人民出版社,2007:238.

的需要而定,遵循大学生思想发展的规律及思想政治教育的规律而定,以科学性与主体性、整体性与层次性、时代性与继承性相结合为原则。"思想政治教育方法是教育主客体为实现教育目标,在思想政治教育过程中所采取的一切思路、手段和程序的总和"①,是人们认识世界和改造世界的法则,是在长期的社会实践中形成的。方法是人们认识世界和改造世界活动中的中介,方法与主体、对象、活动、任务等密切相关。它为教育主体和教育目的服务,与一定的教育内容、教育对象和教育环境相适应,随着社会发展而不断变化。思想政治教育载体是能够承载和传递思想政治教育内容或者信息,能为思想政治教育主体所运用,促使思想政治教育主客体之间相互作用的一种活动形式和物质实体。思想政治教育载体的形态有多种,思想政治教育载体的选择必须根据教育内容来选择,实现内容与形式的统一;必须依据载体的形式和特征合理选择,根据教育主体的特点和教育内容、教育对象的具体情况而定,并根据社会时代的变化,积极吸取新载体、新方式,为教育活动服务。思想政治教育载体与思想政治教育方法不同,虽然两者都是思想政治教育过程中不可或缺的因素,都是联系教育者和教育对象的纽带,但高校思想政治教育方法的运用是以一定的载体来实现的,而且,思想政治教育方法在一定程度上制约了教育载体的选择。载体能够承载大学生思想政治教育的信息和内容,而方法不能承担这个内容。教育方法离开了人的认识或者实践活动,就失去了存在的基础和价值,从本质上来说,方法是人对客观规律的科学把握与自觉运用。"思想政治教育介体在思想政治教育实践活动中起着承接教育需要,引渡教育内容的功能。"②教育介体本身不能启动教育过程,需要教育主体根据教育内容和教育对象进行选择,因此,教育介体的定位需要在与其他教育过程构成要素的关系中进行分析。本章主要研究思想政治教育介体中的教育方法与载体。

---

① 邹绍清.当代思想政治教育方法论发展研究[M].北京:人民出版社,2013:19.
② 王立仁,吴林龙.论思想政治教育过程的主体和介体[J].北京交通大学学报(社会科学版),2010(10):102-103.

# 第一节　内生性教育过程中的教育介体

从宏观角度分析,思想政治教育介体主要指"教育主体作用于思想政治教育客体的内容及方式,包括教育的目的、内容、方法"①。从微观角度来看,思想政治教育介体主要指教育者为完成教育内容实现教育目标而对教育对象采用的适合并能够被教育对象接受的各种形式和手段,主要表现为教育的形式、方法、载体等。思想政治教育过程是教育者在马克思主义理论指导下,遵循思想发展规律和教育过程规律,选择一定的教育方法,有目的、有计划地向受教育者传递教育内容以实现教育目标的过程。在这个过程中,教育内容、教育方法不能直接作用于教育对象,必须通过一定的载体,这个载体也是教育的中介。思想政治教育过程方法和载体的特点与功能的解读和把握是进行教育方法、载体借鉴的基础和起点,也是思想政治教育过程有效开展的重要环节,是高校实现思想政治教育目标、传递思想政治教育信息、完成思想政治教育任务的必要条件。

## 一、主体选择和适用的教育介体

虽然学者们对思想政治教育介体的内涵定义不完全相同,但对其中介性质及基本的组成要素有较为一致的看法,认为思想政治教育介体应包括教育方法、教育载体。通过思想政治教育的运行过程可以看出,宏观上,除教育者、受教育者主体要素外的所有要素组成部分都可以算作教育中介,而且这些组成要素相互制约,共同发挥作用,形成合力,才能实现最终的教育目标。在马克思主义哲学理论中,世界是矛盾的,"一分为二"的,但是事物的客观存在形

---

①　张耀灿,郑永廷,吴潜涛,等.现代思想政治教育学[M].北京:人民出版社,2007:272.

式是多样的,矛盾是可以相互转化的,转化就需要中介。在这里,中介具有多样性、开放性的特征。而中介从字面意思理解,具有"中间环节、连接"之意,在思想政治教育理论里,介体的本质属性具有连接性、传导性、承载性和媒介性等。高校思想政治教育介体就是高校思想政治教育者根据教育计划和规定将教育内容有效传递给学生,以促进学生思想转化,进而影响学生实践行为的一系列中间要素和环节的总和。

高校思想政治教育过程是教育主体、教育内容、教育情境、教育方法、教育载体等各个环节相互影响、相互制约的统一体。只有被教育主体选择和建构的方法途径等才是具有教育介体的属性,而教育主体选择和建构的介体必然成为具有指向性的介体系统。在与教育主体关系中,教育介体是选择与被选择、利用与被利用的关系,显然其具有属人性质。因此,内生性思想政治教育过程中的教育介体是由教育者选择的,可以有效承载教育内容、传递教育信息的方式和方法。它的独特性主要体现为由教育主体甄别和搭建,适合受教育者的特点和接受条件,能更好地满足主体的需要,激发主体形成积极的学习态度和理性的学习动机。承载教育内容,满足学生成长发展的需要,为教育过程可持续发展提供不竭动力。

## 二、具有持久传导力的介体

内生性的思想政治教育过程,需要教育介体在承担一般的支撑力的基础上,能够有效传导教育内容,支持教育情境,促进教育者有效的教,推动学生有效的学,具有推动系统有效运行的持久的传导力。它的特点表现在:一是能够有效承载思想政治教育内容和信息,符合时代要求和受教育者的接受特点;二是由教育者选择和搭建并能够为受教育者所运用和掌握;三是能联系思想政治教育的主体和客体,并能促使它们之间发生互动和有利于受教育者主体性的激发。高校思想政治教育过程中,教育介体"虽然属于外源性动力",但它是内生性教育过程的必备要素。其中,内容的针对性、有效性能够加快客体的接受力;而方法、方式、手段的科学性、适用性、系统性则能够加速大学生的思想朝着社会或教育者的要求发生有效转化;思想政治教育管理载体、文化载体、活动载体、大众传媒载体等为大学生思想政治教育内容的实施、活动的开展、任务的完成提供持久的传递力。

教育主体的内生动力需要教育介体的有效参与来激发,从而产生有效的动能。尽管实践主体有强烈的教育激情或实践参与激情,但如果没有教育介体的有力承载,育人的目标也同样难以实现。只有教育过程良性互动形成发展动力,才能有效促进高校人才培养质量的提升。内生性教育过程中的教育介体是由教育者选择和搭建的,是适合受教育者特点的并有利于其参与教育过程的,这体现了教育者在教育过程中的主体性地位及主导性功能。内生性教育过程中的教育介体,强调承载教育内容的中介环节总是与主体因素或者那些可以归结为主体因素的教育过程相联系。因此,内生性教育过程中的教育介体与一般的教育介体不同,它是"有生命的"中介,有促进整个教育过程和谐发展的重要功能。

# 第二节　革新培养学生主体性的教学方法

思想政治教育方法以马克思主义哲学为理论基础,以思想政治教育实际为实践基础,又要借鉴其他学科的教育方法才能更好地实现其中介功能。近几年,学界关于高校思想政治理论课教学方法改革和探索的研究很多,一方面是高校思想政治理论课的教学方法问题严重影响思想政治教育的实效;另一方面是社会环境变化快,大学生的行为方式以及学习习惯发生了很大变化。从理论研究层面来看,研究涉及思想政治教育方法的概念、理论基础、研究对象、理论体系等。从实践层面来看,对思想政治教育具体方法的研究层出不穷,涉及认识方法和实施方法等。思想政治教育方法在实践中的运用和发展直接影响着思想政治教育的效果,最受人们关注。在各种教育方法的探究中,学者们根据思想政治教育的实际,以马克思主义理论为指导,不断借鉴来自教育学、心理学、社会学等学科的方法,给思想政治理论课的教师以参考。

高校思想政治理论课是高校对大学生进行思想政治教育的主渠道,影响着大学生世界观、人生观、价值观的形成,是我国建设社会主义大学的重要抓手。高校思想政治理论课教学经过多年的科学研究和实践的经验累积,取得了长足进步,逐步形成了自身的教学内容体系、方法体系等,理论成果和实践成果丰硕。随着时代发展,学生群体出现新的特点,教育环境发生新的变化,教育方法不断接受着现实的挑战和检验。

## 一、培养学生主体意识的探究式教学

### (一)探究式学习的基本内涵

探究式学习以提问题作为学习以及教学的策略自古有之,如孔子教育中问答式的探究教学、苏格拉底"助产术"教育思想等。1969 年,加拿大 MC Master 大学在医学院最先开始"基于问题的学习"教学模式实践,是探究式学习的最初模型。该教学模式在教学中将"问题"设计为教学开端,主要以探究方式进行主题探讨,辅以讲座、授课和技能培训形式,后来很多学者将此种教学形式命名为"基于问题的学习"课程,成为很多学者效仿的"经典模式"。这种探究式的教学模式中,其核心观点是:学生是知识学习的主体,教师是学生学习过程中的促进者,因此,在教学设计中,由教师精心设计或者与学生共同设计课程主题相关的问题,以问题为焦点开展教学活动,学生在解决问题的过程中不断自我探究,从而发挥自主性,进而培养学生发现问题、分析问题、解决问题的能力,进而激发学生内在学习动力,增强学生的主体意识。①

---

① 乔连全.论基于问题的学习[J].江西教育科研,2002(4):8.

## （二）教学特点

### 1.问题设计是焦点

问题设计是探究式教学的核心点所在。在以往以讲授为主的学习中,教师的教授过程是教学中心,学生是听的角色,被动地按照教师的讲解和要求进行学习,课程中的问题往往发布在课后作业中。当前,高校思政理论课教学中,很多教师以问题、案例等导入的方式引导学生对教学内容进行思考。这种课堂导入与探究式教学不同,在探究式教学中,教师的问题贯穿整个课堂教学过程,学生的课堂自主学习、组内交流学习等一切学习活动几乎皆由问题驱动,整个教学过程和学习过程中,问题始终居于焦点和核心位置,具有不可替代的作用。探究式教学过程,学生在课堂上的学习以问题情境开始,在问题情境中发现学习主题,在探索问题答案的过程中围绕问题搜集所需要的信息,自主开展学习活动,最后,还要对问题解决过程进行总结、反思与评价。问题的核心地位贯穿教学始终。国内很多实践研究表明基于问题(PBL)式教学过程有效提高学生的学习成绩和知识水平,比如《高中思想政治课开展"问题式学习"的实践研究》[①]《高中思想政治课问题设计的有效性研究》[②]。

### 2.激发学生自主学习是教学目的

自主学习是指在教学的各个环节中能充分调动学生积极性,从确定学习目标开始,由学生选择学习方法,让学生成为学习的自我监督者,并由学生评价学习结果。Zimmerman经过研究认为,自主学习的学习方式、学习过程、学习环境、学习方法、学习动机等与传统方式有所区别。[③] 在教育心理学上,当学生遇到问题并需要解决问题时,发现自身原有知识和能力不足以给出解决方

---

①　林宜照.高中思想政治课开展"问题式学习"的实践研究[D].福州:福建师范大学硕士学位论文,2008.

②　姜旭晨.高中思想政治课问题设计的有效性研究[D].金华:浙江师范大学硕士学位论文,2011.

③　Zimmerman B J. Becoming a Self-Regulated Learner:An Overview[J]. Theory into Practice,2002(1):64-70.

案,那么学生就会进入自主学习阶段。所以,在探究式教学过程中,基于课程问题,学生运用已有知识及指对认识的认识。(心理学概念)认知知识,在解决问题中发现自身未能达到解决问题的知识水平和能力,从而形成学习需要和动机,推动自身确定学习计划、综合运用各种资源,以满足学习的需要,将新学习的知识应用于问题解决,最终对整个学习过程形成反思和自我评价。

3.小组合作学习是教学的主要组织形式

探究式教学过程中,教学设计及过程需要精心设计,尤其具备驱动性学习的问题,而且学生自主学习能力的培养和体现需要载体实现,学生个体无法完成学习任务,而学习小组的组建,具备创造学习发生的群体环境,小组成员共同讨论并决定课程学习专题。学习小组是探究式教学的主要学习形式,小组活动和小组讨论贯穿全过程。根据课程学习的需要,学习小组一般由学生自愿组成,成员间形成有形或者无形的合作学习模式和规则,如小组内要形成合理的激励及惩罚措施,以便能够调动所有人的积极性,并在产生观点等不一致时有相应的解决办法。小组成员间在开展学习活动前有较充分的沟通和了解,分工明确且合理。小组一旦成立,就将以一个整体的方式运作,在接到学习任务后,组织者激发成员的思想,形成问题解决的思路和计划,分工负责收集整理信息,共同总结归纳问题的焦点和重点,提出有效的解决方案。在学习小组任务完成后,及时进行评价,以该小组共同建立的评价规则对小组成员进行客观的评价,包括个人学习积极性、问题解决能力、信息收集情况及对整个小组问题解决的贡献情况等的综合评价。

## (三)探究式教学在思想政治理论课中的实施

1.实施的几个阶段

第一阶段,设计教学问题。每个主题的课程都可以设置问题导入环节,例如课堂讲正式内容前的提问、问题探讨等。随着教学手段和教育技术的改进,教师可以通过网络提前布置下一堂课的问题,一方面引起学生的学习兴趣,另一方面让学生提前了解下次课程的主题,提前做好准备,带着问题学习,一定程度上能够激发学生的学习兴趣,从而激发学生的内在学习动力。探究式学习方法的第一步就是设置问题。问题本身既关系到课程的顺利进行,又关系到是否能够激发学生的学习兴趣,甚至影响学生思维能力。因此,问题的设置至关重要。问题可以由教师根据教学主题选择,同时考虑学生的接受情况,综合考察该问题是否具有深入讨论性,是否与社会现实或者学生的关注点相连接。教师也可以向学生征集问题,不仅让学生在角色上能够参与到教育过程中,而且让学生真正成为教学过程的中心,能增强学生的教学参与感和成就感,也是教师进一步了解学生认知需求的好机会。在问题设置中,教师可以引导学生拓展知识,尤其是拓展学习的知识领域,对一些问题尤其是典型性问题有所涉猎,帮助他们理解重要的知识概念和学习技术。

在这一阶段,教师的任务是提出"有针对性、有效的问题",根据问题性质,预设问题情境。问题设计时,一方面根据所涉及的思想政治理论课的主题,另一方面可以参考学生的意见。如第四章所述,在思想政治教育过程中,教师处于指导者角色,但可以完全发挥学生的自主性。问题的提出,应在课程前,让学生有时间查找资料,并进行初步的整理,形成就此主题问题的观点,在课堂中进行讨论。例如,在"思想道德修养与法律基础"课上,针对绪论内容的教学目标:让学生了解自己所处的中国特色社会主义新时代,有参与民族伟大复兴的历史使命感,可以在课程第一次上课前,通过慕课或者"雨课堂"等新媒体向学生发布课程问题:第一,中国特色社会主义新时代的含义和历史机遇是什么? 第二,我要做什么样的新时代大学生? 打算如何去做? 让学生做好课上分组主题讨论的准备。

第二阶段,学生的自我探索学习。在第一阶段布置课前问题后,给学生自主探索的时间。这个过程中,学生要综合运用先前知识经验、一定的学习方法、进行问题解答的过程管理。这种学习过程更加锻炼学生的自我认知和自我学习能力,尤其是当自己已有知识与教师设置的问题存在认知结构的差距,学生会有完成任务的驱动力,通过翻阅现有资料及获取其他资源,学生的学习能力、学习过程更具自主性。当然,其获得知识的多少以及学习方法是否适当、时间管理是否科学等,可以通过其在下一阶段的课堂学习中有所体现,这也是教师对学生课程学习进行评价的重要参考。

思想政治理论课教师在发布课程问题后,应该在提出问题阶段向学生公布自己的联系方式,并提供相应的 QQ、微信群等与学生取得联系,就学生学习资料的准备阶段给予及时的指导和帮助,并及时解答相关问题。如果有相关的情境设置,做好必要的说明和解释。例如,在"马克思主义基本原理概论"课程中,很多学生不了解相关原始材料的出处,不知道如何查找,甚至有学生将网友发帖言论作为自己回答问题的论据,缺乏相应的学科学习基础,因此,教师应及时给予指导和帮助,避免学生在信息搜集过程中出现失误。

第三阶段,以新知识点的学习解决设置的问题。在学生自我学习阶段,对教师布置的问题不一定都能完全解决,可以通过预习或者课上讲解部分知识点让学生联系原来的问题进行进一步分析,验证自己解决问题的方向是否正确、解决问题的能力是否具备。在课程第一次课开始前,可以根据班级人数,通过抽签或者自愿,组成 6—8 人的小组,并将小组成员固定,选出组长担任组织者角色,对小组讲明纪律等规范,比如考勤以小组为单位,课上及课下讨论及作业成果以小组呈现,平时成绩以小组为单位打分,小组发言人尽量轮流等。在课上,就课前预留主题问题,以小组为单位进行讨论,每个同学分享自己的自主学习成果,给其他同学以启发,由组内分享者进行记录和整理,讨论结束以组为单位进行汇报。在不同的课程里,可以就预留的问题,给学生多方面的自主学习准备,让学生可以有多形式的自主学习的呈现,例如以数学报表、图表、口头报告、演讲、戏剧表演等形式展现。每个学生原有的知识储备不同、学习兴趣点不同,在课堂主体讨论及问题解决过程中,鼓励学生发挥自己特长,以原有知识和新知识为基础,就自己对问题的看法进行各种形式的呈现,比如美术专业的学生可以通过绘画形式表现"中国近代史纲要"中他们对某项历史事件的观察和反思等。

第四阶段,总结、反思与评价。以学习共同体开展的探究式学习,当每一次或者每一项任务完成后,教师要及时对小组进行指导,并督促小组内先做好总结和反思工作。教师对每一阶段的学习任务都应有明确的安排,并与教学目标相一致。以问题为导向的学习,重在激发学生的学习兴趣,启发学生自我管理、自我认识、自我发展的能力。小组内可以由组长组织总结学习过程以及学习效果,并可以对小组成员进行评价。教师可以根据学习主题,指导各组开展总结反思工作,例如,各组总结的方式上可以是口头总结发言,也可以是图示图表,还可以是语言论述等。最终的评价由教师完成,综合考察各组准备的过程、展现的成果、总结的表现等,将发现问题、解决问题、总结归纳作为重要评价标准,方式上可以选择学生自评、组内同伴互评以及他评等,对学生的表现形成阶段性的评估,为下一阶段的教学奠定基础,根据情况变换教学方式。

思想政治理论课是对学生思想观念进行引导的课程,学生对所学内容的反思和"入脑""入心"比其他学科更加重要,尤其通过以上环节学生,能够在内心形成自我总结和反思,能将所学内容与日常生活和个人行为相联系,在教师指导、小组学生启发、个人问题探索、个人表现评价等综合作用下,内化所学思想政治理论课知识,外化为个人行为,这是高校思想政治理论课最为主要的目标。因此,思政理论课中,对学生的评价应改变以往只以书面考试成绩作为主要标准的做法,更要看重的是学生在学习过程中理解知识、思考问题、分析问题、解决问题以及小组协作的能力,对学生的评估应是全面的、注重过程的,避免学生掌握知识的零散化,提升学生内在思维能力以及对问题理解的深刻性、处理问题的灵活性。

2.实施的影响因素

探究式教学的影响因素有:"课程问题设置的准确性、吸引力,学生原有的知识储备,学生对所学课程的期待值,学习共同体小组的互助情况,教师组织实施的效果,学生自主学习的过程等。"①另外,在教学过程中,师生关系、教学信息以及学生的个性特征等,都会对教学产生影响。教师在组织实施教学的过程中,首先要获得学生的认可,有一定的威信,这是学生接受教师教学的重要因素。在前述第三章已经做了分析。教学内容的传递要有效、准确,学生作为接受者才能有效接收信息。而学生的性格特点多样,有学生希望完成更具挑战的任务,不怕失败,承受能力强;有学生惧怕难题,希望循序渐进学习新知识。因此,在探究式学习过程中,教师应尽量提供给学生多种可选择的学习方式,既可以适合竞争意识强、希望不断突破的学生,又可以适合希望慢慢推进学习过程的学生,尽量扩大学生学习的广度和深度。

3.注意的事项

第一,思想政治理论课不同科目,所涉问题多方面,但是都可以与我们的实际生活相联系,因此,问题设计尽量"接地气",能够引起学生的兴趣,又符合课程的主题。第二,在教学过程中,可以针对一个章节的内容,设计多个主题问题,让学生进行选择,并可以就不同问题分组讨论,通过后面问题讨论等环节,发现所设计问题"可讨论性、启发性",就此作出评估,对不合适、不科学的问题予以舍弃,总结问题设计经验,为以后课程问题设计积累经验。第三,问题设计可以是开放性的,甚至有争议的,从而引起学生兴趣。有争议的问题,更有可辩性,通过争议、辨别,更能发现其中的问题,引起学生的深入思考。第四,问题设计应该与授课班级学生的专业、学习基础等联系,比如,针对法学专业的学生,可以在问题设计时偏向法律相关问题,在对艺术专业学生授课时,问题设计可以偏向娱乐文化相关的主题,这样更符合学生的实际需要,更能够拉近学生与课程的距离。第五,注意合作学习中的评价问题,可以设置奖励及惩戒办法,鼓励学生承担责任,奖励学生对学习共同体做出的贡献。第六,对固定小组的指导要到位。定期举行会晤,每个小组由组长组织,由教师或者邀

---

① Berkel H, Schmidt H G. Motivation to Commit Oneself as a Determinant of Achievement in Problem-Based Learning[J]. Higher Education,2000(40):231-242.

请的学生进行指导,教师及学长是否参与到讨论中,由小组决定。

知识和道德的关系实质上是知识与人的德性之间的关系。外在的道德规范只有内化为人内在的德性才能成为人的德行的动力,德性的形成体现为道德的内化过程。一个人对道德的认识,与其他认识一样,来源于他后天的实践活动,即来源于他的道德实践活动。因此,对大学生进行思想政治教育,在课堂中进行思想道德知识讲述,必须遵守道德形成发展的规律,以思想道德知识形成的社会性为基础。通过课堂师生学习共同体,发挥"协商对话"的作用,在解决目标问题时,鼓励小组内的学生个体发出自己的话语,表达自己的看法,不但为完成目标任务而不断在争论和分歧中达成妥协,在思辨中表达情感,也在不同观点碰撞中反馈或调整自己的观念,最终在情感上认同共同体的决定和结论。在此过程中,教师适时进行引导,并对学生共同体遇到的问题进行协调,融洽交流,与学生形成师生共同体,以知识为基础,以情感为支撑,更能"驱动"学生主动参与课堂。莱芙和温格的研究表明,儿童新知识、新技能的习得离不开与成人、专家和同辈的共同交往与协同活动,在这个过程中,学习情境很重要,也离不开广阔的社会世界环境。围绕学习者对知识的意义和自我身份的建构,运用各种有利于学习者个人建构和意义协商的教学形式,使学习者体验意义生成的过程和学习的责任,学会倾听不同的声音,学会批判与反思。

## 二、培养学生主体能力的支架式教学

### (一)支架式教学的基本内涵

支架式教学是从建筑行业中获得灵感而来,用以描述教学中教师与学生的不同角色和定位。教师是学生理解、学习知识的支架,学生以此支架为支撑,在原有知识水平基础上,获得新知识的学习,使得个人知识和能力因为教师已经搭好的基础,而沿着这个基础不断发现自我、突破自我、获得成长。在此概念逐渐被教育界认可和应用后,人们对此教学方式又进行了进一步发展和完善,如教师通过课前把学习任务分解,为学生搭建基本的知识基础,逐步引导学生理解教学内容,将学习的管理、调控权限转移给学生,慢慢撤去支架,让学生学会自我学习和自我探索,更注重学生主体能力的提升,并且通过合作学习等方式,给学生提供理解知识、了解世界更多的途经,建构出个人对知识理解的多重意义,有利于培养学生的主体能力。

## (二)支架式教学的特点

1. 支架起到托起作用,但最终要撤去

支架起到基本的托起作用,给予学生最基本知识的了解,具有暂时性,当学生以支架提供的基础为阶梯,逐渐融入教学过程中,学习能力有所增强,那么支架将被撤回。这个支架形式是多样的、动态的,由教师根据学习内容和学生特点以及现有的媒介资源等设定,根据学生学习的阶段和学习能力的变化选择撤去的时机,希望学生借助这个支架增强学习的自我管理能力、学习方法的自我探索能力,最终获得学习能力的提升。

2. 支架式教学一般发生于合作性的境情中

在知识学习和探索问题解决方案中,支架式教学倡导合作学习,由教师和学生共同参与完成。教师统领整个学习过程,维护教学过程和秩序,随时给学生提供指导和帮助,学生随时调整自己的学习视点,寻求小组同伴和教师的帮助。学生的学习活动和教师的教学活动交织在一起,形成教师和学生、学生和学生间互助合作的情境,便于知识的学习和掌握。

3. 支架式教学关注学生的个体差异性

传统教学尤其是思想政治理论课往往忽视学生的个体需求,以规范的过程和统一的效果为价值追求,内在隐含学生具有统一的学习基础和学习水平,看不到学生个体不同的现有发展区,导致有的学生学不懂,有的学生已经掌握了还要学。同时,教育内容存在不同程度的重叠,比如高中政治课学习的内容与大学马克思主义基本原理概论的部分内容重叠。支架式教学首先承认学生的个体差异性,尊重学生个体在知识水平、学习能力等方面存在的差异,给予学生不同层次的帮助和指导,尊重个人对方法的选择、对学习内容的理解和判断,能够有效地激发每个学生的潜能。

4.支架具有提升学生主体能力的作用

支架设置的目的是让学生在支架撤离后能够独立自主面对学习困难,能够自律地学习和自觉的解决问题。但教师又不会抽身不管,而是继续给予学生关注和指导,尤其在心理和思想上给予学生鼓励和帮助,减少学生的心理压力以及挫折感,增强学生克服困难和解决问题的信心,不断激发学生对知识学习的兴趣,保持学生学习的活力和动能,让学生在自我探索中获得价值感增强自我成长的能力,在获得认同的过程中挖掘自身潜力。

## (三)支架式教学在思想政治理论课中的实施

支架式教学方法在学生已有知识水平与所要求的教学目标间搭建了一种帮助学生学习新知识、挖掘自我发展潜能的桥梁,帮助学生逐步向更高的学习水平、认知能力前进,最终使学生获得个人能力的提升。教育学家经过多年实践和教学经验总结,认为这个过程的实现,需要以支架为基础基点,通过教师搭建脚手架、引导学生进入教学情境、引导学生独立探索、鼓励学生协作学习和过程效果评价这五个环节完成。教师以协助和促进者的角色,鼓励学生更好地融入新的学习过程和学习情境,培养学生自我学习、自我探索、自我反思、自我评价能力,学会自主成长,适应社会发展的需要。

1.教师搭脚手架

这个支架是由教师根据教学主题和学生接受能力及现有水平等搭建的,主要起引导作用。支架的形式也是多样的,既可以是与探究方式相似的提问式,也可以是观察性质的,还可能是调查访谈类的,主要是要激发学生的学习兴趣,发挥他们的主动性和创造性,鼓励学生合作学习。支架设置应贴合现实与教学主题,能够引起学生进一步探索和反思;并利用这样的脚手架适时地引导学生辩证地、全面地看待问题、分析问题,并学会对知识学习的迁移运用。如在"思想道德修养与法律基础"课程中,可设置"路上有人晕倒需不需要扶""大学生学习更重要还是实践更重要"等辩论题目,针对道德教育类主题搭建支架,鼓励学生开展小组合作学习,查阅资料论证自己的观点,以培养学生自主学习、合作学习、探究学习的能力。

2. 引导学生进入情境

教学过程中,有效教学往往离不开教学情境的营造。这也是支架式教学非常注重的环节,有具体情境导入,学生能够很快融入情境。而教师设置的情境不是盲目的,是带有教学目的的,目的是让学生从中学习一些抽象的概念以及理解一些理论知识。教师也可以在情境中埋入问题,提供线索,为学生营建发现问题、分析问题、共建学习、解决问题的"学习场"。比如在关于传统美德的主题课程中,设置情境为:公交车上,有座的大学生对没座的老人熟视无睹等。这些情境学生非常熟悉,容易引起学生对情境营造的问题的共鸣,也能从中进行反思,获得与直接知识学习不一样的体验和感受,更有利于学生内在主动性的激发。

3. 引导学生独立探索

通过设置多样化的支架,让学生根据自身原有知识和个人特点选择适合自身的方式,提供给学生对研究主题的一般理解及其概念和原理。观察学生自己分析问题的能力和情况,适时给学生搭建不同层级的支架,引导学生关注焦点问题,对学生存在理解困难的地方进行及时的解释,鼓励学生辩证看待问题,关注学生的情绪变化,给予鼓励或者劝告,激发学生探索的意识,提醒学生运用原有知识面对问题。比如,对"马克思主义基本原理概论"中"剩余价值"产生过程的知识进行讲解时,可以通过预先设定原材料、劳动力成本,设定固定资料的消耗成本及一件商品的价格,让学生自己探索哪些方式可以产生剩余价值,或者如果你是老板,你怎么从中获得更多利润。通过这组问题的设置,以及一些具体数额成本的设定,能引导学生逐步形成和建构对剩余价值理论的认知,并通过计算得知剩余价值产生的几种途经,比教师直接讲述该理论知识更有教育成效。

4. 鼓励学生协作学习

每个人对设置的问题或者搭建的支架都有不同的理解,每个学生的现有知识和能力都是有限的,组建协作团体对学生来说是一个互相学习的机会,也是锻炼个人在组织中的协作能力的体现。学习共同体可以由教师倡导组建,事前设置小组成立的条件和规则,小组内部做好分工,明确个人的权利和义务以及担任的角色,可以设置轮流责任、角色互换规则,增强学生的有效性互动。① 互动过程中,担任组长角色的学生负责组织实施讨论以及学习、总结等各环节,要鼓励成员发散思维,表达不同的看法,同时能够发现大家意见一致的地方,进行归纳总结,形成小组的总体意见,必要时可以寻求教师的帮助和指导。在团体中,学生能够发现个人的长处和不足,在思维碰撞中更能加深对不同知识的理解,对概念理解更加深入,同时也能锻炼个人思维能力,获得启发。

5.进行效果评价

评价是对学生学习效果的鉴定,也是检验教学成果的必要环节。评价可以设立学生自我评价、小组评价、教师评价等不同的层次和环节。但评价不只是对最终学习结果的评价,也体现在对学生探索过程的评价。解决问题很重要,但发现问题、分析问题本身也很重要。还有个人协作能力,在协作小组中完成作业时的发挥情况等,也是评价标准。这需要教师做好评价的总体安排,评价标准获得学生的认可,能够体现对学生认知能力、探索过程、情感态度、知识获取等方面的总体评价,更要激励能够综合运用所学提出新问题、解决新问题的学生。教师要避免出现课堂上很热闹,课后学生所获很少的情况发生。

---

① 高文.维果茨基心理发展理论的方法论取向——维果斯基思想研究之一[J].外国教育资料,1999(3):45.

# 第三节　搭建促进学生情感融入的活动载体

　　思想政治教育方法和载体都是思想政治教育介体的重要组成部分,都具有中介性、传导性等特点,都是为教育者所用并为教育过程服务,是连接教育主客体的重要纽带,教育方法的实施必须以一定的教育载体为基础,教育载体的选择必须与教育方法相适应。但也有明显的不同:教育方法不具有承载功能,不能承载思想政治教育的内容和任务、目标等,教育方法直接与教育内容、教育主体相联系,根据教育主体、教育内容特点,以将教育内容、信息有效传递给被教育者为核心目标;教育载体的核心功能是承载信息和内容等,它的选择与教育方法直接相关,教育主体往往根据教育方法的特点选定教育载体,当然,也要考虑教育主体的接受情况及教育内容的特点。

　　思想政治教育载体是能够承载思想政治教育内容,能够为思想政治教育主体运用与接受,连接思想政治教育过程主客体要素的各种活动形式、物质实体虚拟平台等。思想政治教育载体首先具有承载性。它负责承载思想政治教育的任务、目标、内容、信息等,思想政治教育主体和对象间以及主体与客体间的互动离不开载体的作用。其次,思想政治教育载体具有传导性功能。教育者向教育对象传递教育内容需通过一定的媒介平台,教育内容能否被教育对象接受,教育载体起到至关重要的作用,因此,教育载体必须与教育主体的需求及特点相适应,不同时期,思想政治教育载体不同。再次,思想政治教育载体具有中介性。其作为教育主体要素和教育客体其他要素的重要环节和连接点,被教育主体选择并控制,为教育目标的实现服务,是思想政治教育介体的重要体现。

## 一、提升学生学习认知的信息符号实践载体

　　思政课教学过程中离不开教育工具和媒介,这就是教育技术。在教育情

境的基础上,人们不断改善支持课堂教学的现代信息技术,发展教师与学生共享教学情境的新的教学模式。在现代教育思想、理论的指导下,产生了运用现代信息技术,开发教育资源,优化教育过程,以培养和提高学生信息素养为重要目标的多种多样的新的教育方式。因此,教育技术是为教育主体所用,并为教育内容、教育情境服务,其必须符合教育主体的需求,能够引起教育主体的兴趣并易于被教育主体所掌握,对教育过程起到连接、促进作用。我们要充分利用有效的学习中介,把学生带入教学情境,生成更直观的情绪和情感体验,让课堂更有吸引力。当前,很多高校通过"翻转课堂"方式,课前录制与教学主题相关的短视频,并让学生自行下载观看,课上直接进行讨论,这样的"短视频"往往取材于学生身边的事例,丰富了教学情境,比直接进行课程内容教学更具吸引力,也更能激发学生的学习兴趣。还有高校利用微博以及其他 App应用软件等平台和工具,让学生直接参与到课程过程以及课堂教学中来,使学生的学习主体地位更加凸显,更能调动学生的学习主动性、积极性。

现代教育技术,不仅包括平面网络媒体,还包括"虚拟"网络技术,如网络传输技术、VR 体验技术等,它可以模拟真实环境,生成三维的动态图景,让学生有"身临其境"的感觉,以此作为素材,让其成为思政课堂中的有利"武器"和介体,能够吸引大学生的注意力,激发他们的学习兴趣。这些现代"虚拟"技术具有便利、快捷、视觉冲击等特性,具有听觉、触觉、力觉、运动等多方感知,能够带给学生多种感知体验,更容易让学生融入教育情境;符合学生对新事物好奇的心理习惯,便于学生们更好地学习、理解理论知识;同时,用此技术,教师可以为教学内容创造合适环境、过程及资源,从而优化教育、教学、学习及交往等活动过程,促使教育、教学与学习的互动连接。

认知工具是指可以帮助人们完成认知任务,增强人们在思考问题、解决问题以及学习过程中认知能力的工具。乔纳森把认知工具又称为心智工具,认为"是一种使用计算机应用程序来使学习者投入于对他们所学知识的建构性、高级的、批判性思维的方式"①。学生借助认知工具,通过积极参与,获得充分的感知信息,产生意义建构,从而促进认知能力和创新能力的发展。认知工具具备提高学习效率和提升学习效果的双重功效,促进学习的最有效的技术应该是帮助学习者进行内部思维的技术。这种技术就是认知工具,即促进思维的工具。当学习者深入思考所学习的内容时,才能够真正运用认知工具,而当他们运用认知工具后,这些工具能够引导并支持他们进行高级思维,从而促进他们的学习。用认知工具卸载重复任务和低层次任务,可为更深层次的思考释放认知资源,并减少错误。作为认知工具,技术能够帮助学习者建构知识基础,更加投入学习,并且获得更有意义、可迁移的知识:学习者可以使用技术工具分析世界、获取信息、解释和组织自己的知识,并向他人表达他们的所知。

新时代,要充分调动学生的积极性,就必须考虑学生的需求,根据学生的特点,进行有针对性的引导。随着智能手机的普遍应用,互联网技术的发展,用手机接收信息和了解社会成为趋势。因此,思想政治教育者应充分利用这个载体,实现思想政治教育的目标。高校思想政治理论课可以通过建立教学软件平台,课前推送预习资料,课上组织全员互动,课下互动延续,科学化、过程化的量化评估形成教学体系运行反馈的良性循环;可实现"全员实时互动",比如教师通过该平台发布问题,学生用手机 App 即可作答,且所有学生的答案可实时显示在大屏幕上,会带给师生新的启发,能碰撞出很多火花。通过开放课程及活动的 App,将课堂搬到网络平台中,将活动在平台中展示,将大学生的校内外活动进行宣传,引导学生文明、健康上网,在网络中接受教育、陶冶情操、提高素养,用优秀的网络文化影响学生的人格,助力学生成长成才。高校思想政治教育活动还可以建立微信公众号进行网络互动;还可以通过微博开展"指尖上的思政课",通过发起微博话题引导同学们线上讨论;还可以通过班级微信群、学生会 QQ 群、学生家长 QQ 群等,及时上传下达学校精神,形成畅

---

① Jonassen D H. Computers in the Classroom Mindtools for Critical Thinking[M]. Chicago:Merril Press,1992:24-32.

通的网络联动工作体系；开辟思想政治教育相关活动专栏，让学生通过手机更快捷地了解教育内容，了解学校和师生的风貌，促进思想政治教育氛围的形成。

## 二、促进学生情感融入的场景实践载体

R. C. Schank 是人工智能和心理学跨学科研究者，他基于信息技术和教育学提倡的"做中学"方法创建了"基于目标场景"的学习方法。Schank 认为："目标是学习的基础，如果目标次于行为，我们将无法理解整个故事或别人的话，也无法理解别人的意图，就不能明确分清根本目标和相关目标，因此可以说目标是人们进行学习活动的根源。如果不是追求某个目标，人们为什么会去学习呢？"①把确立目标作为教育的驱动点，把场景作为教育的重点环节，把学生朝向目标努力的过程作为教育实现的过程。这种学习以及活动的方式，要求教师提供一个模拟但又具有现实性的场景，学生要在这个场景中扮演某个角色，或者被赋予某项使命，或者被安排完成某个任务，通过树立的学习或者任务目标来引导学生在实践场景中完成学习任务，建构学习的意义，从而获得解决问题的技能。这种方法不仅要锻炼学生的适应能力、认知能力、分析能力，更能体现学生的创造能力。因为在实际场景中，解决问题的方法可能多样，场景中多样化的环境以及情境为学生提供了多个理解角度，学生必须发挥主观能动性才能应对。"基于目标场景的学习方法，引导学生通过交互式系统所提供的帮助和指导来完成目标。它既可以由教师创建实施，也可以在案例中实施。它克服了传统教学或者获得以概念或事实为中心去情境化的学习，更加关注学习者的内在动机。它将教育过程中从明确学习目标到分析问题并解决问题的过程，都融入模拟的情景，让学生自己寻找达到目标的办法，激发

---

①　Schank R C. Goal-Based Scenarios[M]. Chicago：Northwestern University Press，1992.

学生学习的内生动力,提升学生在学习中的创造力。"①

从对基于目标场景的定义与发展来看,基于目标的学习方法明显有别于其他的一些教学方式。思想政治理论课的部分内容,可以通过真实场景的现场感受增强教育的实效。例如,让学生通过模拟传统文化活动形式,以服饰、礼仪、举止等再现传统文化的内容,从中直观地感受传统道德文化的内涵。中华优秀的传统文化是我国人民的智慧结晶,是精神瑰宝。随着中国经济实力不断增强,中国文化和中国精神受到越来越多的关注。各国尤其发达国家的发展经验表明,文化是一个国家经济社会发展的核心竞争力量。中国传统文化博大精深,其中流传下来的优秀文化本身就具有育人功能。比如茶文化有利于传播爱国、乐友、孝亲的良好思想,同时也能提升个人的耐性,培养礼仪观念,是个人品德修养的有效途径;书法、经典作品诵读等一方面提高了大学生审美情趣、审美素质、审美想象,另一方面增强了大学生的科学创造力和文化领悟力,提升他们的思想素养;古代的典礼活动及有特色的着装也成为当代大学生的学习热点,比如汉服文化、成人礼、集体背诵弟子规等,这些文化传承中孕育着中国传统道德观念,通过传承传统文化,弘扬了中华民族的基本生活模式和伦理道德规范,有利于学生良好道德观念的养成。

## 三、以朋辈教育载体为例的具体实践

高校朋辈榜样指的是大学生群体中的优秀分子,在思想和行为等方面成为同辈学生学习、模仿的对象。朋辈榜样本身属于高校教育主体的一部分,朋辈榜样示范教育属于教育的方式和方法,同时朋辈示范也可以被看作教育情境的一种,其身兼教育主体、教育环体、教育介体的多重"身份",具有特殊性,是综合考察教育过程体系的有力视角。如前文所述,班杜拉特别强调模仿过程、观察学习中的认知因素和自我调节因素以及个体与环境之间的交互作用,

---

① 刘晓平.基于目标场景(GBS)的体验学习环境设计研究[D].扬州:扬州大学硕士学位论文,2012.

揭示和论证了示范榜样对接受主体道德形成发展的重要作用。列宁指出："模范工作是培养工作人员的园地，是可供仿效的榜样，有了这种榜样，仿效就会是比较容易的事，何况我们又能从中给予帮助，使这种榜样在各地能够而且必须得到广泛的'仿效'。"① 习近平总书记指出："心有榜样，就是要学习英雄人物、先进人物、美好事物，在学习中养成好的思想品德追求。"② 可见榜样教育尤其是德育中的榜样教育是重要的教育方法。本章所述以上有利于提升大学生主体性的教学模式和实践活动载体各有特点，又在方式上有所交叉，实践中可以根据思想政治教育的具体需要而选取最有针对性的办法，可以综合运用多个教育方法和载体。同时，它们也有共同的特点，比如都注重学生个体能力的发挥，重视学生解决问题能力的培养等。榜样示范教育以其直观、形象、人性化的教育形式，已成为提高思想政治教育效果的重要方式。同时，它有利于内化教育内容、促进学生主动参与教育活动。为综合考察高校思想政治教育过程体系的具体开展情况、高校思想政治教育过程有效运行提供可操作的实践参考，本章以朋辈教育的有效运行为主题进行了实践调研。

朋辈教育原义是指具有相同背景或是由于某种原因使具有共同语言的人在一起分享信息、观念或行为技能，以实现教育目标的教育方法。③ 20世纪60年代美国最先应用于矫正青少年的行为偏差。"国外学者的研究注重实证调研，强调其教育的时效性，并根据实证研究分析，建立起如多层朋辈辅导模式（MPC，2013年）等模型。"④ "国内关于大学生榜样教育的研究较早，而对于朋辈教育的研究比较晚。大学生朋辈思想政治教育研究以理论应用为主，主要

---

① 　列宁.列宁选集（第4卷）[M].北京：人民出版社，2012：516.
② 　习近平.从小积极培育和践行社会主义核心价值观[N].人民日报，2014-05-31.
③ 　Damon W. Peer Education: The Untapped Potential [J]. Journal of Applied Developmental Psychology，1984，5(4)：331-343.
④ 　许占鲁，任少波.高校朋辈榜样思想政治教育有效性研究——基于杭州市九所高校大学生的调查分析[J].复旦教育论坛，2016(4)：49-54.

借鉴国外朋辈的概念，以心理学、教育学、思想政治教育学等学科为理论基础[①]，探讨如何以优秀朋辈榜样对大学生进行核心价值观、道德观、网络意见领袖的引导[②]；朋辈榜样在大学生创业、课堂学习、校园文化建设等方面的积极作用[③]；提出提高朋辈教育有效性的建议，如加强制度管理、发挥课堂及网络的作用等。

朋辈榜样示范教育的效果主要涉及教育者、教育对象、朋辈榜样、教育手段四个层面，根据以上对高校朋辈榜样以及思想政治教育有效性的理解，本研究假定高校朋辈榜样教育过程（主要包括教育者组织推行力度、朋辈榜样特性、宣传引导力度）对学生的学习效果（主要分为思想引领效果、个人发展效果）有正向影响，希望通过问卷调查，发现朋辈榜样教育不同的过程内容对教育结果的影响程度，以及教育对象、教育手段等因素对教育结果的影响情况，以采取有效措施提高高校朋辈榜样思想政治教育的有效性，假设模型见图6-1。2016年，本研究共选取杭州市9所学校，其中普通本科学校5所，独立学院2所，大专院校2所，发放对象为大一至大四学生，每所学校发放问卷90—150份，共发放了电子问卷1227份，回收后剔除无效问卷163份，有效问卷1064份，问卷的有效率为86.7%。[④]

H1—H6分别表示假设高校朋辈榜样组织推行力度、朋辈榜样特性、朋辈榜样宣传引导力度对大学生思想引领有显著正向影响。为了研究朋辈哪些因素对朋辈榜样教育的学习效果有影响及影响程度，本次研究采用SPSS17.0软

---

① 袁文斌，刘普.榜样教育的理论依据与心理机制[J].河北大学学报（哲学社会科学版），2010(1)：122-127.

② 金艳，李琼瑛.榜样教育法在大学生社会主义核心价值观教育中的应用探析[J].学校党建与思想教育（高教版），2014(23)：35-36.

③ 刘海春.论朋辈教育和高校校园文化建设的耦合与运用[J].高教探索，2015(2)：37.

④ 具体的信度、效度情况及样本分布情况详见：许占鲁，任少波.高校朋辈榜样思想政治教育有效性研究——基于杭州市九所高校大学生的调查分析[J].复旦教育论坛，2016(4)：49-54.

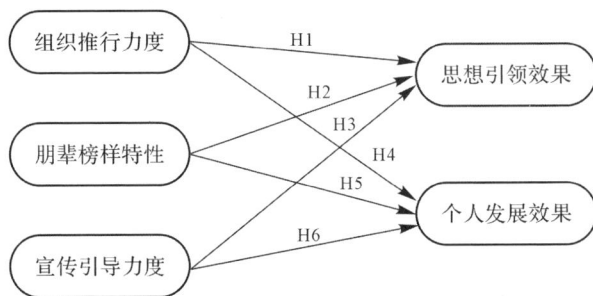

图 6-1　有效性因素关系的研究假设

件,进行频率分析、效度分析、信度分析、描述性分析、相关分析、回归分析、方差分析等,分析情况见表 6-1 至表 6-3。

1.高校朋辈榜样教育在思想政治教育中发挥了良好的作用

通过表 6-1 的描述性分析可知,组织推行力度、个人发展、思想引领的均值都大于 3(问卷选项最小为 1,最大值为 5,均值越大效果越好);朋辈榜样特性、宣传引导力度的均值都小于 3。这些数据表明,现在的高校朋辈榜样教育中,学校的组织推行力度较好,对学生有一定的教育效果,但是朋辈榜样教育中朋辈榜样特性没有得到较大的认可,学校在宣传引导力度方面不够,需要加强。

表 6-1　描述统计量

| 特征变量 | N | 极小值 | 极大值 | 均值 | 标准差 |
|---|---|---|---|---|---|
| 组织推行力度 | 1064 | 1 | 5 | 3.5478 | 0.65841 |
| 朋辈榜样特性 | 1064 | 1 | 5 | 2.8559 | 1.10932 |
| 宣传引导力度 | 1064 | 1 | 5 | 2.6751 | 0.85772 |
| 思想引领 | 1064 | 1 | 5 | 3.0918 | 0.82669 |
| 个人发展 | 1064 | 1 | 5 | 3.1773 | 0.75147 |
| 有效的 N（列表状态） | 1064 | | | | |

2.高校朋辈榜样教育过程各要素协调发展是取得教育成效的有力保障

首先,根据相关性分析(见表6-2),统计数据显示思想引领效果、个人发展效果和组织推行力度、朋辈榜样特性、宣传引导有显著相关性,高校朋辈榜样思想政治教育过程有效性因素对结果有效性的因素显著正相关。H1—H6的研究假设成立。

表6-2　相关性分析

| | | 组织推行力度 | 朋辈榜样特性 | 宣传引导力度 | 思想引领 | 个人发展 |
|---|---|---|---|---|---|---|
| 组织推行力度 | Pearson 相关性 | 1.000 | 0.404** | 0.471** | 0.415** | 0.526** |
| | 显著性(双侧) | | 0.000 | 0.000 | 0.000 | 0.000 |
| | N | 1064 | 1064 | 1064 | 1064 | 1064 |
| 朋辈榜样特性 | Pearson 相关性 | 0.404** | 1.000 | 0.549** | 0.356** | 0.503** |
| | 显著性(双侧) | 0.000 | | 0.000 | 0.000 | 0.000 |
| | N | 1064 | 1064 | 1064 | 1064 | 1064 |
| 宣传引导力度 | Pearson 相关性 | 0.471** | 0.549** | 1.000 | 0.469** | 0.560** |
| | 显著性(双侧) | 0.000 | 0.000 | | 0.000 | 0.000 |
| | N | 1064 | 1064 | 1064 | 1064 | 1064 |
| 思想引领 | Pearson 相关性 | 0.415** | 0.356** | 0.469** | 1.000 | 0.646** |
| | 显著性(双侧) | 0.000 | 0.000 | 0.000 | | 0.000 |
| | N | 1064 | 1064 | 1064 | 1064 | 1064 |
| 个人发展 | Pearson 相关性 | 0.526** | 0.503** | 0.560** | 0.646** | 1.000 |
| | 显著性(双侧) | 0.000 | 0.000 | 0.000 | 0.000 | |
| | N | 1064 | 1064 | 1064 | 1064 | 1064 |

其次,为了研究思想引领效果与组织推行力度、朋辈榜样特性、宣传引导力度之间的定量关系及动态变化,预测思想引领变量的值,调查以思想引领效果作为因变量,组织推行力度、朋辈榜样特性、宣传引导力度作为自变量,进行多元回归分析,采用逐步回归分析方法,通过表6-3、表6-4的回归分析可以看出:朋辈榜样特性对思想引领效果的影响比较小,对个人发展效果的影响比较

小,宣传引导力度和组织推行力度的影响比较大,若学校想加大朋辈榜样学习的思想引领以及对学生个人发展的效果,需要加强组织推行力度和宣传引导力度。

最后,表6-5的方差分析显示:在思想引领效果方面,学校组织的表彰会、座谈会、新媒体的宣传手段效果最好,最差的是校内宣传栏的宣传。而在个人发展效果方面,从均值看:同学口口相传、上课时老师提及、新媒体的宣传效果好,最差的是手机短信。因此,宣传手段不同,对朋辈榜样思想政治教育效果的影响也是不同的。

表6-3　回归分析

| | 回归方程 | | | 模型汇总 | | | |
|---|---|---|---|---|---|---|---|
| | B | t | Sig. | R | R 方 | 调整 R 方 | 标准估计的误差 |
| (常量) | 0.853 | 8.893 | 0.000 | | | | |
| 宣传引导力度 | 0.264 | 10.297 | 0.000 | | | | |
| 组织推行力度 | 0.337 | 11.055 | 0.000 | 0.659 | 0.434 | 0.432 | 0.566 |
| 朋辈榜样特性 | 0.148 | 7.728 | 0.000 | | | | |

因变量:个人发展

表6-4　回归分析

| | 回归方程 | | | 模型汇总 | | | |
|---|---|---|---|---|---|---|---|
| | B | t | Sig. | R | R 方 | 调整 R 方 | 标准估计的误差 |
| (常量) | 1.066 | 8.924 | 0.000 | | | | |
| 宣传引导力度 | 0.297 | 9.311 | 0.000 | | | | |
| 组织推行力度 | 0.291 | 7.652 | 0.000 | 0.523 | 0.274 | 0.272 | 0.705 |
| 朋辈榜样特性 | 0.070 | 2.921 | 0.004 | | | | |

因变量:思想引领

表 6-5　宣传手段对朋辈榜样学习效果的方差分析

| | 宣传手段 | 思想引领 | 个人发展 |
|---|---|---|---|
| | 同学口口相传 | 3.001 | 3.836 |
| | 学校组织的表彰会 | 3.786 | 2.819 |
| | 学校组织的座谈会 | 3.328 | 3.164 |
| | 新媒体 | 3.112 | 3.280 |
| 均值 | 校园内宣传栏 | 2.184 | 2.382 |
| | 上课时候老师提及 | 2.715 | 3.315 |
| | 手机短信 | 2.350 | 1.907 |
| | 其他 | 1.910 | 1.565 |
| | 总数 | 3.092 | 3.177 |
| F | | 2.275 | 2.099 |
| P 值 | | 0.027 | 0.041 |

目前各高校都在积极开展各类朋辈榜样教育活动,朋辈榜样已经成为思想政治教育普遍的方式,但朋辈榜样自身以及对朋辈榜样事迹及榜样的提炼还需要进一步加强,如何以朋辈榜样加强对学生进行思想观念、政治观点、道德规范的引领效果需要进一步思考。第一,应注重朋辈榜样教育过程的有效性。一般我们对于思想政治教育活动是否有效的感知点及最终的评判对象,是思想政治教育的结果。但认识需要不断深化,在朋辈榜样思想政治教育有效性问题的研究中,我们还必须在对朋辈榜样思想政治教育结果的静态分析基础上,深入导致这一结果形成的动态的朋辈榜样教育活动过程中。本研究表明,过程的有效性与结果的有效性是息息相关的,在我们注重朋辈榜样学习效果的同时,应该理性地思考如何保证过程的有效性,它需要我们的教育者明确教育目的,形成朋辈榜样组织管理、培养、评价等机制,选择有针对性的、能够引起教育对象学习兴趣的宣传方式,推行类型多样化的符合学生需求的多层次、多类型的朋辈榜样。第二,朋辈榜样的宣传方式应多样化,注意利用新媒体。通过方差分析可知,宣传手段对学生朋辈榜样学习的效果有重要影响,

而且从均值来看,新媒体对于思想引领和个人发展效果的影响都很明显,这需要教育者引起重视。朋辈榜样教育本身以朋辈间相似的年龄、学习环境、心理特点等优势比教育者的说教更能影响学生,但需要合适的方法。近几年,全民进入"互联网＋"时代,学生成为主力军,自媒体成为学生交流学习的重要平台,朋辈榜样精神的释放需要朋辈榜样具有可接受性、能够引起学习对象的情感共鸣等,这些都需要高效的、有针对性的宣传方式,而新媒体以简单、醒目的标题,时髦的语言,配有有趣、形象化的图片更能吸引大学生的注意,使榜样的宣传效果更易被接受和学习。第三,大学生朋辈榜样学习的践行效果需要追踪和评估。思想政治教育中,理想信念教育是核心,爱国主义教育是重点,道德教育是基础,目的是促进人的全面发展[1],所有教育的最终目的都是让受教育者接受教育思想,内化为自己的行动从而获得成长。朋辈榜样教育更多的是通过隐性的教育形式潜移默化地影响受教育者,将优秀朋辈的思想境界、道德情操、行为实践渗透教育对象心里,形成教育对象自觉学习的需要,产生学习动机,进而影响学生行为的改变,内化为自觉的价值体系。我们研究朋辈榜样教育的有效性问题,不能回避学生的践行效果问题,这需要长期的对比观察,需要用试验数据检验,从这个方面来讲,本研究还需要不断深入。

---

① 张耀灿,郑永廷,吴潜涛,等. 现代思想政治教育学[M].北京:人民出版社,2007:136-155.

# 第七章 结论与展望:建构内生性高校思想 政治教育过程运行体系

党的十九大报告指出,要加强和改进思想政治工作。中国特色社会主义已经进入新时代,思想政治工作也进入新时代。习近平总书记在全国高校思想政治工作会议上指出。"高校要把思想政治工作贯穿教育教学全过程……教育者必须围绕学生、关照学生、服务学生……最终让学生成为德才兼备、全面发展的人才。"①由于历史及社会各种因素的综合影响,以前的高校思想政治工作更加注重其政治性、原则性、理论性等方面,造成高校思想政治教育过多地关注教育的社会价值,忽略了学生个人成长的需求。

迈入 21 世纪,我国高校思想政治教育迎来新的机遇和挑战,关于思想政治教育范式的研究不断深入,借鉴托马斯·塞缪尔·库恩"范式"理论,学者们提出了人的全面发展说教育范式、意识形态说教育范式、德育说教育范式等。教育范式的研究凸显了学者们对思想政治教育的深思,因为范式本身即是对思想政治教育本质和公认问题所持共同观念性东西的探讨,而核心就是思维方式。② 思想政治教育范式的转变是以社会发展和时代特色为背景的,是以受

---

① 习近平在全国高校思想政治工作会议上强调:把思想政治工作贯穿教育教学全过程,开创我国高等教育事业发展新局面[N].人民日报,2016-12-9(1).

② 万光侠.论思想政治教育人本研究范式[J].学校党建与思想教育,2012(13):10-11.

教育者特点为基础的,同时也是对马克思的主体性思想及人学理论的深入思考和实践拓展,人们深刻认识到,促进人的全面发展是教育的根本追求和目标。因此,受教育学理论及其他学科理论启发,结合中国思想政治教育的新实际,"人本"思想政治教育范式受到广泛认同,围绕如何发挥人的潜力,发展人的潜能,提升人的思想政治素质、道德素质、心理素质等讨论层出不穷,给予受教育者人文关怀,尊重受教育者的主体性、能动性、创造性等成为共识。

库恩是赋予"范式"现代解释意义的学者,他对"范式"的解释有 20 多种,"科学家集团""科学共同体""不可通约性"是其范式理论中的核心概念。总体来看,他将范式的使用分为两种,一种是"一个特定共同体共有全部承诺的集合,即范式是科学共同体成员共有价值、技术、信念、约定、方法等,另一种用法是前者的子集,即谜题解答的范例、模型、模式"。① 库恩认为,范式是一种变革或者革命,具有约束科学家的研究对象、问题、方法的功能,具有举例、示范的作用。在国外,库恩的范式理论"一方面引起人们的反思,受到好评,另一方面因其挑战了'强大而顽固的分析哲学传统'而受到波普、萨普、戴维森等人抨击,主要认为他的理论'存在荒谬的主观主义和相对主义',破坏了科学家研究的价值中立性"②。20 世纪 80 年代范式理论引入国内,因其"没有狭隘和明确的定义限制,内涵和外延具有很强的容纳性和适应性"③,并且"不乏推广到其他学术领域以解释相似理论更替现象的可能"④,而被许多人文学科接受和应用。人文社会科学和自然科学的问题域不同,因此,"人文领域对范式的应用

---

① 托马斯·库恩.科学革命的结构[M].金吾伦,胡新和,译.北京:北京大学出版社,2003:157.

② 吴国盛.再读库恩[J].科学文化评论,2012(4):25-30.

③ 杨怀中,邱海英.库恩范式理论的三大功能及其人文意义[J].湖北社会科学,2008(6):101-104.

④ 胡新和."范式"50 年:重读库恩《科学革命的结构》[N].光明日报,2013-01-13(5).

是一种衍生式的应用"①。有学者指出:"从一定意义上讲,一个学术领域的研究范式,就是该领域学术研究在相应时期基本的特征总括。"②综合范式自身的理论内涵及衍生应用,本研究所指范式是在现有思想政治教育学术共识、整体话语形态等基础上,总结展望本领域内有共识的价值理念,反思思想政治教育过程的发展模式,探寻能够为人们所认可、遵循的教育方法新形态。

## 第一节　教育过程体系的发展性范式建构

在库恩的范式理论中,"科学共同体"及其成员的信仰、理念和价值是进行科学研究的前提和基础,因为它表明一个对某项研究持有共同信念的人才能对所研究的内容、方法和范围形成共同的科学传统。中国高校进入新时代后,对"办什么样的大学"和"如何办大学"等价值和目标方面的认知更具中国自信,对"学生为中心"和高校"本分""初心"的认识走向一致,核心价值观教育成为高校各主体行为的共同追求。高校不再仅仅是教师的"学术共同体"或学生的"学习共同体",而正在成为促进内部各主体自身德育并协同承担学生德育责任的"德育共同体"。中国高校不仅要有强大的智育、体育、美育和劳动教育,还要摆脱西方高校"价值中立"的理念,让其全部成员都来为学生的德性发展服务。"德育共同体"逐步成为高校的中国特色之所在,这是我们探索思想政治教育范式建构的基本立足点。

共同体的特征是价值一致性、目标一致性。这种一致性在新时代的中国高校比以往任何时候都需要强调。中国特色社会主义高校是由各种德育主体

①　万光侠.马克思主义人学视域中的思想政治教育范式转换研究[M].济南:山东人民出版社,2014:12.
②　沈壮海.论思想政治教育理论研究的新范式与新形态[J].思想理论教育导刊,2007(2):40-46.

构成的共同体,以社会主义核心价值观和立德树人为共同的价值追求,主体间以交往理性和交往行为相联系,在交互关系中建构良性发展生态,并在共同的发展中实现个体的道德提升和价值目标。[①] 这样,"与过去的自上而下、职能隔离、主客体明确的体系相比,共同体模式有了较大的提升和优化,以人为本、发展为目、德育为纲、全面协同成为共同体的探求方向。以此为理念,奠定思想政治教育发展的基调,可以为全面思考思想政治教育范式转换问题提供新的思路,指导思想政治教育具体内容的开展以及实践活动的进行"[②]。

## 一、"人本"发展的价值属性

高校思想政治教育过程体系以教育主体为核心和灵魂。内生性发展过程体系首先体现在教育理念的人本发展价值属性上。在马克思主义人学理论、主体性学说及发展观等指导下,学界对高校思想政治教育以促进学生全面而自由发展为目标达成了共识。新时代是高校德育共同体主体竞相发展的时代。随着"人本"理念得到广泛认可,未来,高校思想政治教育研究必将不断探索如何创新主体内生发展能力。新时代,人们的主体自主意识、民主法治意识增强,网络普及也使原有的思想政治教育方式方法受到了巨大挑战。大学生作为先进群体,出现了新特点,其成长发展出现了新规律,紧扣中国特色社会主义条件下个体发展这个关键,高校思想政治教育理念的本质表征呈现促进学生主体自我发展性特质。在高校思想政治教育中将深入践行"全员育人""全过程育人"的宗旨,在教育过程中体现对学生主体地位的尊重;教育主体间形成平等互动的良性关系;教育内容贴近社会实际、围绕学生发展需求;教育环境被优化与改造,为学生个性化成长服务;教育方式更具吸引力,更加被教育主体所接受。

---

① 任少波,楼艳.论高校德育共同体的三重意蕴[J].高等教育研究,2018(8):87-90.

② 任少波,许占鲁.新时代高校思想政治教育范式建构初探[J].国家教育行政学院学报,2018(12):48-54.

马克思主义主体性思想及人学理论对于人的关照更加合理。人作为高校共同体的主体,有个体的自我发展需求,也有作为社会人的社会共同体属性。集体的发展要通过个体的发展来实现,强调"以人为本"的具体化和现实化。人生来以劳动作为起点,以工具为中介,以实践为根本,认识世界和改造世界。因此,对"以人为本"的把握必须首先将人根植于其所生活的现实世界。当代大学生生活在物质丰富、知识爆炸、科技发达、虚拟人际的复杂世界。他们的需要多样化、认识多元化、知识获取直接化、价值追求个性化,使思想政治教育过程面临前所未有的困难和挑战。实践证明,只有将思政教育与未来个体发展需求相挂钩,变"文本"教育为"文本加交互实践"教育,才能提升针对性和有效性。以共同体的理念审视思想政治教育过程,高校还需要在教育实践中把握思想政治教育过程的人性化、具体化、生活化等追求,围绕如何发掘人的潜能,利用各种中介,最终实现教育对象个人价值观念的成熟以及思想道德素质的提升。

## 二、全面素质培育的内容结构

人的自由全面发展不只是一句口号,它是教育的本质体现及价值归属。思想政治教育关涉社会培养什么样的人以及如何培养人,是助推和实现人全面发展的重要力量。高校思想政治教育内容主要是培育大学生政治意识、思想意识、道德意识、法律意识等,因此在实践中,教育者必须以学生为核心,基于人的整体性结构,根据大学生个人自我价值和社会价值追求,设计贴近大学生实际的教育内容,实现大学生自然属性和社会属性的协调发展。同时,发挥思想政治教育人文价值的功能,将思想政治教育的思想育人与精神育人的特点运用到大学生的成长成才中,最终实现人的科学而全面的发展。

"马克思主义人学理论将现实、实践的人作为人学研究的逻辑起点,把人看作为一种生成性的存在。"①高校思想政治教育如何助推大学生的自由而全面发展是一个历史性话题。人的自由而全面发展目标,内涵着个人能力、个人社会关系、个性自由的实现。首先,高校思想政治教育工作者,应在学生个人专业知识学习上给予精神鼓励与帮助,在学生思想道德追求上给予指导,使学生个人能力综合发展。在了解和尊重大学生的成长规律基础上,遵循思想政治教育规律,以思想政治教育作为手段,为实现大学生的知识学习服务,为大学生自由发展提供指引和保障。其次,思想政治教育的育人功能也包含了对教育对象世界观、人生观、价值观的引导。高校对大学生进行"三观"教育,是为了让学生能更好地处理个人与个人、个人与社会、个人与自然的关系,以科学发展的眼光对待人和事,协调处理各种关系。最后,高校思想政治教育的目标不是培养"批量"的同质化的人,而是有理想追求、个性化发展的人,尤其在新时代,思想政治教育应尊重学生的个性化发展需求,以多样化的教育方式和手段,培养多样化的、符合社会发展需求的各类人才。

## 三、可持续发展的路径意识

思想政治教育是一个历史的、持续发展的过程,是一个在继承原有理论和实践的基础上不断向前发展的过程。实现高校思想政治教育体系内生性发展是本研究的核心价值追求。全球化发展的现实不断提醒人们,任何理论和实践的发展都应该是一个可持续过程,而不是暂时或者阶段性的过程。新时代,我国对外面临意识形态受到挑战的现实,对内面临青年学生价值观多元化的境况,思想政治教育从内容到形式都受到了挑战。面对新情况、新对象,思想政治教育应扎根中国现实,并以中国历史文化传统为基础,在继承中发展,尊重人的发展规律和思想道德形成规律,将思想政治教育放在高校教育改革的背景下,放在新时代的现实中全面考察。因为,这关乎未来如何培养人以及培

---

① 　赵士发.马克思主义人学观的历史变革及其当代启示[J].武汉大学学报(人文科学版),2009(3):165.

养什么样的人的问题。

　　高校思想政治教育一方面要将学生视为动态发展的生态个体,并将教育本身作为一个动态发展过程,用发展的眼光看待思想政治教育的各要素;另一方面努力实现大学生个体的可持续发展与社会整体的协调发展,培养具有民族意识、国际视野,具有发展眼光、面向未来,具有合理竞争与有效协作的国际化人才。从教育过程的各要素着手,理论与实际相结合,探索思想政治教育可持续发展的过程体系,形成人的可持续发展的教育价值追求。人的全面发展是我国教育方针的理论基石,"实现人的可持续发展也是人的全面发展的根本点、内在动力和必然要求"。教育过程应将生态德育纳入教育体系和教育内容,扩大教育视角,着眼全球化问题,关注人类发展的趋势,关注人类共同面对的问题,以更加开放的眼光对待思想政治教育过程,以更加人性化的角度对待思想政治教育过程,以更加前瞻性的思维看待思想政治教育过程。

# 第二节　教育主体的内生动力范式建构

　　高校思想政治教育过程是教育者根据教育理念和教育目标对大学生施加有目的、有计划的教育影响,促使大学生形成符合社会期望的思想道德素质的过程。高校思想政治教育过程以解决当前社会的思想品德要求与大学生实际思想品德水平之间的矛盾为己任。这个过程一般包括教育者、受教育者、教育内容、教育环境、教育方式等要素。高校思想政治教育的实践过程过去偏重"规范性",以约束和规范大学生思想意识为目标,强调教育的工具价值,一定程度上与道德和政治的内在认知规律发生偏差,影响了学生个性的发展和创造性的发挥。

　　未来,以提升教育对象主动性、主体性为重点的高校思想政治教育过程将形成"内生性"范式,即从高校思想政治教育整个过程看,深入践行"全员育人"

"全过程育人"，在教育者、受教育者、教育情境、教育方式等共同体各要素和环节，都以学生为中心，了解学生、理解学生、爱护学生、关心学生、服务学生，以学生同化、顺应教育内容并转化为个人行为为根本，更加重视学生学习、接受的主体性、主动性。在教育过程中体现对学生主体地位的尊重：教育主体间形成平等互动的良性关系；教育内容贴近社会实际、围绕学生实际需求；教育环境被优化与改造，为学生个性化成长服务；教育方式更具吸引力等。高校思想政治教育将围绕如何调动学生潜在内动力，促进学生自主化成长，形成可持续发展而进行进一步探索。总之，高校思想政治教育过程将探求学生内在需求，调动学生潜在内动力，促进学生自主化、内生性成长。

## 一、以贴进与激发学生内在需求为起点

进入 21 世纪，相关教育理论在师生关系领域逐渐达成共识，即摒弃完全以学生为中心的教育观，形成新型混合式学习方式（Blending Learning）——教师主导、学生主体的教学主体关系。在当代的高校德育共同体中，各主体需在平等交互的关系网络中达成各种共识。在高校思想政治教育过程中，"教师主导"理念和"学生主体"理念常常交互切换，但在实践中，这个理念的天平偏向"教师主导"一端。当前思想政治工作中，辅导员主导各项党团活动；思想政治理论课上，从课堂教学设计到课程考核评价，都由教师决定；网络思想政治教育中，教育者决定推送内容、话语形式。学生参与思想政治教育的主动性、积极性不高，主体性难以体现。实现共同体内生性的范式转换，要从尊重学生主体性及需求做起。

心理学关于人的内生动力问题的研究也值得借鉴。需要是个体行为的内在起点和重要推动力。提升高校思想政治教育的有效性，必须关注教育对象的需要。从外在需要看，思想政治教育的具体内容是大学生社会化必须具备的，而更重要的是了解学生的内在需要和激发学生的兴趣。当代大学生思维活跃，伴随着互联网普及而成长，个人世界观和价值观受同辈及网络影响大，

高校开展思想政治教育的难度相对以往更大。在高校思想政治教育工作中，党团活动、社会实践、讲座报告会等，事先了解学生的需求和兴趣点开展活动，能够更加吸引学生；在思想政治理论课上，以更加贴近学生需要和兴趣的方式方法授课，例如体验式、情境式、启发式教学，增强教学内容与学生实际、学生兴趣及所学专业的联系，从而激发学生的课程需要，提升他们的课堂主体性参与；在网络思想政治教育中，让学生成为思想政治教育内容的主要宣传人，从内容编辑到话语形式及网络互动，让学生成为思想政治教育的"代言人"，能够吸引同龄人对网络思想政治教育内容的关注，从而提升网络思想政治教育的实效。

第一，准确把握学生学习需要，汇集成为"需求库"。马克思认为，需要是人的本质表征。需要产生动机，是人行为的原始动力，需要在人精神上的表现就是希望和愿望。在思政课程中，不同专业的学生及同一专业学生个体对教育内容有不同的兴趣点和需求，如果能在课前了解学生对课程的兴趣点、期待等，教师在课堂教学中更有针对性，教学效果必然更好。了解学生需求的方式除上述中给予学生一定课程决策权外，还有多个途径：比如课前调查。教师可以通过网络及现场的途径，对下次课程的主题以关键词的形式进行简单归纳，让学生挑选最感兴趣的几项内容，并就选择人数最多的项目进行重点备课，能够引起更多学生的注意，同时，以学生最关注的内容为核心，逐步扩展到其他内容，在情感上满足了学生的需要，更容易将学生带入学习情境，引起学生的学习兴趣，利于教育效果的实现。课前小组讨论也是一种选择。教育是为学生服务的，学生是教育的核心，课前就下次课程的主要内容进行介绍，听取学生代表（小组）的意见，尤其关注他们感兴趣的内容及涉及主题的相关社会问题等，从学生的需要出发，在课堂中，从课堂导入、案例选择、讨论主题等方面做好设计，让学生产生需要被满足的获得感，从而在情感中对思政课更投入，更好地融入课程中。还有课上发言讨论。同学们在课堂上针对课程内容的每一次的发言讨论，都体现了学生学习涉猎知识的情况及兴趣关注情况，如果比较多的学生都对某类或者某方面的内容有明显的兴趣倾向性，可以反映出同学们的兴趣点，教师可以对此进行累积记录，为以后相关主题内容的讲解提供参考。教师准确把握学生心理需求，汇集成"需求库"，一方面体现了对学生主体地位的尊重，另一方面也为课程积累更多的素材，使课程更有针对性，更能唤起学生的情感共鸣，同时，也有利于让学生发现新知识，自主探索学习内容，在学生原有知识基础上通过主动建构形成新的知识。

　　第二，教师夯实知识储备，成为专业广博的"供给库"。高校思政课教师肩负学习宣传马克思主义理论，培育大学生坚定社会主义核心价值观的重要使命，是一支政治过硬、思想意识坚定的教师"排头兵"，同时，随着国内外环境的不断变化，社会经济政治的发展人们的思想意识变化，国家的大政方针及治理理念不断更新，思政课的内容也与时俱进。党的十九大召开后，高校思政4门课程教材都进行了修订，作为思政教师，一方面要随时关注党和国家的新政策、新思想，学习掌握思政课新知识、新内容，在专业领域做到有深度；另一方面应该广泛涉猎各类知识，对非专业知识做到有广度，因为我们的教育对象来自不同专业、各自兴趣点不同等。对学生专业领域及学习兴趣的了解，有利于准确把握他们的需求；对社会热点问题的及时了解，有利于引起学生的学习兴趣；对国家时政要闻的分析，有利于引导学生关注国家和社会发展。这样专业而广博的"供给库"的建立，让教师在课堂教学中更有主动性、更自信，学生在情感上也更加认同。思政课教学过程中，通过师生间搭建的桥梁，记录学生的学习需求和兴趣点，并进行整理，发现规律，在课堂中有针对性地进行"供给"，形成学生"需求"与教师"供给"的相对平衡，让学生感受内心需求的满足感和成就感，从而有效地提高学生的课堂参与度。思政课内容只有契合学生的成长需求和规律、学生的思想实际、学生的专业特点，做到与时俱进、不断创新，其思想教育的作用才能体现出来，才能真正吸引学生。

## 二、以强化学生内化能力为关键

　　皮亚杰认为，需要产生动机，动机是个人行为的核心动力。动机具有激活、强化人的需要的功能,内在动机主要来源于需要,外在动机需要诱因。所以,高校思想政治教育一方面要激发学生的各种需要,让其转化为学生学习、行为的动机;另一方面要寻找带给学生学习、行为的"刺激因素",以摄动(激扰)其学习的动机。例如,思政课上,可以通过设置课程任务、课堂作业以及合理竞争等方式,让大学生产生完成挑战的"冲动"动机,驱动学生主动参与课程。

所谓思想政治教育内化,即是大学生对教育者的教育接纳和认同,并自觉将所接受的内容转化为个人精神动力。恩格斯曾指出:个人行动是通过个人的意志动机推动的。高校思想政治教育的目的是提升大学生的思想道德水平,形成符合社会需要的道德品质。思想道德素质的完善和形成,一般经过知、情、意、行的过程,在这个过程中,受教育者的内在认同是核心环节。所以,"将思想政治教育内容内化为学生的思想精神,是思想政治教育取得成效的关键环节。内化从根本上说是学生自我教育的实现过程。要实现学生的内化,首先是考虑受教育者的需求。其次要考虑受教育者的价值观。价值观是人们对待认识对象的价值选择及个人行为的意义评判,影响人们对思想道德观念内化的程度。价值观不同,人们接受以及评判对象的观念就不同,进而影响人们的行为选择。当代大学生是95后、00后,他们是伴随着全球化和网络化成长起来的一代,受不同价值和社会文化的影响多,价值观念呈现多样化、多层级的特点,对他们价值观的准确把握是对其进行思想政治教育的必然。再次,要考虑受教育者的认知水平。受教育者认知能力是有差异的。在受教育活动中,认知能力强的人自信心强,一般能抓住事物的本质和规律,接受教育的深度和广度较好。认知能力差的人接受教育的容量相对少些。大学生虽然普遍具有较高的知识水平,但很多学生的政治、道德、文化认知水平参差不齐,需要进行分类把握。最后,要考虑受教育者的情感、心理状态。情感可以引起学生对所学内容的共鸣,促进学生对所学内容的情感体验,增强学生对所学内容的情感认同。因此,教育者应善于运用各种教育情境和教育方式,增强受教育者的体验性,这样才能有助于大学生内化教育内容。

## 三、以实现学生"自我成长"能力为目标

人本主义学者罗杰斯认为,学习是人适应社会的积极反映。大学是学生步入社会前的"深造、训练场",他们具有"自我成长"的内在动力和需求。"自我成长"能力主要表现为自我探索、自我管理、自我评价、自我价值实现等。高校思想政治教育从目标来看,最终将实现学生自我发展、自我成长,因为教育的实质是让学生内化所学并外化为实际行为。高校思想政治教育与其他教育不同,主要以改变学生政治、思想、道德观念为任务,具体表现为主体间的精神交往和价值转换,学生思想上的进步与成长是其关注的核心。

实现大学生思想上的进步与成长,实现教育过程的认知模式转换,首先要关注学生的思想道德基础结构。人在原有知识经验的基础上,为应付特定情境而产生新的"需要",进而产生新的认知图式。Schmidt 认为,个人根据记忆系统原有的经验才能对新知识做出判断。① 这也是被皮亚杰所证实的:新旧知识的转化一定是以旧知识为基础,新知识网络一定是嵌入先前的认知图式中才可能将旧知识同化,产生知识的更迭。因此,大学生原有的思想道德情况是高校开展思想政治教育的基础,必须进行及时和准确的了解。其次,作为共同体成员的大学生,对其角色需要重新加以认识。教育者应充分发挥大学生的主体作用,在思想政治教育实践中,鼓励推动学生主动参与到社会实践中,利用教育情境、教育任务,激发学生的创造性,实现学生自我教育、自我完善、自我管理,并关注学生在交往中的个性发展,建构生活中的和谐人际关系,实现交往理性,进而实现个体与社会和谐一致的价值认同。当然,这也需要教育者进一步给予学生自我裁量权,赋予学生自我发展的自主权,培养和锻炼学生的自主意识,提供更多自主发展的平台和机会。

---

① Schmidt S J. Kognition und Gesellschaft: Der Diskurs Des Radikalen Konstruktivismus[M]. Berlin: Suhrkamp, 1992:20-30.

# 第三节　教育方法的情感驱动范式建构

教育方法是教育者以教育理念为指导,将教育内容有效传递给受教育者,以实现教育目标的方式和手段。教育方法是否有针对性,直接影响教育成效。传统的思想政治教育方式以单向传输为主,教育方法和手段不够丰富,调动学生学习兴趣方面力有不逮。高校思想政治教育内容的吸引力、感染力和说服力最终都来源于学生的配合与参与,而学生情感上的认同是思想政治教育活动开展的起点和动力源泉。随着计算机技术及多媒体技术的发展,教育方法正日趋多样化,但教育方法的运用应以增强教育内容的吸引力、感染力和说服力为基础,让学生愿意参与。由此,学生情感认同才能形成共同体环境与氛围,提升参与的积极性、有效性。

以德育共同体的理念加以观照,未来高校思想政治教育的方法将向情感驱动范式转变。以情感为纽带,形成教育主体间互动平等关系,让学生体验到主体感和价值感,增强情感认同,是实现教育目标的基础;以引起学生情感共鸣为内在推动力,让学生充分体验需要满足的获得感,是实现思政教育目标的核心;以情感为纽带,创建符合教育内容及适合教育对象接受的教育情境,能够让学生深入体会教育内容的真实含义,并更加了解自身的感受,这是教育目标实现的保障;以情感为纽带,使用连接教育内容、教育情境、教育主体的工具及技术,能够更好地激发学生的情感体验,这是教育目标实现的中介力量。因此,未来高校思想政治教育的方法将向情感驱动范式发展。情感驱动式思想政治教育方法以引起学生情感认同为基础,以学生主动、有效参与思想政治教育课堂和实践活动为核心,通过教育方法的感染力,情境的触动性、针对性等,激发学生内在需要,推动学生更好地融入思想政治教育中,主动参与到思想政治教育的教学和实践活动的过程,促进学生学习与行为实践的统一。

## 一、激发大学生情感共鸣

情感是人主体本质理性的突出体现,参与认知活动过程。冯·格拉斯菲尔德等学者认为"情感是学习的发动机和控制器"[①]。因为它能引起一个有倾向性的主题活动,能够决定注意焦点的持续,能够整理人记忆中的信息,形成知识创造连续性,它还影响主体认识的指向性和选择性,激发或者抑制主体认知活动的状态。学生在思想政治教育过程中获得思想道德素质的成长,很大部分是通过情感上的认同实现的。因为情感可以引起学生对所学内容的共鸣,促进学生对所学内容的情感体验,增强学生对所学内容的情感认同。例如,思想政治理论课,通过创设课程情境,能够很好地起到这个效果。情境是环境的一种,教学情境服务于教学内容,为教育者所创设,为学生学习体会知识服务。

思想政治教育者通过教育方法达到教育内容与学生间的情感共鸣,唤起学生的情绪和情感,让学生充分沉浸于与教育内容相关的情境中,从而启发学生在认知、心理、行为中探索自我,创新发展,形成独立判断,能够改善当前思想政治教育"我说你听"的现状。

## 二、促进大学生情感体验

积极的情感体验能够激发学习者的内在学习动力,推动学习者融入教育内容。学生在学习过程中,会遇到与他人合作或者知识学习中的挫败,其自我控制和使自我经验服务于学习等要求都需要情绪和情感参与。因此,高校思想政治教育者应充分利用现代教育技术,积极创造符合教育内容并易于学生理解和接受的教育情境,学生获得的积极的情感感受有利于自身对新知识的获得,也更乐于参与到思想政治教育中。

---

① Glasersfeld E V. Radical Constructivism:A Way of Knowing and Learning[M]. London:Falmer,1995:178-180.

良好的情感互动才能产生情感共鸣,这也是教育主体间获得积极情感体验的前提。① 高校思想政治教育方法应首先实现教育主体间的情感互动。在教育内容选择上,多考虑学生的需求,让学生参与活动的整个过程;在课程教学中,教师通过学习共同体的教学方法,通过共同体中个人所具有的归属感和责任感的情感纽带,让每个人都为共同体更好发展发挥潜力;在网络思想政治教育中,通过网络互动的方式,通过引发学生情感共鸣的话题,提升学生的参与性,从而引发学生情感共鸣,提高思想政治教育的效果。其次,情感共鸣形成和转化必须以教育实践为基础,这也是情感发展的推动力,是情感体验形成的必要条件。因此,高校应重视教育实践活动中的教育方法,努力将教育内容与社会现实和学生个体情感相联系,增强学生的自我价值感、自我成就感。激发其道德情感的正向体验,促进学生树立高尚的道德情操。最后,重视基于感觉经验的情感体验方法。因为"它可以培养人的想象力和同情心,甚至可以用于分析个人的情绪态度"。② 维果茨基也提出过"以'自我的故事'的方式唤起人的想象性情感与社会性情感,能够有效实现情感体验"。③

## 三、获得大学生情感认同

情感认同是指教育对象从情感上对教育内容接受、喜爱,并采取积极的态度对待教育过程。情感首先源于个体对所接触内容的认知,情感形成后对其有巨大的推动力量。因此,高校思想政治教育过程中,以贴近大学生实际和需求的教育内容为基础,培养大学生的思想情感,有利于大学生对思想政治教育的认同。④ 高校教育过程中,影响大学生情感认同的因素主要有:思想教育内

---

① 罗仲尤.思想政治教育属性研究[D].长沙:湖南大学博士学位论文,2014.
② 杜威.道德教育原理[M].王承绪,等,译.杭州:浙江教育出版社,2003:278.
③ 方明生.维果茨基情感理论的结构与教育临床的方法[J].全球教育展望,2013(11):79-87.
④ 陆树程,方文.思想政治教育机制新论[J].思想理论教育导刊,2010(3):74-78.

容本身、高校教育者的素质及教育主体间的关系等。所以,新时代教育主体间应形成平等互动的合作关系,高校思想政治教育内容应更加贴近大学生的思想和行为的实际,教育方法更具有吸引力,教育载体更具有直观性,才能更加获得大学生的情感认同。总之,高校思想政治教育中,引起学生的情感认同,需要主体、客体、介体和环体共同作用,并最终影响大学生的认知认同、情感认同、价值认同和行为认同。高校思想政治教育过程是一种教育主体间的相互交往活动,其教育目标是提升教育对象的思想道德素质。思想政治教育方法应把人格的总体发展作为教育的基本价值指向。情感驱动式的方法,能够引发学生的情感共鸣,促进学生积极的情感体验,增强学生的情感认同,有利于学生个性发展和人格成长。

库恩的范式转换理论,是哲学观点、理论体系和研究方法的转换和变革,这种变革是基于一定的前提假设、概念体系、理论方法和社会背景的,但不一定是对原有范式的根本否定。库恩的范式理论可具体划分为三个层次的组成要素:"处于范式核心的科学共同体基础及其核心信念、价值要素;处于范式过程的标准、规则要素;联结特定共同体和外部世界的操作、方法要素,三个要素相互融合构成一个有机统一体。"①新时代高校思想政治教育在三个层面上相互影响、互相制约,正在形成新的思维范式与活动方式。第一,教育理念的转变是前提。高校德育共同体的形成和发挥合力是新时代思想政治教育整体推进的基础和前提,它决定教育过程的方向和教育目标,影响教育方法的运用。与"以人为本"教育理念相一致,教育价值理念层面向体现人的全面发展的发展性范式演进。第二,教育过程的整体把控与具体推进是关键。结合新时代,围绕学生实际需要,催生学生内在发展、深入挖掘学生的内在动力的内生性范式是践行发展性价值理念的体现,也是实现教育成效的关键环节。第三,教育方法是教育者基于教育理念、通过教育过程实现教育目标的中介要素。高校

---

① 伊姆雷·拉卡托斯,艾兰·马斯格雷夫.批判与知识增长[M].周寄中,译.北京:华夏出版社,1987:83.

思想政治教育方法围绕实现人的全面发展的目标结构，以激发与强化学生内化能力为关键。这要求教育方法不断激发学生学习兴趣与动机，而情感驱动式的教育方法无疑是学生将学习内容与个人思想、行为"同化"与"顺应"的激发点。总而言之，新时代高校思想政治教育的探索在价值理念层面上向发展性范式演进，在认识论意义上向内生性范式推进，在方法论意义上向情感驱动范式转换。

综合来看，新时代高校思想政治教育"以生为本"的教育理念不断扎根实际，在国家重视思想政治教育的背景下，围绕学生实际需要，从教育理念到教育过程、教育方法等环节，都将学生作为教育主体开展教育工作，不断激发学生学习兴趣与动机，促进教育内容与教育主体之间和谐共存，建立师生互动、生生协作的学习共同体，让学生学会自我教育和自我管理，最终实现教育对象之于教育内容或知识的"同化"与"顺应"。这对高校教育者提出了更高的要求，教师要善于运用情境、工具或者平台，激发学生的学习兴趣和求知欲望，通过激励、学习团体等方式促进学生自我探索，通过目标引导，努力创设学生主动探索与自我学习的浓厚氛围；准确把握学生思想政治教育过程参与的时机，引导学生明确自己的探索目标，给予方法选择的指导；关注学生学习认知中的情绪情感，鼓励学生自主探索的自信心与自主性；在保证学生个体独立探索的同时，鼓励合作探索，并充分利用学习共同体间的思维冲突，通过讨论和争辩，深化学生对教育内容的学习和掌握。

本研究对高校思想政治教育过程中的四个要素进行了侧重实践层面的内生性建构研究，以后可以扩展至思政教育的其他要素和层面。本研究的内生性建构提法虽建立在发展理论、思想政治教育内生动力理论等基础上，以马克思主义相关理论为指导，对此的理论研究亟待加强，相关的论述体系严密性、逻辑性、严谨性等方面有待提升。基于笔者的能力及认识的有限性，对本论题研究只能是一种尝试性的探索，内生性过程中的主体、环体、介体的界定等观点不甚成熟。另外，应用研究中，具体方案的设想还缺乏一定的量化和评价标准,有待实践的检验。

　　总之,面对新时代、新形势,高校思想政治教育在高校深化教育改革和世界一流大学建设的背景下,在党中央大力推动下,既有机遇也有挑战。作为一名思政工作者,不仅要把握好马克思主义理论的基本内涵和最新成果,更要扎根教育实践发现问题、分析问题、解决问题。本研究是笔者理论学习和实践总结的体现,提出的一些设想还不够成熟,眼界不够宽广,有些具体操作层面的实验还浮于表面,需要继续加强理论学习和实践研究。本书也希望通过对教育过程现实问题的反思引起学者们的共鸣,一起共同深入探讨思想政治教育如何更好、更快发展的有效举措。

# 参考文献

经典著作：

[1]马克思,恩格斯.马克思恩格斯选集(第 1 卷)[M].北京:人民出版社,2012.

[2]马克思,恩格斯.马克思恩格斯选集(第 2 卷)[M].北京:人民出版社,2012.

[3]马克思,恩格斯.马克思恩格斯选集(第 4 卷)[M].北京:人民出版社,2012.

[4]马克思,恩格斯.马克思恩格斯文集(第 1 卷)[M].北京:人民出版社,2009.

[5]马克思,恩格斯.马克思恩格斯文集(第 4 卷)[M].北京:人民出版社,2009.

[6]马克思,恩格斯.马克思恩格斯文集(第 7 卷)[M].北京:人民出版社,2009.

[7]马克思,恩格斯.马克思恩格斯全集(第 1 卷)[M].北京:人民出版社,2002.

[8]马克思,恩格斯.马克思恩格斯全集(第 2 卷)[M].北京:人民出版社,2005.

[9]马克思,恩格斯.马克思恩格斯全集(第 42 卷)[M].北京:人民出版社,1982.

[10]马克思,恩格斯.马克思恩格斯全集(第 46 卷)[M].北京:人民出版社,2003.

[11]马克思,恩格斯.马克思.资本论(第 1 卷)[M].北京:人民出版社,2004.

[12]列宁.列宁选集(第 4 卷)[M].北京:人民出版社,2012.

## 学术著作:

[1]班华主.现代德育论[M].合肥:安徽人民出版社,2004.

[2]仓道来.思想政治教育学[M].北京:北京大学出版社,2004.

[3]陈成文.思想政治教育前沿问题十论[M].北京:社会科学文献出版社,2013.

[4]陈万柏.思想政治教育学原理[M].北京:中国人民大学出版社,2013.

[5]陈万柏,张耀灿.思想政治教育学原理[M].北京:高等教育出版社,2007.

[6]陈华洲.思想政治教育方法论[M].武汉:华中师范大学出版社,2010.

[7]陈秉公.思想政治教育学原理[M].北京:高等教育出版社,2006.

[8]陈琦,刘儒德.教育心理学[M].北京:高等教育出版社,2005.

[9]程浩,崔福海,孙宁.中国高校思想政治教育史论[M].北京:社会科学文献出版社,2016.

[10]戴艳军.思想政治教育案例分析[M].北京:中国人民大学出版社,2012.

[11]邓演平.大学生思想政治教育论[M].长沙:湖南大学出版社,2010:99.

[12]董杰.思想政治教育情境论[M].武汉:湖北人民出版社,2013.

[13]董青岭.复合建构主义教育:进化冲突与进化合作[M].北京:时事出版社,2012.

[14]段建斌.思想政治教育的本体维度:基于人的存在与发展[M].北京:社会科学文献出版社,2013.

[15]冯刚.改革开放以来高校思想政治教育发展史[M].北京:人民出版社,2018.

[16]冯刚,郑永廷.思想政治教育学科 30 年发展研究报告[M].北京:光明日报出版社,2014.

[17]冯刚.高校思想政治教育创新发展研究[M].北京:中国人民大学出版社,2009.

[18]高文,徐斌艳,吴刚.建构主义教育研究[M].北京:教育科学出版社,2008.

[19]耿乃国.高校辅导员工作理论与实务[M].北京:北京师范大学出版社,2011.

[20]郭庆然,丁翠翠.发电产业的内生性进入壁垒研究——基于过剩生产能力的视角[M].北京:人民出版社,2015.

[21]郭湛.主体性哲学——人的存在及其意义[M].北京:中国人民大学出版社,2012.

[22]韩庆祥.马克思主义人学思想发微[M].北京:中国社会科学出版社,1992.

[23]何克抗,林君芬,张文兰.教学系统设计[M].北京:高等教育出版社,2016.

[24]何仁生.教学系统设计概论[M].长沙:湖南大学出版社,2014.

[25]何祥林,谢守成,刘宏达.大学生群体思想政治教育新论[M].北京:中国社会科学出版社,2009.

[26]洪波.思想政治教育话语范式转换研究[M].杭州:浙江大学出版

社,2012.

[27]胡凯.网络思想政治教育心理研究[M].长沙:中南大学出版社,2016.

[28]黄平槐.高校思想政治教育的生态化发展价值研究[M].南昌:江西教育出版社,2012.

[29]季海菊.新媒体时代高校思想政治教育的解构与重塑[M].南京:东南大学出版社,2014.

[30]姜运仓.社会主义核心价值体系寓于大学生思想政治教育[M].北京:线装书局,2011.

[31]金建龙,宁欣,王楠.新时代背景下高校思想政治教育"精致育人"模式研究[M].北京:经济管理出版社,2018.

[32]靳诺,郑永廷,张澍军,等.新时期高校思想政治教育理论与实践[M].北京:高等教育出版社,2004.

[33]李才俊,李渝萱,李傲一.高校"六维一体"思想政治教育机制研究[M].北京:新华出版社,2017.

[34]李明宇,李丽.马克思主义生态哲学:理论建构与实践创新[M].北京:人民出版社,2015.

[35]李军林.马克思主义在中国的早期传播及其话语体系的初步建构[M].北京:学习出版社,2013.

[36]李钢,陈志.中国内陆集镇的内生性发展[M].北京:中国社会科学出版社,2010.

[37]李合亮.解析与建构——当代中国思想政治教育的哲学反思[M].北京:北京人民出版社,2010.

[38]李合亮.思想政治教育探本——关于其起源及本质的研究[M].北京:人民出版社,2007.

[39]林泰.问道—改革开放以来社会思潮与青年思想政治教育研究[M].

北京:中国社会科学出版社,2013.

[40]刘保,肖峰.社会建构主义教育:一种新的哲学范式[M].北京:中国社会科学出版,2011.

[41]刘国胜.中国现代性建构与马克思主义哲学中国化[M].北京:中国社会科学出版社,2015.

[42]刘丽琼.思想政治理论课教学接受论[M].北京:人民出版社,2009.

[43]刘书林.社会思潮与青年教育研究[M].北京:高等教育出版社,2010.

[44]刘书林,陈立思.青年思想政治教育学原理[M].北京:中国青年出版社,1999.

[45]刘韵清,周晓阳.开放性教学论:高校思想政治理论课开放性教学新模式研究[M].成都:巴蜀出版社,2018.

[46]刘松.思想政治教育方法的实教效性研究[M].武汉:湖北长江出版集团,2008.

[47]刘卓红,钟明华,等.开放德育论:大学生思想政治教育继承借鉴与批判创新研究[M].北京:人民出版社,2008.

[48]柳海民.教育过程论[M].重庆:重庆出版社,1994.

[49]鲁洁.道德教育的当代论域[M].北京:人民出版社,2005.

[50]陆有铨.皮亚杰理论与道德教育[M].北京:北京大学出版社,2015.

[51]陆庆壬.思想政治教育学原理[M].上海:复旦大学出版社,1986.

[52]罗国杰.马克思主义思想政治教育理论基础[M].北京:北京高等教育出版社,2002.

[53]罗洪铁.思想政治教育原理与方法研究[M].贵阳:贵州人民出版社,2002.

[54]罗宗火.高校思想政治理论课教育教学论[M].北京:中国书籍出版社,2010.

［55］骆郁廷.思想政治教育原理与方法［M］.北京:高等教育出版社,2010.

［56］梅萍,林更茂.建构社会主义和谐社会伦理秩序研究［M］.北京:中国社会科学出版社,2015.

［57］孟涛.农村经济管理研究的新视角——环境管理权配置与经济内生性发展［M］.北京:经济管理出版社,2012.

［58］苗丽芬.大学生日常思想政治教育时效性研究［M］.北京:高等教育出版社,2009.

［59］莫雷.教育心理学［M］.北京:教育科学出版社,2007.

［60］牛慧娟.大学生主体性发展:理论探讨与现实反思［M］.青岛:中国海洋大学出版社,2014.

［61］裴新宁.面向学习者的教学设计［M］.北京:教育科学出版社,2005.

［62］戚万学,唐汉卫.现代道德教育专题研究［M］.北京:教育科学出版社,2005.

［63］亓慧坤,韩洁,方铮炀.新媒体视域下高校思想政治教育的解读与重构［M］.北京:中国纺织出版社,2019.

［64］邱柏生.高校思想政治教育的生态分析［M］.上海:上海人民出版社,2009.

［65］单春晓,延诺.高校思想政治教育长效机制路径选择［M］.北京:中国社会科学出版社,2018.

［66］上海市高教局.高等学校学生思想政治教育［M］.北京:教育科技出版,1984.

［67］沈壮海.中国大学生思想政治教育发展报告2017［M］.北京:北京师范大学出版社,2018.

［68］沈壮海.思想政治教育有效性研究［M］.武汉:武汉大学出版社,2012.

[69]沈国权.思想政治教育环境论[M].上海:复旦大学出版社,2007.

[70]苏令银.主体间性思想政治教育研究[M].上海:上海三联出版社,2012.

[71]孙爱春,牛余凤.思想政治教育原理与方法[M].北京:光明日报出版社,2018.

[72]孙亮.马克思主义哲学研究范式:一个批判性建构[M].北京:知识产权出版社,2013.

[73]孙其昂.思想政治教育学前沿研究[M].北京:人民出版社,2013.

[74]万光侠.马克思主义人学视域中的思想政治教育范式转换研究[M].济南:山东人民出版社,2014.

[75]万增奎.道德同一性的心理学研究[M].上海:上海教育出版社,2009.

[76]王芳,宋来新.高校思想政治教育基地育人模式研究[M].北京:化学工业出版社,2018.

[77]王杨.高校思想政治教育服务学习研究[M].北京:人民日报出版社,2018.

[78]王树荫.中国共产党思想政治教育史(中)[M].北京:中国人民大学出版社,2011.

[79]王有炜.高校思想政治教育新模式移动课堂研究[M].合肥:合肥工业大学出版社,2014.

[80]王敏正.中国内生性工业化道路研究[M].北京:人民出版社,2009.

[81]王孝哲,马克思主义人学概论[M].合肥:安徽大学出版社,2009.

[82]王洪飞.大学生思想政治教育方法与艺术[M].沈阳:辽宁教育出版社,2007.

[83]王玄武,骆郁廷.思想教育、政治教育、道德教育比较研究[M].武汉:武汉大学出版社,2002.

[84]王长乐.自主性德育论[M].长春:吉林人民出版社,2002.

[85]余潇枫.思想政治教育学[M].杭州:浙江大学出版社,2001.

[86]王瑞荪,竹立家.思想政治教育学[M].北京:北京师范学院出版社,1989.

[87]吴和贵.支架式教学:有效教学的生长点——高中历史课堂教学方式的探索与研究[M].广州:中山大学出版社,2013.

[88]吴琼.高校思想政治教育范式转换研究[M].北京:北京交通大学出版社,2016.

[89]武天林.马克思主义人学导论[M].北京:中国社会科学出版社,2006.

[90]肖川.主体性道德人格教育[M].北京:北京师范大学出版社,2002.

[91]谢明初.数学教育中的建构主义——一个哲学的审视[M].上海:华东师范大学出版社,2007.

[92]谢幼如,李克东.教育技术学研究方法基础[M].北京:高等教育出版社,2006.

[93]熊建生.思想政治教育内容结构论[M].北京:中国社会科学出版社,2012.

[94]徐永赞.学校思想政治教育接受规律研[M].石家庄:河北人民出版社,2016.

[95]许启贤.中国共产党思想政治教育史[M].北京:中国人民大学出版社,2004.

[96]杨建义.大学生思想政治教育路径研究[M].北京:社会科学文献出版社,2009.

[97]杨韶刚.西方道德心理学的新发展[M].上海:上海教育出版社,2007.

[98]杨寿堪.亚里士多德范畴学说简论[M].福州:福建人民出版

社,1983.

[99]尹保红.西方马克思主义空间理论建构及其当代价值[M].北京:光明日报出版社,2016.

[100]于泉蛟.思想政治教育接受结构研究[M].北京:人民出版社,2015.

[101]曾钊新,李建华.道德心理学[M].长沙:中南大学出版社,2002.

[102]张育广.实践育人:高校思想政治教育路径探索[M].广州:广东高等教育出版社,2017.

[103]张其娟.现代思想政治教育精神资源开发与利用[M].北京:知识产权出版社,2013.

[104]张红霞.高校思想政治教育实效性研究:以文化多样化视角[M].北京:光明日报出版社,2012.

[105]张国祚.中国文化软实力研究报告(2010)[M].北京:社会科学文献出版社,2011.

[106]张雷声.马克思主义理论学科体系建构与建设研究[M].北京:经济科学出版社,2011.

[107]张耀灿,郑永廷,吴潜涛,等.现代思想政治教育学[M].北京:高等教育出版社,2007.

[108]张耀灿.思想政治教育学前沿[M].北京:人民出版社,2006.

[109]张耀灿,邱伟光.思想政治教育学原理[M].北京:高等教育出版社,1999.

[110]张彦.思想政治教育主体性研究[M].广州:广东人民出版社,2006.

[111]张步仁,马杏苗.马克思主义人学研究[M].哈尔滨:黑龙江人民出版社,2005.

[112]张桂春.激进建构主义教学思想研究[M].大连:辽宁师范大学出版社,2002.

[113]张天宝.主体性教育[M].北京:教育科学出版社,2001.

[114]张澍军.高校学生思想政治教育载体研究[M].北京:北京出版社,1999.

[115]章国锋.关于一个公正世界的"乌托邦"构想:解读哈贝马斯《交往行为理论》[M].济南:山东人民出版社,2001.

[116]赵继伟.马克思主义意识形态接受论[M].武汉:武汉大学出版,2009.

[117]赵剑英,庞元正.马克思哲学与中国现代性建构[M].北京:社会科学文献出版社,2006.

[118]郑震.另类视野:论西方建构主义教育社会学[M].北京:中国社会科学出版社,2014.

[119]中共中央文献研究室编.十八大以来重要文献选编[M].北京:中央文献出版社,2014,2016,2018.

[120]周利生,汤舒俊.红色资源与高校思想政治教育[M].北京:九州出版社,2018.

[121]周长春.新形势下大学生思想政治教育探索[M].北京:北京工业大学出版社,2005.

[122]邹绍清.当代思想政治教育方法论发展研究[M].北京:人民出版社,2013.

[123]祖嘉合.思想政治教育方法教程[M].北京:北京大学出版社,2004.

## 译著:

[1]艾薇儿·拉夫莱斯.教育技术与课堂教学[M].宋旸,译.北京:北京师范大学出版社,2006.

[2]埃德蒙德·胡塞尔,等.笛卡尔式的沉思[M].张廷国,译.北京:中国城市出版社,2002.

[3]戴维·H.乔纳森.学习环境的理论基础[M].郑太年,任友群,译.上

海:华东师范大学出版社,2002.

[4]弗兰克·纽曼,莱拉·科特瑞亚,杰米·斯葛瑞.高等教育的未来:浮言、现实与市场风险[M].李沁,译.北京:北京大学出版社,2012.

[5]哈贝马斯.交往与社会进化[M].张博树,译.重庆:重庆出版社,1989.

[6]赫尔巴特.普通教育学·教育学讲授纲要[M].李其龙,译.北京:人民教育出版社,1989.

[7]黑格尔.精神现象学[M].贺麟,王玖兴,译.北京:商务印书馆,1979.

[8]肯尼斯·J.格根.语境中的社会建构[M].郭慧玲,张颖,罗涛,译.北京:中国人民大学出版社,2011.

[9]康德.纯粹理性批判[M].邓晓芒,译.北京:人民出版社,2008.

[10]卡林·诺尔-塞蒂纳.制造知识:建构主义与科学的与境性(第三卷)[M].王善博,译.北京:东方出版社,2001.

[11]卡尔·波普尔.客观主义[M].舒炜光,等,译.上海:上海译文出版社,1972.

[12]罗伯特·D.坦尼森,弗兰兹·肖特,诺帕特·M.西尔,等.教学设计的国际观(第1册)[M].任友群,裴新宁,译.北京:教育科学出版社,2005.

[13]皮亚杰.儿童智力的起源[M].高如峰,陈丽霞,译.北京:教育科学出版社,1990.

[14]皮亚杰.结构主义[M].皮连胜,等,译.北京:商务印书馆,1984.

[15]R·M.加涅,W·W.韦杰,K·C.戈勒斯,等.教学设计原理[M].皮连生,庞维国,译.上海:华东师范大学出版社,2000.

[16]汤姆·洛克摩尔.在康德思想的唤醒下:20世纪西方哲学[M].徐向东,译.北京:北京大学出版社,2010.

[17]托马斯·库恩.科学革命的结构[M].金吾伦,胡新和,译.北京:北京大学出版社,2003.

[18]瓦兹沃思.皮亚杰的认知和情感发展理论[M].徐梦秋,沈明明,译.

厦门:厦门大学出版社,1989.

[19]维纳.人有人的用处[M].陈步,译.北京:商务印书馆,1978.

[20]维柯.维柯论人文教育[M].张小勇,译.桂林:广西师范大学出版社,2005.

[21]维果茨基.维果茨基教育论著选[M].余震球,选译.北京:人民教育出版社,1994.

[22]伊姆雷·拉卡托斯,艾兰·马斯格雷夫.批判与知识增长[M].周寄中,译.北京:华夏出版社,1987.

[23]佐藤学.课程与教师[M].钟启泉,译.北京:教育科学出版社,2003.

## 期刊论文:

[1]陈步云.论高校实践育人动力机制的构建[J].学校党建与思想政治教育,2018(6):15-19.

[2]陈昌兴,杜才平,刑晓红.高校思想政治教育与创新人才培养——基于建构主义视角的解析[J].湖北社会科学,2012(11):190-192.

[3]陈志兴.道德学习共同体:当代德育的情境构建[J].南昌大学学报(人文社会科学版),2011(5):33-39.

[4]蔡伟仁.批判性建构主义教育——一种教育学的新思路[J].全球教育展望,2004(7):34-37.

[5]陈万柏.论思想政治教育载体的内涵和特征[J].江汉论坛,2003(7)115-119.

[6]冯留建,刘国瑞.习近平新时代青年发展观论析[J].思想教育研究,2018(11):3-7.

[7]冯刚,成黎明.改革开放以来高校思想政治工作的实践与理论发展[J].思想理论教育,2018(10):13-20.

[8]方劲.乡村发展干预中的内源性能力建设——一项西南贫困村庄的行

动研究[J].中国农村观,2013(4):31-41.

[9]方明生.维果茨基情感理论的结构与教育临床的方法[J].全球教育展望,2013(11):79-87.

[10]葛续华,余斌.不同研究视角下的思想政治教育主客体关系解读[J].学术探索,2017(8):139.

[11]郭建荣.建构主义视野下外语教师角色探析[J].中国成人教育,2011(11):88-90.

[12]敦英,刘宪俊.师生交往彰显教育主体间性的基本途径[J].四川师范大学学报社科版,2006(5):42-47.

[13]高文.维果茨基心理发展理论的方法论取向[J].外国教育资料,1999(3):45.

[14]高文,王海燕.抛锚式教学模式(一)[J].外国教育资料.1998(3):68-71.

[15]胡雪艳,郭立宏.马克思主义发展观的坚守与突破:以人民为中心的发展思想[J].人文杂志,2018(4):6-11.

[16]何叶,刘先强,李敏,等.幼儿教师内生性发展培训模式的理念构建与路径探索[J].教育与教学研究,2017(7):100-106.

[17]黄瑞雄,王卉.以研究性教学法提高大学生思想政治理论课实效的探索[J].广西教育学院学报,2008(6):1-7.

[18]何彤宇,蔡立媛.运用辩证唯物主义对以建构主义为中心的教学改革的反思.教育探索,2008(9):57-58.

[19]黄松柏,魏世新.论思想政治教育过程的特点[J].理论观察.2000(4):35-36.

[20]鹤见和子."内发型发展"的理论和实践[J].江苏社会科学,1989(3):9-15.

[21]贾红霞.思政载体激活高职思想政治教育内生动力创新论析[J].贵

州广播电视大学学报,2018(4):54-55.

[22]金艳,李琼瑛.榜样教育法在大学生社会主义核心价值观教育中的应用探析[J].学校党建与思想教育:高教版,2014(23):35-36.

[23]贾巧健.认同的哲学意蕴与价值认同本质[J].山东师范大学学报(人文社会科学版),2006(1):11.

[24]姜建成.马克思主义发展观的历史嬗变[J].苏州大学学报(哲学社会科学版),2005(5):8.

[25]骆郁廷.改革开放40年来高校思想政治理论课教师队伍建设的历史发展[J].思想理论教育导刊,2018(10):16-24.

[26]刘占虎.中国特色社会主义的内生性与新传统[J].科学社会主义,2017(1):49-54.

[27]刘海春.论朋辈教育和高校校园文化建设的耦合与运用[J].高教探索,2015(2):37.

[28]骆郁廷,陈兴耀.论毛泽东的思想政治教育方法[J].学校党建与思想教育,2014(4):9-13.

[29]骆郁廷,郭莉.精神交往:思想政治教育互动关系的本质[J].教学与研究,2014(1):73-78.

[30]骆郁廷,郭莉."立德树人"的实现路径及有效机制[J].思想教育研究,2013(7):45-49.

[31]骆郁庭.思想政治教育的本质在于思想掌握群众[J].马克思主义研究,2012(9):128-137.

[32]罗洪铁.思想政治教育过程的构成要素再探[J].学校党建与思想教育,2011(3):8.

[33]陆树程,方文.思想政治教育机制新论[J].思想理论教育导刊,2010(3):74-78.

[34]刘松,骆郁廷.大学生日常思想政治教育实效与方法论[J].学校党建

与思想教育,2010(8):4-7.

[35]骆郁廷,储著斌.大学生日常思想政治教育的力量整合[J].学校党建与思想教育,2010(10):106-109.

[36]刘先进.思想政治教育动力机制探析[J].求实,2006(7):80.

[37]刘居安.论思想政治教育动力机制[J].马克思主义与现实,2005(4):130-132.

[38]廖志诚.马克思主义人学视角下传统思政教育的偏差及矫正[J].思想教育研究,2005(5):18-20

[39]吕一军.关于思想政治教育科学性研究的若干思考[J].高等农业教育,2005(11):38.

[40]罗洪铁,张丽华.思想政治教育过程规律的探讨[J].探索,2004(3):89-92.

[41]罗洪铁.简论马克思关于人的本质理论对思想政治教育的指导作用[J].思想理论教育导刊,2002(10):45-46.

[42]李三虎.当代西方建构主义研究述评[J].国外社会科学,1997(5):6.

[43]李海林.高校学生管理和思想教育工作中的动力探源[J].江苏高教,1994(4):4.

[44]马静.浅议大学红色文化育人及实现[J].思想教育研究,2012(10)97-101.

[45]马迎春,孙向群.建构主义视野下教师角色重构[J].中国成人教育,2008(9):86-87.

[46]麻彦坤,叶浩生.维果茨基最近发展区思想的当代发展[J].心理发展与教育,2004(2):89-93.

[47]孟志中.思想政治教育要素论[J].中国青年政治学院学报,2003(3):15-19.

[48]平章起,郭威.当代思想政治教育主客体关系研究的困境及其超越:

从实践的视角[J].理论学刊,2015(1):94-101.

[49]屈陆,杜洁.试论制度化对学校德育的异化[J].经济体制改革,2009(5):170-174.

[50]任少波,楼艳.论高校德育共同体的三重意蕴[J].高等教育研究,2018(8):86-90.

[51]任友群.建构主义教育教育思想研究中需要注意的问题[J].全球教育展望,2004(7):44-46.

[52]佘双好.改革开放以来高校思想政治理论课教学方法的创新发展[J].思想理论教育导刊,2018(10):12-14.

[53]佘双好.从说理教育到心理疏导——思想政治教育方法的发展[J].思想理论教育导刊,2011(7):145.

[54]沈群.主体性德育教育激发学生内生动力探究[J].宁波教育学院学报,2014(2):1-4.

[55]时长江,刘彦朝.课堂"学习共同体"教学模式的探索——浙江工业大学"思想道德修养与法律基础"课建设的研究与实践[J].教育研究,2013(6):150-155.

[56]孙婷婷,骆郁廷.论思想政治理论课网络教学方式的综合运用[J].学校党建与思想教育,2013(10):7-11.

[57]孙其昂.思想政治教育的和谐之维[J].河海大学学报(哲学社会科学版),2008(2):6-8.

[58]沈壮海.论思想政治教育理论研究的新范式与新形态[J].思想理论教育导刊,2007(2):40-46.

[59]上官剑,李海萍."外生性"与"内生性":中西方大学起源之比较研究[J].高等教育研究,2007(6):87-91.

[60]宋明.大学生道德动力建构探析[J].思想教育研究,2005(2):10-12.

[61]石书臣.论思想政治教育中意识形态性与非意识形态性的统一[J].

探索,2003(3):81-83.

[62]苏斌.思想政治教育主体论论纲[J].思想教育研究.2003(12):17-19.

[63]尚东涛.中介:内外因关系的理论缺环[J].江汉论坛,2000(3):60-63.

[64]滕秀梅,林亦平.构建大学生思想政治教育内化中的需要机制[J].思想政治教育研究,2014(5):85-87.

[64]陶然.从建构主义视角解析思想政治教育的新语境[J].江苏社会科学,2012(1):56-57.

[65]万光侠.论思想政治教育人本研究范式[J].学校党建与思想教育,2012(13):10-11.

[66]王兴波.大数据时代高校思想政治教育改革探析[J].学校党建与思想教育,2018(3):60-61.

[67]王佩,刘晓.嵌入式发展、参与式合作与贫困治理研究[J].西北大学学报(哲学社会科学版),2017(6):87-93.

[68]王新学,金一文,沙军.高校德育发展的瓶颈及优化策略[J].教育理论与实践,2015(36):34-36.

[69]王立仁,吴林龙.论思想政治教育过程的主体和介体[J].北京交通大学学报(社会科学版),2010(4):102-103.

[70]王海珊.教与学的有效互动——简析支架式教学[J].福建师范大学学报(哲学社会科学版),2005(1):140-143.

[71]吴国盛.再读库恩[J].科学文化评论,2012(4):25-30.

[72]吴秀霞.论高校思想政治教育可持续发展的几个问题[J].山东师范大学学报(人文社会科学版),2010(6):102-105.

[73]吴琦.增强高校思想政治教育实效性的思维视角与路径选择[J].高教探索,2008(3):135-136.

[74]王海平,孙其兴.接受理论研究及对思想政治教育的启示[J].南京政治学院学报,2002(4):104-107.

[75]王世范."主体参与"教育实践[J].教育科学研究,1995(5):9.

[76]王佩芬,康兰波.捍卫辩证唯物主义反映论,批判建构主义先验论[J].南京政治学院学报,1991(3):11-16.

[77]温彭年,贾国英.建构主义理论与教学改革——建构主义学习理论综述[J].教育理论与实践,2002(5):17-22.

[78]郗厚军,康秀云.国外思想政治教育可借鉴性:前提反思、根据认识及实现要求[J].思想理论教育,2017(10):20.

[79]萧诗美.论马克思的科学观革命[J].马克思主义哲学研究,2007(1):104-125.

[80]辛源,冒蓉.大学学习共同体——创新学习视角下的解读[J].江苏高教,2008(2):72-74.

[81]徐志远,龙宇.现代思想政治教育中情感教育的机制和规律[J].思想教育研究,2011(4):12-15.

[82]颜昌武.形而上学的价值论底蕴[I].中山大学学报(社会科学版),2002(1):35-42

[83]姚文兵.思想政治教育主体和客体作用发挥的教育学路径——建构主义教学理论的视角[J].社会科学家,2010(4):128.

[84]姚红波,许悦联.思想政治教育视野下自我教育的动力机制研究[J].求实,2006(1):80-82.

[85]尹婷婷.在变革中寻求平衡与认同——社会转型视野下的政治文化[J].学习论坛,2007(12):54.

[86]杨宏健.近10年高校思想政治教育工作研究进展及述评[J].河南社会科学,2009(4):188-190.

[87]杨怀中,邱海英.库恩范式理论的三大功能及其人文意义[J].湖北社会科学,2008(6):101-104.

[88]杨新宇.社会转型期高校思想政治教育新载体初探[J].高等农业教

育,2004(8):36-37.

[89]叶雷.思想政治教育要素新论[J].前沿,2004(6):156-158.

[90]员俊雅.建构主义教育:从康德、黑格尔到马克思[J].中共福建省委党校学报,2011(2):5.

[91]袁文斌,刘普.榜样教育的理论依据与心理机制[J].河北大学学报(哲学社会科学版),2010(1):122-127.

[92]张彦,郑永廷.价值迷茫的表现、成因及教育转化[J].江汉论坛,2011(11):49-53.

[93]张耀灿.思想政治教育学科专业创建30年的回顾和展望[J].思想理论教育,2014(1):26-33.

[94]张耀灿.当前形势下进一步化强改进思想政治工作的对策建议[J].思想政治工作研究,2011(7):25-27.

[95]张耀灿.化解瓶颈制约推进科学发展——大学生思想政治教育面临的突出问题及其对策建议[J].北京教育(德育),2010(4):20-21.

[96]张耀灿.推进思想政治教育研究范式的人学转换[J].思想教育研究,2010(7):3-6.

[97]张耀灿,曹清燕.发展性评价:高校思想政治理论课教学测评的指导理念[J].思想理论教育导刊,2009(5):65-68.

[98]张耀灿,曹清燕.论马克思主义人学视野中思想政治教育的目的[J].马克思主文与现实,2007(6):169-171.

[99]张耀灿,刘伟.论教育环境是思想政治教育过程的要素[J].思想政治教育理论研究,2006(5):54.

[100]张耀灿.思想政治教育的特点和规律探析[J].思想理论教育,2006:4-10.

[101]张毅翔.思想政治教育方法创新最优路径的多维体系建构与实践[J].学校党建与思想教育,2011(12):15-17.

[102]张毅翔.系统论视域下思想政治教育合法性研究[J].求实,2011(1):71-75.

[103]张毅翔.思想政治教育方法创新内在规律探析[J].思想教育研究,2010(10):3.

[104]张毅翔.思想政治教育方法创新分类初探[J].学校党建与思想教育,2009(1):13-16.

[105]张爱萍.学习理论视角下大学生思想政治教育评析[J].学校党建与思想教育,2010(34):69-70.

[106]张斌,骆郁廷.大学生日常思想政治教育长效机制的构建[J].思想教育研究,2010(2):22-27.

[107]张弘政.关于思想政治教育可持续发展问题的思考[J].武汉理工大学学报(社会科学版),2005(2):178-181.

[108]张琦,杨素君.论情境学习视域中的认知学徒制[J].现代远程教育研究,2005(4):42-45.

[109]张伟强.论思想政治教育过程的结构[J].理论与改革,2004(6):117-118.

[110]张敬芝.大学生网络信息素养教育问题研究[J].长春师范学院学报(自然科学版),2006(6):111-114.

[111]张栓兴,武炎,单舒平.试论思想政治教育的动力保障机制[J].理论月刊,2006(3):59.

[112]赵士发.马克思主义人学观的历史变革及其当代启示[J].武汉大学学报(人文科学版),2009(3):165.

[113]郑永廷,李雪如.大学生思想政治教育前沿难题研究[J].思想理论教育导刊,2013(9):112-116.

[114]郑永廷,孟源北.论传统方法与现代手段的紧密结合[J].高校理论战线,2010(10):34-38.

[115]郑永廷,张艳新.高校德育主导性与多样性发展的失衡与成因[J].思想政治教育研究,2008(1):1-5.

[116]郑永廷.高校思想治教育面临的时代性课题[J].中国高等教育,2003(21):135.

[117]郑太年.知识观·学习观·教学观——建构主义教育思想的三个层面[J].全球教育展望,2006(5):32-36.

[118]郑杰.思想政治教育有效性缺失及提升途径[J].江淮论坛,2004(1):77-83.

[119]钟志贤,许洪建.建构主义教学思想揽要[J].中国电化教育,2000(2):17-19.

[120]周飞.高校主体性思想政治教育探析[J].思想教育研究,2012(12):42.

[121]周峰.马克思主义发展观与中国特色社会主义新时代[J].岭南学刊,2017(6):10-13.

[122]周海燕,孙其昂.大学生思想政治教育"主体间"的统合——以思想政治理论课为例[J].国家教育行政学院学报,2012(6):59.

[123]朱燕,吴连霞.浅析思想政治教育要素的构成[J].前沿,2015(12):90-92.

[124]祖嘉合.对思想政治教育主体及其特性的思考[J].教学与研究,2007(3):29-34.

[125]李德芳,杨素稳.提高思想政治教育接受性的社会心理学分析[J].马克思主义与现实,2007(3):163-164.

## 学位论文：

[1]邓达.知识论域下的高校德育课程[D].重庆:西南大学博士学位论文,2008.

[2]郝连儒.高校思想政治教育主体性研究[D].大连:大连理工大学博士学位论文,2014.

[3]黄菊.现代思想政治教育情境场构建研究[D].武汉:华中师范大学博士学位论文,2014.

[4]季海菊.新媒体时代高校思想政治教育研究[D].南京:南京师范大学博士学位论文,2015.

[5]姜旭晨.高中思想政治课问题设计的有效性研究[D].金华:浙江师范大学硕士学位论文,2011.

[6]江哲先.建构主义学习理论对高校思想政治教育教学的启示[D].天津:天津师范大学硕士学位论文,2008.

[7]居峰.高校主体间性思想政治教育研究[D].徐州:中国矿业大学博士学位论文.2014.

[8]李颖.基于哲学解释学视角的思想政治教育接受研究[D].上海:华东师范大学博士学位论文,2011.

[9]林宜照.高中思想政治课开展"问题式学习"的实践研究[D].福州:福建师范大学硕士学位论文,2008.

[10]刘烨.现代思想政治教育过程研究[D].武汉:武汉大学博士学位论文,2004.

[11]刘晓平.基于目标场景(GBS)的体验学习环境设计研究[D].扬州:扬州大学硕士学位论文,2012.

[12]刘宇.大学生对高校思想政治教育内容的认同程度研究[D].扬州:扬州大学硕士学位论文,2016.

[13]刘宇.意义的探寻——学生课程参与研究[D].上海:华东师范大学博士学位论文,2009.

[14]罗仲尤.思想政治教育属性研究[D].长沙:湖南大学博士学位论文,2014.

[15]孙晓男.高校思想政治教育客体的主体性缺失研究[D].沈阳:沈阳航空航天大学硕士学位论文,2012.

[16]王丽荣.思想政治教育接受心理研究[D].长春:吉林大学博士学位论文,2009.

[17]王永锋.从"建构性学习"到"学生有效参与"[D].长春:东北师范大学博士学位论文,2009.

[18]韦冬雪.思想政治教育过程矛盾和规律研究[D].重庆:西南大学博士学位论文,2008.

[19]魏宝锋.现代思想政治教育要素研究[D].成都:西南财经大学硕士学位论文,2009.

[20]魏永军.思想政治教育认同研究[D].南京:河海大学硕士学位论文,2007.

[21]徐勇.高校思想政治教育过程中大学生的心理阻抗及对策研究[D].重庆:西南大学硕士学位论文,2012.

[22]曾喜军.大学生社会主义核心价值观培育动力机制研究[D].衡阳:南华大学硕士学位论文,2017.

[23]张玉.高校思想政治教育环境优化研究[D].开封:河南大学硕士学位论文,2018.

[24]赵灯峰.思想政治教育动力论[D]合肥:安徽大学硕士学位论文,2011.

[25]赵海英.论主体性的历史生成[D].长春:吉林大学博士学位论文,2005.

[26]赵鹏.马克思社会发展观研究[D].武汉:华中师范大学博士学位论文,2017.

[27]周成贤.当代思想政治教育的人学基础研究[D].长春:吉林大学博士学位论文,2016.

## 报刊及网络文献：

[1]胡新和."范式"50 年：重读库恩《科学革命的结构》[N].光明日报，2013-01-13.

[2]胡锦涛在中央人口资源环境工作座谈会上的讲话[N].人民日报，2004-03-10.

[3]习近平在全国高校思想政治工作会议上强调：把思想政治工作贯穿教育教学全过程，开创我国高等教育事业发展新局面[N].人民日报，2016-12-09.

[4]习近平在省部级主要领导干部学习贯彻党的十八届五中全会精神专题研讨班上的讲话[N].人民日报，2016-05-10.

[5]中共中央关于制定国民经济和社会发展第十三个五年规划的建议[N].人民日报，2015-11-03.

## 外文文献：

[1]Alt D. Contemporary constructivist practices in higher education settings and academic motivational factors[J]. Australian Journal of Adult Learning，2016，56(3)：374-399.

[2]Baerveldt C. Constructivism contested：Implications of a genetic perspective in psychology [J]. Integrative Psychological and Behavioral Science，2013，47(1)：156-166.

[3]Barger M M，Perez T，Canelas D A，et al. Constructivism and personal epistemology development in undergraduate chemistry students[J]. Learning and Individual Differences，2018(63)：89-101.

[4]Bowers J，Gruver J，Trang V. Radical constructivism：A theory of individual and collective change？[J]. Constructivist Foundations，2014，9

（3）：310-312.

[5]Bozkurt G. Social Constructivism：Does It Succeed in Reconciling Individual Cognition with Social Teaching and Learning Practices in Mathematics? [J]. Journal of Education and Practice，2017，8(3)：210-218.

[6]Brophy J. Subject-Specific Instructional Methods and Activities[M]. Oxford：UK Elsevier Science Ltd,2001.

[7]Brown J S, Collins A, Duguid P. Situated cognition and the culture of learning[J]. Educational researcher，1989，18(1)：32-42.

[8]Burman J T. Jean Piaget：Images of a life and his factory[J]. History of Psychology，2012，15(3)：283.

[9]Cardellini L. The views and influence of Ernst Von Glasersfeld：An introduction[J]. Foundations of Chemistry，2008，10(2)：129.

[10] Cognition and Technology Group at Vanderbilt. The Jasper experiment：An exploration of issues in learning and instructional design[J]. Educational Technology Research and Development，1992(40)：65-80.

[11]Elgin C Z. Between the Absolute and the Arbitrary[M]. Ithaca：Cornell University Press，1997.

[12]Elgin C Z. Language, partial truth, and logic[J]. Analysis,2011 (71)：313-322.

[13]Elgin C Z. Scheffler's symbols[J]. Synthese，1993：3-12.

[14]Elgin C Z. What Goodman leaves out[J]. Journal of Aesthetic Education，1991，25(1)：89-96.

[15]Fruehwald S. Choice of law for American Court：A Muhilateralist Method[M]. New York：Greenwood Press. 2001.

[16] Gergen, Kenneth J. The social constructionist movement in modern psychology. [J]. American Psychologist，1985，40(3)：266-275.

[17]Glasersfeld E V. Radical constructivism: A way of knowing and learning[M]. London: The Falmer Press, 1995.

[18] Holcombe S H. Donors and exogenous versus endogenous development[J]. Development in Practice, 2014, 24(5-6): 750-763.

[19]Jonassen D H. Objectivism versus constructivism: Do we need a new philosophical paradigm? [J]. Educational technology research and development, 1991, 39(3): 5-14.

[20] Jones M G, Brader-Araje L. The impact of constructivism on education: Language, discourse, and meaning[J]. American Communication Journal, 2002, 5(3): 1-10.

[21]Jong M S Y. Teachers' concerns about adopting constructivist online game-based learning in formal curriculum teaching: The VISOLE experience[J]. British Journal of Educational Technology, 2016, 47(4): 601-617.

[22]Karpouza E, Emvalotis A. Exploring the teacher-student relationship in graduate education: a constructivist grounded theory [J]. Teaching in higher education, 2019, 24(2): 121-140.

[23] Kosnik C, Menna L, Dharamshi P, et al. Constructivism as a framework for literacy teacher education courses: The cases of six literacy teacher educators[J]. European Journal of Teacher Education, 2018, 41(1): 105-119.

[24] Kotuby Jr C T. General Principles of Law, International Due Process, and the Modern Role of Private International Law[J]. Duke J. Comp. & Int'l L., 2012(23): 411.

[25]Kotuby Jr C T, Mills A, Peari S. Symposium: What is Private International Law? [J]. Duke Journal of Comparative & International Law, 2013, 23(3): 411-477.

[26]Kukla A. Social constructivism and the philosophy of science[M]. London:Routledge，2013.

[27] Lave J， Wenger E. Situated learning：Legitimate peripheral participation[M]. Cambridge:Cambridge university press，1991.

[28]Marineau J E， Labianca G J， Brass D J， et al. Individuals'power and their social network accuracy：A situated cognition perspective[J]. Social Networks，2018(54)：145-161.

[29] Mcfarlane A，Friedler Y. International Handbook of Science Education[M]. London:Kluwer Academic Pulishers,1998.

[30]Millar D. Endogenous development：Some issues of concern[J]. Development in practice，2014，24(5-6)：637-647.

[31] Milo R. Contractarian constructivism[J]. The Journal of Philosophy，1995，92(4)：181-204.

[32] Nix D，Spiro R J. Cognition，Education，and Multimedia[M]. London:Routledge，1990.

[33]O'neill O. Constructivism in Rawls and Kant[M]//The Cambridge Companion to Rawls. Cambridge:Cambridge University Press,2003.

[34]Phillips D C. Constructivism in Education：Opinions and Second Opinions on Controversial Issues. Ninety-Ninth Yearbook of the National Society for the Study of Education[M]. Chicago：University of Chicago Press，2000.

[35] Rawls J，Kantian Constructivism in Moral Theo-ry[M]//John Rawls:Collected Papers. Cambridge，MA:Harvard University Press，1999.

[36]Rawls J. Political liberalism[M]. New York:Columbia University Press，2005.

[37]Rezazade M H，Rad R I，Hashemzehi F. Analyzing the Revitalization

Strategies of Historical Fabric with the Approach of Endogenous Development Case Study (1, 2 & 3 Regional of Zahedan City)[J]. Open Journal of Geology, 2016, 6(6): 363.

[38]Romer P M. The origins of endogenous growth[J]. Journal of Economic perspectives, 1994, 8(1): 3-22.

[39]Roth W M. Astonishment: a post-constructivist investigation into mathematics as passion[J]. Educational Studies in Mathematics, 2017, 95 (1): 97-111.

[40]Salmon N. Are general terms rigid? [J]. Linguistics and Philosophy, 2005, 28(1): 117-134.

[41]Schank R C, Berman T R, Macpherson K A. Learning by doing[J]. Instructional-design theories and models: A new paradigm of instructional theory, 1999, 2(2): 161-181.

[42]Sharifzadegan M H, Malekpourasl B, Stough R. Regional endogenous development based on conceptualizing a regional productivity model for application in Iran[J]. Applied Spatial Analysis and Policy, 2017, 10(1): 43-75.

[43]Shotter J. The social construction of our inner selves[J]. Journal of constructivist psychology, 1997, 10(1): 7-24.

[44] Topolovčan T, Matijević M, Dumančić M. Some predictors of constructivist teaching in elementary education [J]. Croatian Journal of Education: Hrvatski časopis za odgoj i obrazovanje, 2016, 18(1): 193-212.

[45]Von Glasersfeld E. An exposition of constructivism: Why some like it radical[M]//Facets of systems science. Boston, MA: Springer, 1991: 229-238.

[46]Woolgar S. Science: The Very Idea[M]. London: Tavistock, 1988.

[47]Young M F D. The Curriculum of the Future[M]. London: Falmer Press, 1998.

# 附　录

## 高校思想政治教育过程调查问卷

亲爱的同学：

您好！感谢您抽出宝贵时间配合我们做高校思想政治教育过程的问卷调查。

高校思想政治教育过程是包含教育者（思政理论课教师、辅导员、班主任、党政干部、共青团干部、专业课教师）、教育对象（大学生——本研究只涉及本科生）、教育方式、教育手段等。

本调查中思政理论课教师指："思想道德修养与法律基础""马克思主义基本原理概论""毛泽东思想和中国特色社会主义理论体系概论""中国近代现史纲要""形势与政策"等课程的教师。思想政治教育相关的内容主要为：政治教育、思想教育、道德教育、心理健康教育等。

为了解学校思想政治教育的真实情况，特设计该问卷进行调查。本问卷不涉及任何个人利益，请您认真客观地填写以下问题。对于您的支持和帮助，我们表示最真诚的感谢！

1.您的性别：〔单选题〕

A.男　　　B.女

2.您所在年级为：〔单选题〕

A.大一(2016 级)　B.大二(2015 级)　C.大三(2014 级)　D.大四(2013 级)

3. 您所学专业为：〔单选题〕

A.文史类　　　　　B.理工类　　　　　C.经管类　　　　　D.艺体类

E.其他类

4. 您所在的学校；〔单选题〕

(1)杭州师范大学　　(2)浙江财经大学　　　(3)浙江音乐学院

(4)浙江传媒学院　　(5)杭州师范大学钱江学院　　(6)浙江大学

(7)桂林理工大学　　(8)广西大学　　(9)桂林理工大学博文管理学院

(10)广西师范大学　　(11)河北大学　　(12)河北师范大学

(13)燕山大学　　　(14)燕山大学里仁学院　　　(15)河北工程大学

5.您最想从辅导员(班主任)那里得到的帮助是(按照优先顺序选 3 项)：

〔多选题〕

　　A.人生理想的指引　　B.学习能力的提高　　C.人际关系的协调

　　D.职业发展的规划　　E.就业创业的指导　　F.良好道德品质的养成

6.您印象里,自己的辅导员主要承担的工作是(按照优先顺序选 3 项)：

〔多选题〕

　　A.事务工作管理者　　B.班团活动策划者　　C.心理情感疏导者

　　D.学习成才指导者　　E.人生发展引导者　　F.政治思想领航者

　　G.其他

7.以下思想政治教育工作者的工作方式您最喜欢的是：〔单选题〕

A.启发、协助学生自我反思　　B.以个人经验告诫提醒

C.以优秀榜样激励　　　　　D.直接告诉学生如何做

E.苦口婆心地摆事实、讲道理　　F.其他

8.您对近年来我国在哪些方面的成绩感到满意（按照优先顺序选3项）：
[多选题]

　　A.经济发展　　　　B.文化传承　　　C.教育改革　　　D.对外关系

　　E.依法治国　　　　F.环境保护　　　G.反腐倡廉

9.您认为最能体现您人生价值的是：[单选题]

　　A.对社会所尽的责任和所作的贡献　　B.社会地位的高低

　　C.权力的大小　　　D.收入水平　　　E.生活美满幸福

10.辅导员（班主任）在对学生进行思想指导谈话时,把学生当成与其地位平等的主体对待：[单选题]

　　A.非常符合　　　　B.符合　　　　C.一般符合　　　D.不符合

　　E.完全不符合

11.辅导员（班主任）在学生工作中能够尊重学生自主性、注重学生意见的发表：[单选题]

　　A.非常符合　　　　B.符合　　　　C.一般符合　　　D.不符合

　　E.完全不符合

12.您的辅导员（班主任）在思想政治教育工作中扮演引领、启发学生内化思想政治内容的角色,而不是灌输、主导的角色：[单选题]

　　A.非常符合　　　　B.符合　　　　C.一般符合　　　D.不符合

　　E.完全不符合

13.在您的思想政治理论课上,师生间的互动：[单选题]

　　A.非常多　　　　　B.多　　　　　C.一般　　　　　D.很少

　　E.基本没有　　　　F.完全没有

14.学生反映的问题,学校、教师能够及时作出处理并反馈给学生：[单选题]

　　A.非常符合　　　　B.符合　　　　C.一般符合　　　D.不太符合

　　E.基本不符合　　　F.完全不符合

15.学校对学生开展的思想政治教育相关的座谈会、讨论会、党课、表彰会等活动现场与学生互动：〔单选题〕

A.非常多　　　　B.多　　　　　C.一般　　　　D.很少

E.基本没有　　　F.完全没有

16.本学校主要媒体(网页、公众号等)关于思想政治教育的内容非常丰富且经常更新：〔单选题〕

A.非常符合　　　B.符合　　　　C.一般符合　　D.不符合

E.完全不符合

17.国外自由主义、个人主义、享乐主义、拜金主义等思潮对您思想政治意识方面的影响：〔单选题〕

A.非常大　　　　B.很大　　　　C.一般　　　　D.不大

E.完全没影响

18.国内社会中存在的各种现实矛盾与问题对您思想政治意识方面的影响：〔单选题〕

A.非常大　　　　B.很大　　　　C.一般　　　　D.不大

E.完全没影响

19.学校在平时开展的社团、社会实践、主体班会等活动中涉及思想政治教育的内容：〔单选题〕

A.非常多　　　　B.很多　　　　C.一般　　　　D.不多

E.完全没有

20.您所上的思想政治理论课,教师教学时创设情境(小组讨论、角色扮演、游戏等)进行教学的情况：〔单选题〕

A.非常多　　　　B.很多　　　　C.一般　　　　D.不多

E.完全没有

21.您的学校非常重视激发大学生在团体合作中自主学习思想政治教育内容：［单选题］

    A.非常符合        B.符合          C.一般符合        D.不符合

    E.完全不符合

22.您所上思想政治课教师的教学方式（小组讨论、情境模拟、辩论、课外实践、翻转课堂等）有多少种：［单选题］

    A.非常多（6种以上）     B.较多（5—6种）C.一般（3—4种）

    D.较少（1—2种）       E.很少（1种）

23.辅导员（班主任）在对大学生进行思想政治教育时方式（QQ微信推送、榜样宣传、谈心谈话、案例讨论、特殊纪念日活动、社团活动、班会、座谈会等）有多少种：［单选题］

    A.非常多（8种以上）    B.较多（6—7种）     C.一般（4—5种）

    D.较少（2—3种）      E.很少

24.学校在对大学生进行思想政治教育（思想意识、政治观点、道德规范教育）时以榜样激励等侧面引导的方式为主：［单选题］

    A.非常符合        B.符合          C.一般符合        D.不符合

    E.完全不符合

25.本校开展思想政治教育的途径（微信平台、网站、座谈会、表彰会、书籍报纸、课堂、手机短信、寝室党支部、学生干部带头等）有多少：［单选题］

    A.非常多（8种以上）    B.较多（6—7种）       C.一般（4—5种）

    D.较少（2—3种）      E.很少（1种）

26.本校开展思想政治教育的主要途径符合大学生的特点：［单选题］

    A.非常符合        B.符合          C.一般符合        D.不符合

    E.完全不符合

27. 本校各种形式的思想政治教育宣传活动能够引起学生的兴趣：〔单选题〕

A. 非常符合　　　　B. 符合　　　　　　C. 一般符合　　　　D. 不符合

E. 完全不符合

28. 经过高校思想政治教育，您认为人生的价值和意义在于对社会所尽的责任和所做的贡献：〔单选题〕

A. 非常符合　　　　B. 符合　　　　　　C. 一般符合　　　　D. 不符合

E. 完全不符合

29. 经过高校思想政治教育，您坚定中国社会主义制度的优越性：〔单选题〕

A. 非常符合　　　　B. 符合　　　　　　C. 一般符合　　　　D. 不符合

E. 完全不符合

30. 经过高校思想政治教育，对公共场所发生的不文明行为，您的态度：〔单选题〕

A. 马上进行制止　　　B. 看情况——严重的进行劝阻，不严重的没关系

C. 劝阻一下，听不听由他　D. 多一事不如少一事　E. 当作没看见

31. 您认为学校在大学生的道德教育方面：〔单选题〕

A. 做得很到位　　　B. 做得还好　　　C. 做得一般　　　D. 做得很少

E. 没有做什么

32. 您对高校思想政治教育过程有何建议和意见？〔填空题〕

_____

_____

_____

_____

_____

_____

# 朋辈榜样学习情况调查问卷

亲爱的同学：

您好！感谢您抽出宝贵时间配合我们做朋辈榜样教育的问卷调查。

朋辈榜样教育是指以优秀的在校生及已毕业校友的同辈（年龄相仿）群体为榜样，对在校大学生进行思想、价值观念、职业目标等引导，帮助大学生树立正确的世界观、人生观、价值观。例如，学霸评选，考研、考证交流会，优秀党员座谈会，校友创业导师活动，学科竞赛获得者的宣传活动等，都属于朋辈榜样学习情况。

为了解学校朋辈榜样教育的真实情况，特设计该问卷进行调查。本问卷不涉及任何个人利益，请您认真客观地填写以下问题。对您的支持和帮助我们表示最真诚的感谢！

## 基　础

下面为你的个人信息题目，请根据自己的真实情况，在题目后面填写符合你情况的选项。（单选）

1.性别：

A、男　　　　　　　B、女

2.年级：

A、大一　　　　　B、大二　　　　　C、大三　　　　　D、大四

3.学校：

A、杭州师范大学　　　B、浙江工商大学　　　C、中国计量大学

D、浙江理工大学　　　E、浙江水利水电学院　F、杭州师范大学钱江学院

G、中国计量大学现代科技学院　　H、浙江经贸职业技术学院

I、浙江金融职业技术学院

4.所学专业属于：

A、文史类　　　　　B、理工类　　　　　C、经济管理类　　　D、艺体类

F、其他类

5.是否为独生子女：

A、是　　　　　　　B、否

## 主体问卷——行为习惯

下面有 6 个客观题,请根据自己的真实情况,凭直觉回答,如果符合的话在相应题目后面写上相应的选项,若未标注多选题,默认为单选题。

1.您是通过以下哪种途径了解到学校里面朋辈榜样活动:(多选)

A、同学口口相传　　　　B、书籍报纸等　　　　C、学校组织的座谈会

D、新媒体(网站、微博、微信等)　　E、课堂　　　　F、手机短信

G、上课时候老师提及　　H、其他

2.您参与的学校里面朋辈榜样活动,主要是通过以下何种途径得知:

A、同学口口相传　　　　　　　B、书籍报纸等　　C、学校组织的座谈会

D、新媒体(网站、微博、微信等)　　E、课堂　　　　　　F、手机短信

G、上课时候老师提及　　H、其他

3.您的学校组织朋辈榜样教育活动的频率:

A、3 个月及以上一次　　B、1—3 个月一次　　　C、1 个月一次

D、2 个星期一次　　　　E、1 周一次

4.您参与过的榜样事迹中,宣传方式大部分为:

A、座谈会　　　　　B、表彰会　　　　　C、交流会　　　　　D、短信宣传

E、校园等网站宣传　　　　F、学校宣传栏宣传　　　　G、老师宣传

H、其他

5.您学校推出的朋辈榜样类型是:(多选)

A、竞赛型　　　　　B、学霸型　　　　　C、道德高尚型　　　D、励志型

E、创业型　　　　　　F、升学型　　　　　　G、其他

6.您看重的朋辈榜样特质是:(多选)

A、真实性　　　　　　B、品德高尚　　　　　C、优秀　　　　　　D、有代表性

E、与自身经历相似　　　F、其他

## 符合度——主观感受

下面有 22 个陈述题,请根据自己的真实感受,凭直觉回答,如果符合的话在相应题目后面写上相应的选项。(单选)

1.您学校对朋辈教育的态度:

A、非常冷淡　　　　　B、比较冷淡　　　　　C、不确定　　　　　D、比较积极

E、非常积极

2. 学校希望你们都变得跟榜样一样优秀:

A、非常不符合　　　　B、比较不符合　　　　C、基本符合　　　　D、比较符合

E、完全符合

3.学校教师对朋辈教育的支持力度:

A、非常不支持　　　　B、比较不支持　　　　C、不确定(一般)　　D、比较支持

E、非常支持

4.学生取得比较突出的成绩后,学校都会大力宣传:

A、非常不符合　　　　B、比较不符合　　　　C、基本符合　　　　D、比较符合

E、完全符合

5.您觉得学校让学生像朋辈榜样学习的引导效果如何:

A、非常不好　　　　　B、比较不好　　　　　C、不确定(一般)　　D、比较好

E、非常好

6.您觉得学校组织推行朋辈教育的氛围如何:

A、非常不好　　　　　B、比较不好　　　　　C、不确定(一般)　　D、比较好

E、非常好

7.学校推出的朋辈教育的榜样中,您接受认可的榜样占总体榜样的比例约为:

　　A、0—20％　　　　　B、21—40％　　　　C、41—60％　　　　D、61—80％

　　E、81—100％

8. 学校推出的朋辈教育的榜样中,对您有激励作用的榜样占比:

　　A、0—20％　　　　　B、21—40％　　　　C、41—60％　　　　D、61—80％

　　E、81—100％

9.学校推出的朋辈教育的榜样中,其成功的方式可供你借鉴的榜样人数占总人数的比例:

　　A、0—20％　　　　　B、21—40％　　　　C、41—60％　　　　D、61—80％

　　E、81—100％

10.在您的生活中,讨论朋辈榜样精神或者事件的频率:

　　A、3个月及以上一次　　　B、1—3个月一次　　　C、1个月一次

　　D、2个星期一次　　　　　E、1周一次

11.学校对朋辈榜样事迹宣传的语言能够引起学生的兴趣:

　　A、非常不符合　　　　　　B、比较不符合　　　C、基本符合

　　D、比较符合　　　　　　　E、完全符合

12.您参加朋辈教育活动的频率:

　　A、3个月及以上一次　　　B、1—3个月一次　C、1个月一次

　　D、2个星期一次　　　　　E、1周一次

13.经过朋辈榜样的学习,您的价值观:

　　A、完全没有改变　　B、没有改变　　　C、不确定　　　　D、比较大改变

　　E、非常大改变

14.经过朋辈榜样的学习,您的理想的执着程度:

　　A、完全没有改变　　B、没有改变　　　C、不确定　　　　D、比较大改变

　　E、非常大改变

15.经过朋辈榜样的学习,您的社会道德观念:

A、完全没有改变　　B、没有改变　　　　C、不确定　　　　　D、比较大改变

E、非常大改变

16.通过朋辈榜样的学习,激发了您的生活、学习奋斗意志:

A、非常不符合　　　B、比较不符合　　C、基本符合　　　　D、比较符合

E、完全符合

17.通过朋辈榜样的学习,您对就业方向或前景更加了解:

A、非常不符合　　　B、比较不符合　　C、基本符合　　　　D、比较符合

E、完全符合

18.通过朋辈榜样的学习,您对创业更加了解:

A、非常不符合　　　B、比较不符合　　C、基本符合　　　　D、比较符合

E、完全符合

19.通过朋辈榜样的学习,您对以后的就业或者创业更加有信心:

A、非常不符合　　　B、比较不符合　　C、基本符合　　　　D、比较符合

E、完全符合

20.通过朋辈榜样的学习,您的职业目标更加明确:

A、非常不符合　　　B、比较不符合　　C、基本符合　　　　D、比较符合

E、完全符合

21.您对学校朋辈榜样教育活动有何建议和意见?

_____

_____

_____

_____

# 后　记

这本书是我博士论文的主要内容。从事高校思想政治教育工作多年，以学生工作实践为基础，我对思想政治教育基础理论研究心存敬畏之心。，最终以高校思想政治教育过程为主题，开展了调查研究和理论探索。这其中的过程虽有艰辛，更多的是有知识汲取的喜悦。

博士论文从酝酿到成稿，都离不开我的导师、浙江大学党委书记任少波教授的耐心教导和无私帮助。至今记得，四年多的时光里，任老师多次当面指导的场景。从选题到写作过程，任老师在尊重学生自主性的同时，既给出了富有理论高度的建议，又指出了具体存在的问题。导师任老师对研究主题的把握高屋建瓴，对研究体系的把控严密审慎，对待学术研究的严谨态度，更令我让人敬佩。无论是小论文切入点的把握，还是大论文每句话的措词表达、观点推敲、修改润色、内容深化等，都倾注了其大量心血。感谢有思想、有高度、有学识、有远见的导师，让我能够顺利毕业，让这本书能够顺利成稿。

这本书的内容也涵盖了是我博士学习后期间对思政理论的一些思考。能有这样的成果，离不开浙大马院浙江大学马克思主义学院老师们诸多老师的指导和帮助。张彦教授教我们如何精准把握论文的脉络；马建青教授学术严谨，认真态度谦和，教我们探究基础理论知识；刘同舫教授提醒我们注意学术积累和学术规范；段志文段治文教授让我们谨记理论知识拓展的重要性；潘恩荣教授教会我们使用学术研究工具；黄铭教授拓展了我们认识马克思主义理论的维度;代玉启老师教我们充满信心地面对自己的研究领域……。感谢每一位教过我和给过我帮助的老师。还要感谢每一位同学,很多时候,大家一句简单的问候,一次悄然的提醒,都让我倍感温暖,明芳、、王莹、、欧阳、、林洁还有同门的楼艳、亚南、贤林、红香、珏慧、曹政、沁钊等等,感恩和你们的相遇,使我获得了力量和勇气。

本书能够成稿,还要感谢家人在我读博期间的理解和包容。是他们给了我逐梦的勇气和力量。也要感谢单位同事的理解和帮助,感谢参与调研的学生们,从跟你们的交流中,我获得了很多力量!

本书有幸得以出版,得到了浙江大学德育与学生发展研究中心地的支持和资助。出版过程中,浙江大学出版社的陈佩钰老师耐心细致、一丝不苟的编辑修改工作,给了我很大帮助。本书能够顺利出版,要特别感谢陈老师。

回首过往,皆为序章。眺望远方,道阻且长。这本书是我多年来学术成果的呈现,也是未来学术成长的起点,希望借此不断激励和鞭策自己,认真做研究,踏实去探索,行而不辍,履践致远!